E Kama'ilio Hawai'i Kakou

LET'S SPEAK HAWAIIAN

E Kama'ilio Hawai'i Kakou

LET'S SPEAK HAWAIIAN

Dorothy M. Kahananui
& Alberta P. Anthony

Revised Edition

THE UNIVERSITY PRESS OF HAWAII

for the Committee for the Preservation and Study
of Hawaiian Language, Art, and Culture

HONOLULU

Inquiries concerning tapes to accompany this text should
be addressed to: National Center for Audio Tapes, Univer-
sity of Colorado, Boulder, Colorado 80302

First Edition 1970, 1971
Second Edition 1974, 1975

Library of Congress Catalog Card Number 73-90856
ISBN 0-8248-0283-7
Manufactured in the United States of America

Contents

Preface

In the fall of 1964 an ad hoc University of Hawaii committee was appointed by then President Thomas H. Hamilton to review the scope of activities of the Committee for the Preservation and Study of Hawaiian Language, Art, and Culture (hereafter referred to as the Preservation Committee).

Among seven recommendations made in the committee's report, there was one which referred to the "production of new teaching material which would also involve more basic research on the Hawaiian language, since the existing grammatical descriptions are incomplete."

During the Preservation Committee's discussions which followed the receipt of the report and in discussions held by some interested members of the Hawaiian community, there was agreement that both teaching materials and methods needed updating to include recent and continuing changes in the field of foreign language teaching.

The Preservation Committee requested that the senior author, a member of the committee, assume the responsibility for such an undertaking and asked her to submit a brief outline of materials and methods. The salient points in her outline, which served as a guide in the preparation of material for Hawaiian language teaching, were:

1. Provide sufficient pattern practice material to help develop proficiency in the use of the target (Hawaiian) language.
2. Extend the classroom work through use of the language laboratory. Produce tapes for laboratory use.
3. Use material related to daily activities to encourage the use of the target language outside of class.
4. Use rapid drill material to check on student progress and to develop fluency.
5. Avoid placing the English equivalent of basic utterances on the same page as the target language. In this work, the only place where English and the target language appear together is in section VII of each unit.

6. Use English in the classroom to elicit replies in the target language and to prevent confusion when making assignments.
7. Provide review material.

The senior author requested that Alberta P. Anthony be associated with her in the preparation of the text and that, during the developmental period, she use the material in mimeographed form in classes at the University of Hawaii. Some of the units were used also by the senior author in a class at the Bishop Museum. Thus, the material contained in this revised volume has stood the test of use in various classrooms for the past few years.

Acknowledgments

Thanks are due many people we cannot name. Their contributions were made through daily association over the years. In the case of the senior author, these years reach back to the time when the Hawaiian language was an important means of communication for a large segment of the population. The many years of contact with native speakers made a significant impression that has been of considerable value in the preparation of teaching materials. In the case of the junior author, the association with native speakers covers a span of several years during which the Hawaiian language has become progressively less important as a means of communication.

The junior author studied the Hawaiian language under Professor Samuel H. Elbert at the University of Hawaii, where she later taught Hawaiian. Professor Elbert's recommendation to Mr. Harold W. Kent, president emeritus of the Kamehameha Schools, launched the senior author on extensive work in the field of Hawaiian language. The authors thank these educators for their encouragement.

We are indebted to the Bishop Museum Press, Mrs. Genevieve A. Highland editor, for permission to quote from Henry Judd's *Hawaiian Riddles and Proverbs* and from David Malo's *Hawaiian Antiquities;* to Professor Jean Charlot for permission to quote from his unpublished play *Nā Lono ʻElua* (The Two Lonos); and to the Star-Bulletin Printing Company, Gordon C. Burke sales manager, for permission to quote from the 1883 issue of Thrum's *Hawaiian Annual and Almanac.*

For direct contributions to the work in this volume, thanks are due Mary Kawena Pukui, authority on Hawaiian language and culture, for many hours spent with the senior author discussing vocabulary items, idiomatic expressions, and some special expressions common in the speech of knowledgeable native speakers, and for reading and commenting on some parts of the manuscript; Zaneta Hooulu Richards for preparing the stencils throughout the developmental period of this work; Don E. Johnson for suggestions on structural forms and vocabulary not covered elsewhere; Albert J. Schütz for his help with the section on pronunciation; Irwin Howard for his explanation that cleared up a question regarding structure; Kenneth P. Emory and Alan Howard for sponsoring an experimental class at the Bishop Museum, and the members of the class for valuable critical analyses through students' eyes; Larry L. (Kauanoe) Kimura for reading the manuscript and checking on macron omission and for his helpful comments; Michele Aulani Gillett for checking basic utterances and vocabulary; the Committee for the Preservation and Study of Hawaiian Language, Art, and Culture for authorizing the preparation of the material and for extending moral and financial support; and Joan Rossi, executive secretary of the Preservation Committee who saw that we were adequately supplied with the necessary materials for the project.

Without the assistance mentioned above, this work would not have become a reality. To one and all, we extend a warm *mahalo a nui loa.*

To The Student

Why study a second language? Why study Hawaiian in particular? Each student has his own answer or answers. For some, the goal is to satisfy college requirements. For others, the goal is to be able to use the language. This section is directed largely to the latter student.

To learn a second language effectively a student needs to develop the ability to grasp ideas well when listening to the second language spoken by a native or a near-native speaker, and to develop the ability to use the second language in conversation at about the speed of a well-informed native speaker.

Learning a second language means acquiring a facility for using all the features necessary for effective communication so that one can operate automatically. The student must learn to hear the target language structure accurately. He must learn to give attention to listening and speaking, to expression and content and to their proper association in the second language. The student's willpower and motivation play a highly significant role, because without these not much can be accomplished.

To develop listening and speaking skills adequately, memory work is extremely important. Basic utterances should be memorized accurately. Pattern practice material should be given careful attention, and what is learned should be so well learned that its use becomes automatic. To know a second language well, one needs to know more than mere words, individual sentences and/or rules of grammar. In fact, rules of grammar are of minor importance to beginners. On the other hand, ability to use the language will facilitate the study of its grammar if and when one finds this necessary.

When studying a second language it is necessary to remember that few experiences are totally equivalent between any two languages, so that a learner should not try to equate every word in a second language with a corresponding word of his first language. This cannot be emphasized too strongly, and from time to time this is pointed out in the comments on structure and vocabulary. Often, a student hampers his progress in learning a second language because he looks for word-for-word equivalents between his first language and the one he is learning.

Every language has its own structural system. The structural system of one may be similar to that of another in some details but vastly different in others. This difference is true of English and Hawaiian. The student must learn to think and to operate in the second language without recourse to his first. To this end the teacher should use the first language very sparingly, if at all. Experts in the field of second-language teaching stress the importance of using only the target language from the very beginning. Others confine the use of the first language to giving quick instructions at the beginning, and assignments at the end of a session.

Learning is a two-way process involving the instructor and the student. Cooperation is essential. The student must have the willingness to do those things which will foster learning and promote progress. The instructor has responsibilities also. He must promote successful performance and cultivate in the learner the will to learn. He should set the stage, conduct the class, initiate types of activities to enhance the learning process, and develop a positive attitude toward the target language.

The student should learn first to listen and to speak, second to read, and third to write. But these activities need not and should not be set far apart. With judicious caution they can proceed hand in hand: listening and imitating the instructor, reading what has been learned by ear, and then writing. There are many ways in which writing can be encouraged without overtaxing the learner.

Listening and speaking are total experiences. Reading and writing are partial experiences because they do not give the learner complete control of the second language. Without the listening and speaking skills the learner will have an incomplete grasp of the language, and progress will be limited.

The learner who can listen and speak well, can learn reading and writing more easily than if the order were reversed; hence, a student who is sincerely interested in acquiring a good grasp of a second language should work diligently to develop listening and speaking skills first and reading and writing skills second.

When one can express himself in a second language without interference from his first language, then he has mastered the second language and is bilingual. As a result, he can operate in both languages with equal or almost equal facility.

To The Teacher

Many teachers who have had a course in the teaching of a second language are familiar with Robert Lado's *Language Teaching, A Scientific Approach* and Nelson Brooks' *Language and Language Learning.* Both contain a wealth of excellent suggestions for the teaching of a second language.

In some situations a native speaker who has not taken a course in the teaching of a second language may be asked to teach a class in his native tongue because no one else is available. A person caught in such a predicament will find the books mentioned above very helpful. Because these books offer so much help, we shall confine our remarks to a few pertinent facts on general procedure and comments on the material in this volume and its use.

Of the points stressed in the brief section addressed to the student, two will be considered here. The first is the importance of memorizing the material. The second is the need to render the student's first language inoperative. Memorization is important because in order to converse in any language one needs automatic recall of the expression needed at any given moment. Fluency in the use of the second language is developed more readily if the first language is submerged during the learning period.

Many experienced teachers, trained in second language teaching, ban the use of the first language during the class sessions. Others limit the use of the first language to giving instructions at the beginning and making comments at the close of a class session. The rest of the class period is devoted entirely to work on the target language without using the first language. Students are not allowed to ask questions. They cannot, if the teacher outlaws the use of the first language!

For many students certain sounds in a new language will cause considerable difficulty. In some cases there may be difficulty with final vowels. This is true especially in Hawaiian, a language in which every word ends with a vowel which must be sounded. It is often difficult to differentiate properly between some final vowels—for example, final *i* and final *e;* final *o* and final *u.* Some people do not hear any difference at all. Minimal pairs practice can help to solve this problem. The minimal pairs should be practiced when pertinent pronunciation problems arise in learning the utterances.

Word linkage is often a problem also. In this volume a list is provided after each set of basic utterances. Each set of words to be linked should be handled in context and should be modeled carefully. For example, if the utterance is

E hele ana au.

a. Model the entire utterance several times, being careful to link the words properly but without exaggeration.
b. Model *hele ana* and have the class imitate. Do this several times.
c. Model *hele ana au* and repeat the procedure suggested in b.
d. Model the entire utterance several times and have the class repeat.

When a long utterance is to be taught, it is better to divide it into sections and to teach one section at a time. The procedure followed in some series is to begin with the last phrase or last few words in an utterance which make sense as a group, and then add on what precedes until an entire utterance has been learned. Notice that if taught in this manner, the class will always stop at the end of an utterance. Sometimes, however, this procedure may not prove feasible. Therefore, long utterances should be studied beforehand and possible pauses or divisions be determined in advance. This is important to class success and morale.

Sometimes inexperienced teachers feel that individual recitation takes too much time and causes students to lose interest. Advance planning can be the key to success here.

The seating arrangement can be of great help in expediting individual recitation. Students may be arranged in a square, circle, or semicircle. Any of these arrangements, together with good preplanning, will facilitate the flow and movement of individual recitation. The teacher can begin and end at any given point in the seating arrangement and vary the routine from time to time.

Sometimes the teacher can begin with himself and move to his right or left and go around the group. This procedure can be used to advantage in round-robin style practice, in questions and answers, or in directed responses. The teacher can exhibit creativity in planning ways to make the practice interesting and to keep the students alert. Much depends on the teacher.

In some textbooks the study of a language is begun by memorizing short utterances in very brief conversations in each unit. After each set of conversations, there is a pattern practice and material for further practice using the structural patterns found in the brief conversations. In other textbooks the units begin with a set of basic utterances to be memorized, followed by pattern practice material, conversations, and several types of activities for further practice. All are designed to provide practice which will promote a firm grasp of the basic utterances and the structural patterns used. Such is the plan for this volume.

The basic utterances are arranged in groups. The grouping of utterances is determined by their content. The teacher may teach all the basic utterances first then proceed to the other parts of a unit, or he may use the following procedure or one similar to it.

Model an utterance. Have the class and individuals imitate. When a group of utterances has been learned, take a quick run through. Model utterance 1, class repeat. Model utterance 2, class repeat. Model utterance 3, class repeat. Model all three, class repeat. Class recite without assistance. Individuals recite without assistance.

For variety, pattern practice material may be taken up and the conversations based on these utterances. This requires careful advance planning and can create a more relaxed and varied situation.

Even though the students have learned the basic utterances and have practiced the pattern practice material, when the conversations are read for the first time, the teacher should model the utterances and the class should imitate. The only difference now is that perhaps one modeling should be sufficient. This is to insure good phrasing and expressiveness.

The practice activities which follow the conversations fall under the heading *No ka hoʻomaʻamaʻa hou ʻana aku,* and they consist of the following: directed responses; questions and answers; short narratives with questions to be answered in the target language; material for special practice on tenses, sentence expansion, comparative forms, and other features all based on the basic utterances; pattern practice material; and conversations. These are designed to help the student become familiar with the material so that a given stimulus will trigger the proper response. If too much time elapses between stimulus and response, the student has not learned to respond automatically.

In many units, material in narrative form is provided without the benefit of translation. The narrative material, based on familiar structural patterns and vocabulary, provides for further practice. In sections with narrative material, questions which follow help to ascertain the student's grasp of structural material. Students may be encouraged to prepare material in narrative form using familiar structural patterns and vocabulary. Some suggestions for this type of activity are given, but the teacher can assign others.

The days of the week and months of the year are taught indirectly, and no special unit is devoted to them. Learning the days and months can begin during the first lesson with the teacher giving the date. For some time the teacher should give the date, then the students can be asked to do this.

Some direct reference to and information about Hawaiian culture is presented in structural patterns which are or should be familiar to the student, because of the material covered. When the vocabulary is unfamiliar, the English explanation is given immediately, thus enabling the student to concentrate on the information. The narrative material will provide further practice in comprehension and will pave the way for future work.

While some attention is given to what might be referred to as culture, it must be understood that in second language study learning the language takes precedence over information about the culture. The goal should be to use the language in speaking, reading, and writing. When students gain proficiency in the language, more cultural information is obtainable by reading materials in the second language. Their language proficiency will heighten their understanding of the meanings and connotations of the target language in a way not possible through translations. According to Professor Lado, "A language ... is both a component of culture and a cultural network through which the other components are expressed" (1964:23).

In section VII, *No ka pilina ʻōlelo a me ka papa ʻōlelo*, some information about the structure of basic utterances is given, but this is not intended for class discussion. All classwork should be conducted for the most part in the target language. Students who are unduly concerned about the word-for-word equivalents, and there are some in every class, should read the material in section VII. They will notice that we reinforce what is given in the basic utterances. No literal translation is given because each language has its own structural patterns, and literal translations merely serve to impede progress in learning the target language.

Pronunciation

Seven of the eight consonants in the Hawaiian language—*h, k, l, m, n, p, w*—pose no serious problems in pronunciation. There has been and still is some disagreement about *w*, but this letter can be treated as follows.

1. After *o* and *u*, pronounce *w* as in "way"—*'auwē* (alas), *kowa* (intervening space or time).
2. After *a, i,* and *e*, use soft *v*, with the upper teeth barely touching the lower lip slightly on the inside—*hewa* (wrong).
3. Initially, many people use *w* as in "way," but many older Hawaiians prefer the soft *v* sound, which requires less lip effort than the *w* in "way." Here are a few examples.

As in "way"	Soft *v*
'auwē (alas)	*'awe'awe* (tentacles of squid or vines)
powā (robber)	*hewa* (wrong)
'auwinalā (afternoon)	*awakea* (noon)
molowā (lazy)	*lawa* (enough)

The eighth consonant is the glottal stop (written ' in this book), which is apt to be a problem for English-speaking people. In English it does occur before most so-called initial vowels, but not in the same way it does in Hawaiian. The occurrence most familiar to English speakers is in the middle of the exclamation "oh oh!"

All vowels are pure, that is, none ends with an off-glide as some do in English. This is important to remember.

According to most available written information, the five vowels—*a, e, i, o, u*—have both long and short duration. However, some people claim that in some words vowels are of intermediate duration—somewhere between the macron vowel and the unmarked vowel.

Long and intermediate vowels are always stressed or accented; the former (marked ⁻) requiring a stronger and slightly more prolonged stress than the latter (marked ´). Short duration vowels (marked `) are not always stressed, but when they are, they are more lightly stressed than are intermediate vowels. Long and short vowels have English equivalents; intermediate vowels do not. The following words may serve as examples: *Āu* (your), *ao* (daylight/day), *au* (I) and these minimal pairs—*mae* (wilted or to wilt)—*mai* (directional); *pae* (to land)—*pai* (to favor).

Although a written description of pronunciation is at best an inadequate guide, some important aspects of pronunciation are discussed in the following pages. However, we would like to emphasize that nothing can adequately take the place of listening to and imitating a good model of native Hawaiian speech.

Besides listening and imitating, the student may be asked to tape practice material assigned by the teacher. This will provide an effective means of evaluating problems and progress, and will enable the teacher to plan individual assistance for students who need it.

English equivalents for long and short duration vowels are provided below. The student should note each equivalent carefully and remember that long vowels are pronounced in Hawaiian without an off-glide and that there is no place for the nasal twang heard in some parts of the United States.

Long duration vowels	Short duration vowels
ā . . . as in "calm": *pāpā* (to forbid)	*a* . . . as in "around": *papa* (board, class)
ē . . . as in "they": *pēpē* (baby)	*e* . . . as in "set": *pepe* (flat, as a flat nose)
ī . . . as in "bee": *pīpī* (to sprinkle)	*i* . . . as in "sit": *pipi* (cattle/beef)
ō . . . as in "lo" (without closing to *oo*): *lōlō* (stupid)	*o* . . . as in "obey": *lolo* (brain)
ū . . . as in "rule" or like *oo* in "moon"	*u* . . . as in "put": *lulu* (sheltered)

In general, the first syllable in two-syllable words is given short duration stress—*papa*—but there are some with long duration stress on both syllables—*kālā, nānā*—and some with long duration stress on the first syllable—*nāna, kāna*—and again some with long duration stress on the second syllable—*pohā, kohā*. Longer words may have several stressed vowels, either all short vowels—Ka-la-ni-ana-'ole—or long and short vowels—mā-la-ma-la-ma.

In Hawaiian, except in the word *Kristo,* consonants do not adjoin, but vowels do. When certain vowels adjoin, one can hear—if one listens carefully—the coalition of the vowels into what can be considered diphthongs. The first letter in a diphthong receives short duration, or tertiary stress.

Some diphthongs can be set up in minimal pairs. The contrast between each pair is important because it sets the utterances apart and prevents errors in pronunciation and meaning. A native speaker of Hawaiian will hear the difference and will maintain the contrast. The student must learn to differentiate between the contrasting pairs if he is to become proficient in speaking the language.

Some minimal pairs and diphthongs may pose pronunciation problems for students. For most students whose first language is English, the minimal pairs *ài/'áe, àu/áo, 'òi/'òe,* are more difficult than other diphthongs.

ài . . . like *i* in "bite": *mai* (don't; direction toward the speaker)
'áe . . . like "I" or "eye": *mae* (to fade)
àu . . . like *ou* in "couch" but without nasal twang: *nau* (to chew)
áo . . . like *ow* in "how" but without nasal twang: *nao* (to probe)
èi . . . like *ei* in "eight" or "weight": *lei* (wreath); *nei* (here)
èu . . . no equivalent; *heu:* short *e,* as in "set" and *u* as in "put": (fuzz or short, fine hair)
ìu . . . like *ew* in "few": *niu* (coconut)
òu . . . like *ou* in "soul": *hou* (new); *kou* (your)

For the most part, every letter in Hawaiian words is pronounced. When adjoining words end and begin with the same vowel—*aloha aku*—these words are linked when spoken and the adjoining vowels are pronounced as one long vowel (*alohāku*). Adjoining words ending and beginning with different vowels are also linked. Words such as *ke + alanui* (pronounced *kealanui*), *hele + ana* (*heleana*), *hele + au* (*heleau*) and *hele + ai* (*heleai*) are reasonably easy; however, combinations such as *ka + ua* and *ka + uka* belong in another class. When we link *ka* with *ua* (the rain) and *ka* with *uka* (the uplands) the *u* is given tertiary, or virtually tertiary, stress. This pattern is in contrast to *kaua* (cattle) and *kauka* (doctor), both of which contain the diphthong *au,* and to *kāua,* which has prolonged stress on the first vowel, like *a* in "calm." Here are two exceptions to the rule we mentioned that every letter in Hawaiian words is pronounced: *akaaka* (clear) is pronounced *akāka* and *ikiiki* (stifling heat and humidity) is pronounced *ikīki,* with the middle *i* given the same value as *ee* in "bee."

Note On Orthography

During the preparation of this volume we discussed with Don E. Johnson the advisability of indicating long duration vowels with a symbol other than the macron, because the macron is used in English to indicate sound values different from those in Hawaiian.

However, since the macron is the symbol used in the Pukui-Elbert Hawaiian-English, English-Hawaiian dictionaries, we have retained it and extended its use to cover k-class and zero-class a-form possessives when written separately in the equivalent of English "to have" utterances, and n-class, a-form possessives.

> He penikala KĀ Manu.
> 'A'ohe Ā Manu penikala.
> NĀ wai keia penikala?
> NĀ Lono kēnā penikala.

The macron is also used here when *no* is used as an intensifier in certain word environments—ho'okahi wale NŌ (only one); maika'i NŌ (fine indeed); ho'olohe NŌ wau (I do listen)—to mention a few.

The locatives—*lalo, luna, hope, loko, waho, mua* and others—when used as double prepositions, are written separately from the preceding and following particle and/or directional—ko loko o (the inside of), ma hope o (at the back of or behind), ma mua o (in front of), mai hope mai (movement from back to front), no hope mai (originating from behind), ma loko o (on the inside), and so forth. This is done for the sake of consistency and also to help the students see quickly that in each instance what precedes and follows affects the meaning of the root. When a locative is used as an adverb the preceding particle is not separated from the locative—mamua (before, formerly), mahope mai (afterward; later), ilalo (down), iluna (up)—for examples.

The '*o* subject marker is written separately from the interjection *wai:* '*o wai.* There was some discussion about separating the '*o* subject marker from *ia,* the third person, singular pronoun. This was done while the material was being tested, but was later replaced by the older form: *'oia*. However, when *ia* means "that" the *'o* subject marker is written separately: *'o ia* (that is).

E Kama'ilio Hawai'i Kakou

LET'S SPEAK HAWAIIAN

Huina ʻEkahi

I. NĀ ʻŌLELO KUMU

1. ʻO . . . koʻu inoa.
2. ʻO wai kou inoa?

3. Aloha, e Lono.
4. Aloha kāua, e Lono.
5. Aloha kāua, e ke kumu.

6. Aloha kākou.
7. ʻAe, aloha nō.

8. Pehea ʻoe?
9. Pehea ʻolua?
10. Pehea ʻoukou?

11. Pehea ʻoe, e Lono?
12. Maikaʻi nō, mahalo.
13. A ʻo ʻoe?
14. ʻAno ʻōmaʻimaʻi au.
15. Aloha ʻino!

16. ʻAno māluhiluhi māua.
17. Maikaʻi nō mākou, mahalo.

Unit One

II. BASIC UTTERANCES

1. My name is . . . .
2. What is your name?

3. Greetings, Lono.
4. Greetings (to you and me), Lono.
5. Greetings (to you and me), teacher.

6. Greetings to all of us.
7. Yes, greetings indeed.

8. How are you?
9. How are you (two)?
10. How are you (three or more)?

11. How are you, Lono?
12. Fine, thank you.
13. And you?
14. I'm not very well.
15. That's too bad!

16. We (two) are tired.
17. We're (three or more) fine, thank you.

III. WORD LINKAGE. KA HOʻOHUI HUAʻŌLELO ʻANA

Written form Ke kākau ʻana	Spoken form Ka ʻōlelo ʻana
kou inoa	kouinoa
koʻu inoa	koʻuinoa
kāua e	kāuae

2

ʻōmaʻimaʻi au   ʻōmaʻimaʻiau

māluhiluhi au   māluhiluhiau

IV. PATTERN PRACTICE. HOʻOMAʻAMAʻA KUMU HOʻOHĀLIKE

A. Simple substitution

1. Aloha, | e Lono.   (Manu)
            | e Manu.   (Lani)
            | e Lani.

2. Aloha kāua, | e Lono.   (Manu)
                  | e Manu.   (Lani)
                  | e Lani.

3. Aloha kāua, | e ke kumu.   (ka haumāna)
                  | e ka haumāna.

4. Pehea | ʻoe?   (Lono)
          | ʻoe, e Lono?   (kumu)
          | ʻoe, e ke kumu?

5. Pehea | ʻoe?   (ʻolua)
          | ʻolua?   (ʻoukou)
          | ʻoukou?

6. Maikaʻi nō | au | mahalo.   (māua)
                 | māua | (mākou)
                 | mākou|

7. ʻAno māluhiluhi | au.   (māua)
                       | māua.   (mākou)
                       | mākou.

8. ʻAno | māluhiluhi | au.   (ʻōmaʻimaʻi)
          | ʻōmaʻimaʻi |

9. ʻO | Lono | koʻu inoa.   (Manu)
       | Manu | (Lani)
       | Lani | (Kalā)
       | Kalā |

10. A ʻo | ʻoe?   (ʻolua)
           | ʻolua?   (ʻoukou)
           | ʻoukou?

B.   **Questions and answers. He mau nīnau a he mau pane**

1.   Pehea | 'oe?   Maika'i nō | au   mahalo.
         | 'olua? | māua
         | 'oukou? | mākou

2.   Pehea | 'olua?   'Ano māluhiluhi | ___ | mahalo.
         | 'oukou? | ___ |
         | 'oe? | ___ |

3.   Pehea 'oe, | e Lono?   'Ano 'ōma'ima'i au.
               | e Manu?
               | e ke kumu?

4.   'O wai kou inoa?   'O | Lono | ko'u inoa.
                              | Manu |
                              | Lani |

C.   **Round robin practice**

Below are some examples of special, quick, individual practice, based on pattern practice material in the unit.

1.   Telling one's name
   a.   Teacher to Student A: 'O (insert name) ko'u inoa.
   b.   Student A to Student B: 'O (insert name) ko'u inoa.
   c.   Student B to Student C: Repeat the foregoing.
   d.   Continue: Student C to student D, student D to student E, etc.

2.   Telling and asking about names
   a.   Teacher to Student A: 'O (insert name) ko'u inoa.
                                   'O wai kou inoa?
   b.   Student A to Student B: 'O (insert name) ko'u inoa.
                                   'O wai kou inoa?
   c.   Student B to Student C: Repeat the foregoing.
   d.   Continue: Student C to student D, student D to student E, etc.

3.   Greeting someone
   a.   T to S A: Aloha, e (insert student's name).
   b.   S A to S B: Aloha, e (insert student's name).

c.   S B to S C: Aloha, e (insert student's name).
d.   Continue: Student C to student D, etc.

4.   Asking and answering about one's health

a.   Teacher to student A: Pehea 'oe?
b.   Student A: Maika'i nō. (To student B) Pehea 'oe?
c.   Student B: Maika'i nō. (To student C) Pehea 'oe?
d.   Student C.   Carry on as above.
e.   Continue: D to E; E to F; F to G, etc.

V. CONVERSATIONS. HE MAU PĀPĀ'ŌLELO

'O Lono

1.   Aloha, e Lani.
2.   Pehea 'oe?

'O Lani

1.   Aloha, e Lono.
2.   Maika'i nō, mahalo.

'O Manu

1.   Pehea 'oe, e Kalā?

2.   Maika'i nō, mahalo

'O Kalā

1.   'Ano māluhiluhi au. A 'o
      oe?

'O Kapela

1.   Aloha kāua.
2.   'O wai kou inoa?
3.   Pehea 'oe?

'O Kanoho

1.   Aloha nō.
2.   'O Kanoho ko'u inoa.
3.   'Ano māluhiluhi au.

'O Kapahi

1.   Aloha kākou.
2.   Pehea 'olua?

3.   'Ano 'ōma'ima'i au.

'O Kepuna mā

1.   Aloha nō.
2.   'Ano māluhiluhi māua. A
      'o 'oe?
3.   Aloha 'inō.

'O Kapa lāua 'o Kama

1.   Aloha kākou.
2.   Pehea 'oukou?

3.   Maika'i nō māua, mahalo.

'O Kalima mā

1.   Aloha nō.
2.   Maika'i nō mākou, mahalo.
      A 'o 'olua?

Ke kumu	Kekahi haumāna
1. Aloha, e ka haumāna.	1. Aloha, e ke kumu.
2. Pehea 'oe?	2. Maika'i nō au, mahalo. A 'o 'oe?
3. Maika'i nō au, mahalo.	

VI. CONTINUE PRACTICING. E HO'OMAU AKU I KA HO'OMA'AMA'A 'ANA

A.   Carry on the brief conversations suggested below.

1.   Greet Lono.
     Return the greeting.
     Ask him how he is.
     You are well.
2.   Greet two people.
     Return the greeting.
     Ask how they are.
     You (two) are tired.
3.   Ask someone his name.
     Tell what your name is.
4.   Ask Manu how he is.
     You are not well.
     Express regret.
5.   Greet the teacher.
     Return the greeting.
     Ask him how he is.
     You are not well.
     Express regret.
     Thank him.

B.   Make new sentences. E hana i mau māmala'ōlelo hou.

Example. Ana ho'ohālike: Aloha, e Lono.   (Lani / Manu)
                                    Aloha, e Lani.
                                    Aloha, e Manu.

1.   Aloha, e Kanani. Pehea 'oe? (Keoni / Kalā / Kalima)

2. Aloha, e Kalima mā. Pehea 'olua? (Kanoho / Kapela / Lehua)

3. Aloha, e Lono mā. Pehea 'oukou? (Kalani / Kapule / Kealoha)

C. **Fill in the blanks. E ho'opihapiha i nā hakahaka.**

kou 'oe kāua 'ino ko'u

1. Pehea_____?   3. Aloha_____.
2. 'O Kalā_____inoa.   4. 'O wai_____inoa?
        5. Aloha_____!

VII. COMMENTS ON STRUCTURE AND VOCABULARY. NO KA PILINA 'ŌLELO A ME KA PAPA 'ŌLELO*

1. English has singular and plural pronouns. Hawaiian has singular, dual, and plural pronouns.

2. *Kāua* is a dual pronoun, first person. It is often used when greeting one person and includes the two persons – the speaker and the person addressed. This is considered polite form. Since *kāua* includes the speaker and the person addressed, it is referred to as an inclusive form pronoun.

3. *Māua* is also a first person, dual pronoun. However, it is different from *kāua* in that it does not include the person or persons addressed. It is used to indicate the speaker and the person about whom he is speaking. Since the person or persons addressed are not included, this dual pronoun is referred to as an exclusive form pronoun.

4. *Kākou* is the first person, plural, inclusive pronoun. It includes the speaker and two or more people who are being addressed.
   Aloha kākou.
   Greetings to all of us.

*Note the pronunciation of *papa 'ōlelo* "vocabulary," and *pāpā'ōlelo* "conversation." Note also that the first is written as two words while the second is written as one.

"All of us" may be the speaker and two other people, or the speaker and a large group of people.

5. *Mākou* is the first person, plural, exclusive pronoun. It includes the speaker and two or more other people and excludes the person or persons addressed. So whereas English has only one "we," Hawaiian has four different "we" pronouns.
    a. *Kāua* — the speaker and the person addressed — you and I.
    b. *Māua* — the speaker and someone else. The person or persons addressed are excluded — Lono and I, not the rest of you.
    c. *Kākou* — the speaker and two or more persons addressed — all of us.
    d. *Mākou* — the speaker and two or more people, but the person or persons addressed are excluded. They do not belong to the "in" group.

   When students whose first language is English study Hawaiian, they must learn to separate their single "we" category into four distinct categories in Hawaiian. Practice and close attention to patterns will clarify this.

6. *'Olua* is the second person, dual pronoun, "you two." A question addressed to *'olua* is answered with a statement containing *māua*.

7. *'Oukou* is the second person, plural pronoun, "you three or more." A question addressed to *'oukou* is answered by *mākou*. Look at some of the material in the conversations and pattern practice to find examples of the foregoing.

8. *'O wai* is really *wai* or "who" with the *'o* subject marker placed before it. In English we ask "what is your name?" but in Hawaiian we say:

    'O wai kou inoa?

   Notice the orthography of the word *'o wai*. We have elected to separate the *'o* subject marker from the interrogative word *wai*.

9. *E* is used in this lesson to mark direct address.

    Pehea 'oe, e Lono?
    Pehea 'oe, e ke kumu?

   Observe that it is used alone with a proper noun, but with a common noun it is followed by an article, in this case *ke*. The *e* here is called the vocative *e*. We shall meet *e* in another capacity later.

10. *Kou* is the second person, singular, possessive pronoun, "your."

> your name
> kou inoa

11. *Ko'u* is the first person, singular, possessive pronoun, "my."
> my name
> ko'u inoa

Kou and *ko'u* are called o-form possessives because of the *o* which appears in both of them. From time to time the student will be introduced to other types of possessives. He must learn to keep track of these. They often function quite differently from pronouns in English.

12. Verb "to be": In English the *pehea* questions and some replies to them, e.g., the question about one's name and the reply to it, contain some form of the verb "to be." However, there is no expressed verb "to be" in the Hawaiian counterparts of these utterances because in Hawaiian there is no verb which expresses the idea of existence.

13. *'Oe* is the second person, singular pronoun, "you."

14. *Au* is the first person, singular pronoun, "I."

15. *Maika'i* is used in this unit as a predicate adjective.
> (He is) fine, thank you.
> Maika'i nō, mahalo.
> We (are) fine, thanks.
> Maika'i nō mākou, mahalo.

16. The macron over *o* in *nō* (maika'i nō) indicates emphasis or stress. *Nō* in this case means "indeed."

Huina ʻElua

I. NĀ ʻŌLELO KUMU

1. Aloha kakahiaka.
2. Aloha awakea.
3. Aloha ahiahi, e Kamakani kāne.
4. Aloha ʻauinalā, e Kānekoa wahine.
5. Pehea ʻoe i keia lā?
6. Pehea ʻo Kanoe?
7. Pehea nā haumāna?
8. Pehea ke kumu?
9. He aha kou pilikia?
10. He aha ko lāua pilikia?
11. He aha kona pilikia?
12. He anu ko lāua.
13. He pīwa kona.
14. He pūnia ko lākou.
15. Maikaʻi nō ʻoia, mahalo.
16. Aloha a hui hou.

Unit Two

1. Good morning.
2. Noon greetings. (No equivalent in English)
3. Good evening, Mr. Kamakani.
4. Good afternoon, Mrs. Kānekoa.

5. How are you today?
6. How is Kanoe?
7. How are the students?
8. How is the teacher?

9. What's your | problem?
                | trouble?
10. What's their (two of them) trouble?
11. What's | his/her trouble?
        | wrong with him/her?

12. They (two) have colds.
13. He/she has a fever.
14. They (three or more) have head colds.

15. He/she is fine, thank you.
16. Farewell till we meet again.

III. KA HOʻOHUI HUA ʻŌLELO ʻANA

Ke kākau ʻana	Ka ʻōlelo ʻana
aloha awakea	alohāꞏawakea
aloha ahiahi	alohāꞏhiahi
aloha a hui hou	alohāꞏhui hou

IV. HO'OMA'AMA'A KUMU HO'OHĀLIKE

A. Simple substitution

1. Aloha | kakahiaka | kāua.
        | 'auinalā
        | awakea
        | ahiahi

2. Aloha kakahiaka | kāua.   (kākou)
                   | kākou.   (e Kanoe)
                   | e Kanoe.   (e ke kumu)
                   | e ke kumu.   (e nā haumāna)
                   | e nā haumāna.   (e Kamakani kāne)
                   | e Kamakani kāne.

3. Pehea | ke kumu?   (nā haumāna)
         | nā haumāna?   (ka haumāna)
         | ka haumāna?   ('oia)
         | 'oia?   (lāua)
         | lāua?

4. Pehea | 'o Kanoe?   (Kalā)
         | 'o Kalā?   (Lehua)
         | 'o Lehua?

5. Pehea | 'oe | i keia lā?   ('olua)
         | 'olua | ('oukou)
         | 'oukou |

6. Pehea | 'o Kanoe | i keia lā?   (Kalā)
         | 'o Kalā | (Lehua)
         | 'o Lehua |

7. He aha | kou | pilikia?   (kona)
          | kona | (ko 'olua)
          | ko 'olua | (ko Kanoe)
          | ko Kanoe |

8. He | anu | ko'u.   (pīwa)
      | pīwa | (pūnia)
      | pūnia |

9. He anu | ko'u.   (kona)
             | kona.   (ko māua)
             | ko māua.   (ko Kanoe)
             | ko Kanoe.

10. Repeat: Substitute *pīwa* and *pūnia* for *anu*.

B. **Variable substitution**

1. He anu kona.   (ko'u)
    He anu *ko'u*.   (pīwa)
    He *pīwa* ko'u.   (kona)
    He pīwa *kona*.   (pūnia)
    He *pūnia* kona.   (ko lāua)
    He pūnia *ko lāua*.   (ko lākou)
    He pūnia *ko lākou*.   (anu)
    He *anu* ko lākou.

2. Aloha kakahiaka kāua.   (awakea)
    Aloha *awakea* kāua.   (kākou)
    Aloha awakea *kākou*.   (ahiahi)
    Aloha *ahiahi* kākou.   (kāua)
    Aloha ahiahi *kāua*.   (e Kanoe)
    Aloha ahiahi, *e Kanoe*. ('auinalā)
    Aloha *'auinalā* e Kanoe. (kākou)
    Aloha 'auinalā *kākou*. (kāua)
    Aloha 'auinalā *kāua*.

C. **Simple substitution in questions and answers**

1. Pehea | 'oe | i keia lā?   Maika'i nō | au | i keia lā.
         | 'olua | | māua |
         | 'oukou | | mākou |

2. Pehea | 'o Kanoe | i keia lā?   a. Maika'i nō | 'o Kanoe | i keia lā.
         | 'o Kalā | | 'o Kalā |
         | 'o Lehua | | 'o Lehua |

    b. Maika'i nō 'oia i keia lā.

3. Pehea | ke kumu | i keia kakahiaka?
         | ka haumāna |
         | nā haumāna |

<table>
<tr><td>Maikaʻi nō</td><td>ke kumu/ʻoia
ka haumāna/ʻoia
nā haumāna/lāua/lākou</td><td>i keia kakahiaka.</td></tr>
</table>

4. Pehea | ʻoe | i keia ahiahi?
| ke kumu |
| ka haumāna |
| ʻolua |
| lāua |

Māluhiluhi | au | i keia ahiahi.
| ke kumu/ʻoia |
| ka haumāna/ʻoia |
| māua |
| lāua |

5. He aha | kou | pilikia?   He pīwa | koʻu
| kona | | kona.
| ko lāua | | ko lāua.
| ko lākou | | ko lākou.
| ko Kanoe | | ko Kanoe/kona.

6. He aha ka pilikia | o ke kumu?   He pūnia | ko ke kumu.
| | kona.
| o ka haumāna? | ko ka haumāna.
| | kona.
| o nā haumāna? | ko nā haumāna.
| | ko lāua.
| | ko lākou.

V. HE MAU PĀPĀʻŌLELO

ʻO Kapua

1. Aloha kakahiaka kāua.
2. ʻO wai kou inoa?
3. Pehea ʻoe?
4. Pehea ʻo Kanoe?
5. He aha kona pilikia?
6. Āloha ʻino. (See vii, 9.)

ʻO Kaʻulu

1. Aloha nō.
2. ʻO Kaʻulu koʻu inoa.
3. ʻAno māluhiluhi au.
4. ʻAno ʻōmaʻimaʻi ʻoia.
5. He pīwa kona.

'O Hale

1. Aloha kāua.
2. 'O wai kou inoa?
3. Pehea 'oe?
4. Aloha a hui hou.

'O La'eha

1. Aloha nō.
2. 'O La'eha ko'u inoa.
3. 'Ano māluhiluhi au.
4. Aloha a hui hou.

'O Kāla'au

1. Aloha 'auinalā kāua.
2. Pehea 'oe i keia lā?
3. Pehea ke kumu?
4. Pehea nā haumāna?
5. He aha ko lākou pilikia?

'O Kamau'u

1. Aloha nō.
2. Maika'i nō au, mahalo.
3. Maika'i nō 'oia, mahalo.
4. 'Ano 'ōma'ima'i lākou.
5. He pūnia ko lākou.

'O Maile

1. Aloha ahiahi e Kamakani kāne.
2. Pehea 'oe i keia ahiahi?

3. 'Ano māluhiluhi au.
4. Maika'i nō 'oia.
5. Maika'i nō lākou.
6. Aloha a hui hou.

'O Kamakani kāne

1. Aloha nō.
2. Maika'i nō au, mahalo.
   A 'o 'oe?
3. Pehea ke kumu?
4. Pehea nā haumāna?
5. Aloha a hui hou.

'O Keao

1. Aloha kakahiaka kāua.
2. 'O wai kou inoa?
3. Pehea 'oe i keia kakahiaka?
4. Pehea 'o Kanoe?
5. Aloha a hui hou.

'O Kapō

1. Aloha nō.
2. 'O Kapō ko'u inoa.
3. 'Ano māluhiluhi au.
4. Maika'i nō 'oia, mahalo.
5. Aloha a hui hou.

VI. E HO'OMAU AKU I KA HO'OMA'AMA'A 'ANA

A. Directed response

1. Greet Lono in the morning, before ten o'clock.
   Return the greeting.
2. Ask how Ka'ohu is.
   Say Ka'ohu isn't well.

3.   Greet the teacher in the afternoon.
        Return the greeting.
4.   Ask Mr. Kamakani how he is.
        Say you're well. Ask, without using *pehea*, how the
        questioner is.
        Answer. Ask how Kanoe is.
        Answer.
5.   Ask Kaleo how the teacher is.
        He's not well. (He's sort of sick.)
        Ask what's wrong with him.
        Say he has a cold.
        Ask how the students are.
        They have head colds.
        Say goodbye.
        Answer.

B.   **E hana i mau māmala'ōlelo hou.**

Ana ho'ohālike: Aloha kakahiaka, e Kanoe.   (Lehua / Lono /
Kalā)

        Aloha kakahiaka, e | Lehua.
                              | Lono.
                              | Kalā.

1.   Aloha awakea, e Kala. Pehea 'oe?
        (kakahiaka / ahiahi / 'auinalā)
2.   Aloha ahiahi, e Kamakana kāne. Pehea 'oe?
        (Kanui / Kekoa / Kapoi)
3.   Aloha 'auinalā, e Kekoa wahine. Pehea 'oe?
        (Keli'i / Lono / Hoapili)
4.   Pehea 'o Kanoe? He anu kona.
        (Keli'i / Lono / Kapoi)
5.   Pehea 'o Kanoe i keia lā?
        (Lehua / Kama / Keli'i)
6.   Pehea 'o Kanoe i keia lā?
        (ahiahi / pō / kakahiaka)
7.   Maika'i nō 'o Kanoe i keia lā.
        (Lono / 'oia / Lehua)

VII. NO KA PILINA ʻŌLELO A ME KA PAPA ʻŌLELO

1. In greetings, Hawaiians use the terms listed below to designate certain periods of the day:

   Kakahiaka: (breaking the shadows) – until about 10:00 A.M., the period when the sun is ascending.

   Awakea: (the full broad day) – roughly between 10:00 A.M. and 2:00 P.M., when the sun is overhead.

   ʻAuinalā: (the period of declining sun) – from 2:00 P.M. until late afternoon.

   Ahiahi: (late afternoon and dusk) – evening.

   This is different from our categories and needs extra practice.

2. *Kona* is the third person, singular, possessive pronoun, "his/her/its."

   Ko lāua is the third person, dual, possessive pronoun, "their (two)."

   Ko lākou is the third person, plural, possessive pronoun, "their (three or more)."

   Observe closely the dual and plural forms. The possessive marker, *ko*, is a separate word, while in the singular form, *ko* is part of the pronoun, written as one word: *koʻu, kou, kona*.

   The foregoing possessives are called k-class possessives, ō-form, because each begins with *k* and *o* appears in each of them.

   The ō-form is used only in certain situations. Later you will learn another form. For the time being, do not make up your own possessive patterns but memorize the ones in the lessons.

   In this lesson we find the possessive pronouns distributed in what seem to be two different ways:

   a. He aha | kou | pilikia?
               ko lāua |
               kona |

   b. He anu | koʻu.
               ko lāua.
      He pīwa | kona.

   There is actually no difference because in example (b) each possessive expression is followed by an unexpressed noun.

He anu	ko'u (anu).	I have a cold.
	ko lāua (anu).	They (two) have colds.
He pīwa	kona (pīwa).	He/she has a fever.

A point to remember is that when we use the verb "to have" in English we use a possessive form expression in Hawaiian. When you *have* something you possess it.

3. *'Oia* is the third person, singular pronoun *ia* (he/she/it) with the *'o* subject marker. When used as a subject the two are usually written as one word (*'oia*) but in other situations the pronoun is written *ia*. However there are times when *ia* is used as subject without the *'o* subject marker.

    Ex. without *'o* subject marker:
    At night he went to fetch the boat.
    A pō ki'i aku la ia i ka wa'apā.

4. *Nā*. Nouns are sometimes pluralized by the use of this plural, definite article.

    ka haumāna — the student
    nā haumāna — the students

    Unlike the pronouns, no distinction is made between dual and plural nouns. *Nā* may be used to indicate two or more objects.

5. *He* is the indefinite article a/an. Notice that it generally occupies initial position.

    | He | anu ko lāua. |
    | | pīwa kona. |
    | | pūnia ko lākou. |

6. *Ka* and *ke* are the two forms of the definite article, singular number. Distribution of these forms is determined by the first letter of the word which follows the article. *Ke* is used before words beginning with k, a, e, and o. *Ka* is used everywhere else. There are a few exceptions to this rule; they will be noted wherever they occur in this text.

    . . . ka haumāna
    . . . ke kumu

7. *Aha* is the interrogative pronoun "what." In this unit it is preceded by the indefinite article *he*.

    He aha kona pilikia?

8. Sometimes when a possessive expression involves the use of a common noun (thing word), we substitute for it a noun phrase to avoid rhythmic awkwardness.

> He aha ka pilikia o ke kumu?

> What is the teacher's trouble or problem?

is an example. *O ke kumu* is a noun phrase—"of the teacher." So in Hawaiian what one actually says is

> What is the trouble of the teacher?

but in English we use a possessive form structure.

9. The macron over initial *a* in *āloha* in one of the conversations is to provide an example of emphasis through pronunciation. In this case duration and intonation indicate special concern. It is akin to "How awful/terrible." or "I'm very, very sorry!"

Huina ʻEkolu

I. NĀ ʻŌLELO KUMU

1. He kaikaina koʻu.
2. ʻAʻohe oʻu kaikuaʻana.
3. ʻElua oʻu kaikunāne. (Said by a female.)
4. ʻO Kalāhanohano lāua ʻo Hauʻoli.
5. He kaikuahine kou? (Asked of a male only.)

6. ʻO wai ka inoa o kou makuakāne?
7. ʻO Keliʻi kona inoa.
8. ʻO Noelani ka inoa o koʻu makuahine.

9. Pehea kou ola kino?
10. Maikaʻi nō koʻu ola kino.
11. Laki nō ʻoe!

12. Pehea ke ola kino o kou kaikaina?
13. ʻAʻohe ʻano maikaʻi loa kona ola kino.

14. ʻO wai kou mau mākua?
15. Aloha aku iā lāua.

Unit Three

1.   I have a younger sibling (of the same sex).
2.   I have no older sibling (of the same sex).
3.   I have two brothers. (Said by a female.)
4.   Kalāhanohano and Hauʻoli.
5.   Have you a sister? (Asked of a male only.)

6.   What is your father's name?
7.   His name is Keliʻi.
8.   My mother's name is Noelani.

9.   How's your health?
10.   My health is fine.
11.   You're lucky (fortunate).

12.   How's the health of your younger sibling?
13.   His/her health isn't very good.

14.   Who are your parents?
15.   Give them (my) regards.

III. KA HOʻOHUI HUAʻŌLELO ʻANA

Ke kākau ʻana   **Ka ʻōlelo ʻana**

ʻaʻohe oʻu   ʻaʻoheoʻu
ʻelua oʻu   ʻeluaoʻu
ka inoa   kainoa

aloha aku iā lāua   alohāɑkuyā lāua
kou ola kino   kouola kino
koʻu ola kino   koʻuola kino

ke ola   keola

IV.   HOʻOMAʻAMAʻA KUMU HOʻOHĀLIKE

A.   He mau nīnau a he mau pane

1.   ʻO wai ka inoa o kou │ makuakāne?
                          │ makuahine?
                          │ kaikuaʻana?
                          │ kaikaina?

   a. ʻO Keliʻi │ ka inoa o koʻu makuakāne.   -
                 │ kona inoa.

   b. ʻO Noelani │ ka inoa o koʻu makuahine.
                  │ kona inoa.

   c. ʻO Kalāhanohano │ ka inoa o koʻu kaikuaʻana.
                       │ kona inoa.

   d. Formulate replies ʻIwalani would give.

   e. ʻO Hauʻoli │ ka inoa o koʻu kaikaina.
                  │ kona inoa.

   f. ʻO Puanani . . . (complete).

2.   ʻO wai kou mau │ mākua?
                    │ kaikunāne?
                    │ kaikuahine?

   a. ʻO Keliʻi lāua ʻo Noelani koʻu mau mākua.
   b. ʻO Kalāhanohano lāua ʻo Hauʻoli koʻu mau kaikunāne.
   c. ʻO ʻIwalani lāua o Puanani koʻu mau kaikuahine.

3.   Pehea kou mau mākua?

   Maikaʻi nō │ koʻu mau mākua.
              │ lāua.

4.   Pehea kou mau │ kaikuahine?
                   │ kaikunāne?

   Formulate replies for each.

5.   Pehea kou kaikuaʻana?

   ʻAno māluhiluhi   koʻu kaikuaʻana.
                      ʻoia.

6. Pehea kou | kaikaina?
    | kaikuahine?
    | kaikunāne?

    Formulate replies for each. Use either
    maikaʻi or *māluhiluhi*.

7. Pehea kou ola kino?

    Maikaʻi nō koʻu ola kino.

8. Pehea ke ola kino o kou kaikaina?
    Maikaʻi nō | ke ola kino o koʻu kaikaina.
    | kona ola kino.

9. Pehea ke ola kino o kou | kaikuaʻana?
    | kaikuahine?
    | kaikunāne?

    Formulate replies for each.

B. **He mau ʻōlelo ʻike loa a he mau ʻōlelo hōʻole**

1. He | kaikaina | koʻu.   ʻAʻohe oʻu | kaikaina.
    | kaikuaʻana | | kaikuaʻana.
    | kaikunāne | | kaikunāne.
    | makuakāne | | makuakāne.
    | makuahine | | makuahine.
    | kaikuahine | | kaikuahine.

2. ʻElua oʻu | kaikuahine.   ʻAʻohe oʻu | kaikuahine.
    | kaikunāne. | kaikunāne.

3. Hoʻokahi wale nō ō oʻu | kaikaina.   ʻAʻohe oʻu | kaikaina.
    | kaikuaʻana. | kaikuaʻana.

V. HE MAU PĀPĀʻŌLELO

ʻO Keola

1. Aloha kakahiaka, e ʻIwalani.
2. ʻO wai ka inoa o kou kaikaina?
3. ʻO wai kou kaikuaʻana?

ʻO ʻIwalani

1. Aloha, e Keola.
2. ʻO Puanani kona inoa.
3. ʻAʻohe oʻu kaikuaʻana.

'O Manu

1. E Kalā, 'o wai kou kaikaina?
2. 'O wai kou kaikua'ana?
3. 'O wai ka inoa o kou mau kaikuahine?

'O Lehua

1. E Hau'oli, 'o wai ka inoa o kou kaikua'ana?
2. 'O wai kou mau kaikuahine?
3. 'O wai kou kaikaina?

'O Keola

1. Aloha 'auinalā, e Kalā.
2. Pehea 'oe?
3. Aloha 'ino. Pehea kou mau kaikuahine?

'O Lehua

1. Aloha awakea, e Pua.
2. Pehea kou mau kaikunāne?

3. 'Ano 'ōma'ima'i au.

'O Lahela

1. Aloha ahiahi, e 'Iwalani.
2. Pehea 'oe?

3. 'Ano māluhiluhi au.

4. Aloha a hui hou.

'O Kaleo

1. Aloha ahiahi, e Kalā.
2. 'O wai ka inoa o kou makuakāne?

'O Kalāhanohano

1. 'O Hau'oli (ko'u kaikaina).
2. 'A'ohe o'u kaikua'ana.
3. 'O 'Iwalani a 'o Puanani ka inoa o ko'u mau kaikuahine.

'O Hau'oli

1. 'O Kalāhanohano kona inoa.
2. 'O 'Iwalani lāua 'o Puanani.
3. 'A'ohe o'u kaikaina.

'O Kalāhanohano

1. Aloha nō.
2. 'Ano māluhiluhi au.
3. Maika'i nō lāua, mahalo.

'O Puanani

1. Aloha awakea, e Lehua.
2. Maika'i nō lāua, mahalo. A 'o 'oe?
3. Āloha 'ino.

'O 'Iwalani

1. Aloha nō.
2. Maika'i nō, mahalo. A 'o 'oe?
3. Aloha 'ino. Aloha a hui hou.

'O Kalāhanohano

1. Aloha, e Kaleo.
2. 'O Keli'i kona inoa.

3. 'O wai ka inoa o kou
makuahine?

4. Pehea kou mau mākua᷍

5. Aloha aku iā lāua.

3. 'O Noelani kona inoa.

4. Maika'i nō ko'u
makuakāne; 'ano
māluhiluhi ko'u
makuahine.

5. 'Ae, mahalo.

'O Kekapa

1. Aloha 'auinalā, e 'Iwalani.
2. Pehea 'oe?
3. Maika'i nō. Pehea kou mau
kaikunāne?
4. Aloha aku iā lāua.

'O 'Iwalani

1. Aloha, e Kekapa.
2. Maika'i nō. A 'o 'oe?
3. Maika'i nō lāua, mahalo.

4. 'Ae, mahalo.

'O Kaleo

1. Aloha kakahiaka, e Pua.
2. He kaikua'ana kou?
3. He kaikaina kou?
4. He kaikunāne kou?

'O Puanani

1. Aloha, e Kaleo.
2. 'Ae, 'o 'Iwalani kona inoa.
3. 'A'ohe o'u kaikaina.
4. 'Elua o'u kaikunāne, 'o
Kalāhanohano lāua 'o
Hau'oli.

Use the foregoing conversation with another member of the family. Make the necessary changes.

'O Kapahu

1. Aloha ahiahi, e Kalā.
2. He kaikua'ana kou?
3. 'O wai kona inoa?
4. He kaikuahine kou?

5. Pehea kou mau mākua?
6. Aloha aku iā lāua.

'O Kalāhanohano

1. Aloha, e Kapahu.
2. 'A'ole. He kaikaina ko'u.
3. 'O Hau'oli kona inoa.
4. 'Elua o'u kaikuahine, 'o
'Iwalani lāua 'o Puanani.
5. Maika'i nō lāua, mahalo.
6. 'Ae, mahalo.

The above conversation may be carried on with another member of the family. Choose a person and make the necessary changes in the conversation.

'O Kalani

1. Aloha 'auinalā, e Kama.
2. Pehea kou ola kino?

3. Maika'i nō ko'u ola kino.

'O Kalima

1. Pehea kou ola kino,
   e Kamāwae?
2. He aha kou pilikia?
3. Maika'i ko'u ola kino.

'O Kapē

1. Pehea ko Lani ola kino?

2. Maika'i nō (ko'u ola kino).
3. Maika'i nō ko lāua ola kino.
   A pehea kou mau mākua?
4. Laki nō lāua.

'O Manu

1. Aloha, e Lani.
2. Pehea kou makuahine?

3. Āloha 'ino.

'O Kama

1. Aloha, e Kalani.
2. Maika'i nō ko'u ola kino.
   A 'o kou?

'O Kamāwae

1. 'A'ohe 'ano maika'i loa
   ko'u ola kino.
2. He anu ko'u. A 'o 'oe?
3. Laki 'oe.

'O Keli'i

1. Maika'i nō (kona ola kino).
   A 'o kou?
2. Pehea kou mau mākua?
3. Maika'i nō lāua, mahalo.

'O Lani

1. Aloha nō.
2. 'A'ohe maika'i kona
   ola kino.

VI. E HO'OMAU AKU I KA HO'OMA'AMA'A 'ANA

A. **Directed response. 'Ōlelo kuhikuhi 'ia**
   1. Greet Puanani. Ask the name of her sister.
      Tell what her name is.
   2. Greet 'Iwalani. Ask the name of her sister.
      Tell what her name is.
   3. Greet Kalāhanohano at 11:00 A.M. Ask how his brother is.
      Say he is rather tired.

4. Greet Hauʻoli. Ask the name of his brother.
   Tell what his name is.
5. Greet ʻIwalani at 4:00 P.M. Ask how her brothers are.
   Say they are sick.
6. Greet Hauʻoli. Ask how his sisters are.
   Say they are tired.
7. Ask someone in the class how old his older sibling is.
   Say he is ten years old.
8. Ask the name of someone's younger sister.
   Tell what her name is.
9. Ask how someone's younger brother is.
   Tell how he is.
10. Ask the name of someone's older brother.
    Tell what his name is.
11. Ask how someone's parents are.
    The father is well, the mother is tired.
12. Ask the name of someone's parents.
    Tell what their names are.

B. **E heluhelu**

ʻO Hauʻoli Kamakawiwoʻole koʻu inoa. ʻO Keliʻi koʻu makuakāne.
ʻO Noelani ka inoa o koʻu makuahine. He kaikuaʻana koʻu. ʻO
Kalāhanohano kona inoa. ʻAʻohe oʻu kaikaina. ʻElua oʻu
kaikuahine. ʻO ʻIwalani a ʻo Puanani ko lāua inoa.

C. **Pretend you are ʻIwalani and write a similar paragraph.**

D. **E hoʻopihapiha i nā hakahaka me kekahi o keia mau huaʻōlelo.**

kou   kona   koʻu   ko māua   oʻu   ona   lāua

1. Pehea_____ola kino?
2. ʻEhā_____kaikunāne.
3. Maikaʻi nō_____ola kino.
4. Aloha aku iā_____ .
5. ʻO wai ka inoa o_____makuakāne?
6. He kaikuaʻana _____?
7. Maikaʻi nō_____mau mākua.

8. 'A'ohe _____ kaikaina.
9. 'A'ohe _____ kaikunāne.
10. 'A'ohe 'ano maika'i loa _____ ola kino.

VII. NO KA PILINA 'ŌLELO A ME KA PAPA 'ŌLELO

1. In Hawaiian family relations, a boy's older brother is his
    kaikua'ana and a girl's older sister is her *kaikua'ana* (often
    pronounced *keikua'ana* and sometimes *keiku'ana*).

    A boy's younger brother is his *kaikaina* (often pronounced
    keikeina) and a girl's younger sister is her *kaikaina.*

    A boy says *kaikuahine (keikuahine)* when referring to his
    sister and a girl says *kaikunāne* (keikunāne) when referring to
    her brother. In other words, four different words are used in
    Hawaiian to distinguish siblings.

2. *Mau* is used as a dual or plural marker where *na* cannot be used.
    'O wai kou mau mākua?

    Notice that in the dual and plural forms, *makua* becomes
    mākua, with a macron over the first *a.* The same rule applies to
    makuakāne and *makuahine,* i.e., *mākuakāne* and *mākuahine.*

3. *O'u* is a zero-class, or k-less, o-form possessive. The zero-class
    possessive is generally used where numbers or the negative
    'a'ohe occur immediately before the possessive utterance.
    I have two brothers.
    'Elua o'u kaikunāne.
    I have no older sibling (of the same sex).
    'A'ohe o'u kaikua'ana.
    Remember that in Hawaiian a pronominal adjective is used
    where in English "to have" is used and that the zero-class
    pronominal adjective precedes the noun it governs.

4. *Ko'u* (my) and *kou* (your), k-class, o-form possessives are used
    in positive utterances where in English "to have" is used.
    I have a younger sibling (of the same sex).
    He kaikaina ko'u.
    Have you a sister?
    He kaikuahine kou?
    A-class pronominal adjective follows the noun it governs.
    K-class possessive forms, used where "to have" is used in English,
    were covered in Unit Two.

5. *Iā* is an object marker. It can be used to mark a pronoun object and a proper name object. In this unit it is used to mark a pronoun object.

> Give them my regards.
>
> Aloha aku iā lāua.

6. *Lāua* is the third person, dual pronoun. It is used in objective case position in the above utterance. The object marker is *iā*. The object—*lāua*—is "them" (two).

Huina ʻEhā

I. NĀ ʻŌLELO KUMU

1. ʻEhia ā ʻolua keiki?
2. ʻEhā ā māua keiki, ʻelua keikikāne, ʻelua kaikamāhine.
3. ʻO wai ka hiapo?
4. ʻO Kalāhanohano (ka hiapo).
5. ʻO Puanani ka muli loa.
6. ʻEhia makahiki ko ka hiapo?
7. He ʻumi kūmālima ona makahiki.
8. A pehea ka muli loa?
9. ʻElima wale nō ona makahiki.
10. ʻEhia ou makahiki?
11. He ʻumi kumāiwa oʻu makahiki.
12. Pehea ka ʻohana?

Unit Four

II. BASIC UTTERANCES

1. How many children have you (two)?
2. We have four children, two boys, two girls.

3. Who is the eldest?
4. Kalāhanohano is the eldest.
5. Puanani is the youngest.

6. How old is the eldest?
7. He is fifteen years old.
8. And what about the youngest?
9. He/she is only five years old.
10. How old are you?
11. I'm nineteen years old.

12. How is the family?

III. KA HOʻOHUI HUAʻŌLELO ʻANA

Ke kākau ʻana

ʻehia ā ʻolua
ʻehā ā māua
wale no ona makahiki

Ka ʻōlelo ʻana

ʻehiāʼ ʻolua
ʻehāʼ māua
wale nōʼna makahiki

IV. HOʻOMAʻAMAʻA KUMU HOʻOHĀLIKE

1. ʻEhia ā ʻolua | keiki?
| keikikāne?
| kaikamāhine?

  a. ʻEhā | ā māua keiki.
    ʻElua |
    ʻEkolu |
    ʻElima |

  b. ʻElua ā māua | keikikāne.
             | kaikamāhine.

2. 'O wai ka | hiapo?   a. 'O | Kalā | ka hiapo.
        | muli loa? | wau
                        | ko'u kaikua'ana |

                        b. 'O | Puanani | ka muli loa.
                                | wau
                                | ko'u kaikaina |

3. 'Ehia makahiki ko ka | hiapo?
                           | muli loa?

4. 'Ehia makahiki ko | 'Iwalani?
                     | Puanani?
                     | Kalāhanohano?
                     | Hau'oli?

5. A pehea | ka muli loa?   a. Maika'i nō ka muli loa.
         | ka hiapo?   b. 'Ano 'ōma'ima'i 'oia.
         | ke keikikāne?   c. He anu kona.
         | ke kaikamahine?   d. Maika'i nō 'oia.
         | 'o Hau'oli?   e. He pūnia kona.

6. Pehea | ka 'ohana?   a. Maika'i nō | ka 'ōhana.
       | ke keiki? | 'oia.
       | nā keiki? | lāua.
       | nā kaikamāhine? | lākou.
       | nā keikikāne?

                                  b. 'Ano māluhiluhi lāua.

V. HE MAU PĀPĀ 'ŌLELO

'O Nani   **'O Noelani**

1. Aloha, e Noelani.   1. Aloha, e Nani.
2. 'O wai ka inoa o kāu kāne?   2. 'O Keli'i kona inoa.
3. 'Ehia ā 'olua keiki?   3. 'Ehā ā māua keiki.
4. 'O wai nā inoa?   4. 'O Kalāhanohano, 'o 'Iwalani,
                                    'o Hau'oli a 'o Puanani.
5. 'O wai ka hiapo?   5. 'O Kalāhanohano ka hiapo.

'O Kapahi

1. Aloha kāua, e Keli'i.
2. Pehea 'o Noelani?
3. 'Ehia ā 'olua keiki?
4. 'O wai lākou?

'O Keli'i

1. Aloha, e Kapahi.
2. Maika'i nō 'oia, mahalo.
3. 'Ehā ā māua keiki.
4. 'O Kalāhanohano, 'o 'Iwalani, 'o Hau'oli a 'o Puanani.

'O Ka'imi

1. Aloha, e 'Iwalani.
2. 'O wai kou kaikua'ana?
3. 'O 'oe ka hiapo?

'O 'Iwalani

1. Aloha nō.
2. 'A'ohe o'u kaikua'ana.
3. 'A'ole, 'o Kalā ka hiapo.

'O Kahale

1. Aloha 'auinalā, e Hau'oli.
2. 'O wai kou kaikaina?
3. 'O 'oe ka muli loa?

'O Hau'oli

1. Aloha, e Kahale.
2. 'A'ohe o'u kaikaina.
3. 'A'ole, 'o Puanani ka muli loa.

'O Kekai

1. 'Ehia ā Keli'i mā keiki?
2. 'O wai nā keiki?

3. 'O wai ka hiapo?
4. 'O wai ka muli loa?

'O Kamanu

1. 'Ehā ā lāua keiki.
2. 'O Kalāhanohano, 'o Hau'oli, 'o 'Iwalani, a 'o Puanani.
3. 'O Kalā ka hiapo.
4. 'O Puanani (ka muli loa).

'O Keli'i

1. 'Ehā ā māua keiki, 'elua keikikāne, 'elua kaikamāhine.
2. He 'umi kūmālima ona makahiki.
3. 'Elima wale nō ona makahiki.
4. 'A'ole, he kaikamahine ka muli loa.
5. A hui hou aku nō.

'O Nawai

1. 'Ehia makahiki ko ka hiapo?

2. A pehea ka muli loa?

3. He keikikāne ka muli loa?

4. Aloha ā hui hou.

VI. E HOʻOMAU AKU I KA HOʻOMAʻAMAʻA ʻANA

A. Cardinal numbers

Several appear in this unit in connection with the number of children, the ages of the oldest and the youngest, and in the pattern practice material. We review these here and leave the others for the student to decide by analogy or recall.

1.	ʻekahi	11.	ʻumi kūmākahi
2.		12.	ʻumi kūmālua
3.	ʻekolu	13.	
4.		14.	
5.		15.	
6.	ʻeono	16.	ʻumi kumāono
7.	ʻehiku	17.	
8.	ʻewalu	18.	
9.	ʻeiwa	19.	ʻumi kumāiwa
10.	ʻumi	20.	iwakālua

B. E kamaʻilio ma ka ʻolelo Hawaiʻi e like me ka mea i kuhikuhi ʻia ma lalo nei.

1. Greet Noelani in the morning.
   Return the greeting.
2. Ask what her husband's name is.
   Answer.
3. Ask how many children they have.
   Answer.
4. Ask the name of the oldest.
   Answer.

C. You are Keliʻi talking to Kamanā. Keliʻi begins the conversation. ʻO Keliʻi ʻoe. E kamaʻilio ana ʻoe me Kamanā. Hoʻomaka ʻo Keliʻi i ka pāpāʻolelo.

1. a. Say you and your wife (dual, exclusive) have four children, two girls, two boys.
   b. Ask the names of the girls.

2. a.   'Iwalani and Puanani.
   b.   Ask the names of the boys.
3. a.   Give their names.
   b.   Ask who the youngest in the family is.
4. a.   Answer.
   b.   Bid Keli'i farewell.
5. a.   Answer.

D.   The following can be used in a conversation. Rearrange the sentences to make a dialogue.

1.   'O wai kou inoa?
2.   Aloha kakahiaka kāua.
3.   Maika'i nō 'oia, mahalo.
4.   'O Lono ko'u inoa.
5.   'Ano māluhiluhi au.
6.   Pehea 'oe i keia lā?
7.   Pehea kou kaikaina?
8.   A 'o 'oe?
9.   Maika'i nō au, mahalo.
10.   Aloha nō.

E.   E heluhelu

'O Keli'i ko'u inoa. 'O Noelani ka inoa o ka'u wahine. 'Ehā ā māua keiki, 'elua kaikamāhine, 'elua keikikāne. 'O Kalāhanohano ka hiapo a 'o Puanani ka muli loa. He 'umi kūmālīma makahiki ko Kalāhanohano a 'o Puanani, 'elima wale nō ona makahiki.

F.   He mau nīnau. E pane i keia mau nīnau ma ka 'ōlelo Hawai'i.
1.   'O wai ka inoa o ka wahine ā Keli'i?
2.   'Ehia ā lāua keiki?
3.   'O wai ka inoa o nā keiki 'ehā?
4.   'O wai nā keikikāne?
5.   'O wai nā kaikamāhine?
6.   'O wai ka hiapo?
7.   'Ehia makahiki ko ka hiapo?

8.   'O wai ka muli loa?

9.   'O wai ke kaikaina o Kalāhanohano?

G.   **Write a paragraph about yourself. Include the following information:**

1.   Your name, your sex.
2.   Your age.
3.   Your parents' names.
4.   Number of older and younger siblings of same sex, their names and ages.
5.   Number of siblings of the opposite sex, their names and ages.
6.   Names of the oldest and youngest children.

VII.   NO KA PILINA 'ŌLELO A ME KA PAPA 'ŌLELO

1.   *Wale nō* is the Hawaiian way of saying "only."
     _____ only one
     _____ ho'okahi wale nō
2.   *He* is used in initial position before cardinal numbers from ten to one hundred, but it is not translated.
     He 'umi kūmālima ona makahiki.
     'Elima wale nō ona makahiki.
3.   *Ā 'olua* and *ā māua* are zero-class, a-form possessives used where "to have" is used in English.
     How many children have you (two)?
     'Ehia ā 'olua keiki?
     We (two) have four children.
     'Ehā ā māua keiki.
     Zero-class, a-form possessive is used because (1) number—*'ehia* or how many—is indicated and (2) offspring are discussed.
4.   *Kāu* is the second person, singular pronoun "your." In Unit One we used the second person, singular pronoun *kou*. *Kāu* is used when referring to husband or wife and offspring. *Kou* is used to refer to anyone in the parent generations (parents, grandparents, ad infinitum) and siblings, and also to anyone's age. These are matters over which one has no control. Husband, wife, and offspring are matters over which one has a choice or can exercise control, so we use a-form possessive.

5.   *Ona* (his/her), *ou* (your), *o'u* (my) are zero-class, o-form
     possessives. In each case there is reference to number—*'ehia*
     or how many. O-form is used because age is the topic under
     consideration. However, in each case the possessive form is
     used where "to be" occurs in English.

     He/she is sixteen years old.
     He 'umi kumāono ona makahiki.
     He/she is only five years old.
     'Elima wale nō ona makahiki.
     How old are you?
     'Ehia ou makahiki?
     I am nineteen years old.
     He 'umi kumāiwa o'u makahiki.

     Please observe that there is no macron over the *u* in *kumāono*
     and *kumāiwa,* because native speakers do not stress it in
     these numbers.

6.   *Ko ka hiapo* is a k-class, o-form possessive utterance used where
     "to be" is used in English.

     How old is the eldest?
     'Ehia makahiki ko ka hiapo?

     Though age is the topic under consideration the noun *makahiki*
     stands between *'ehia* (how many) and the possessive utterance,
     hence the use of k-class possessive.

7.   O-form and a-form possessives.

     If we check through the first three units we will discover
     words which require o-form possessives and some which require
     a-form possessives.

o-form	*a*-form
inoa	keikikāne
pilikia	kāne
ola kino	kaikamahine
makuakāne	wahine
makuahine	
mākua	
kaikaina	
kaikua'ana	
kaikuahine	
kaikunāne	
makahiki (one's age)	

8. We discussed *ka* and *ke* in Unit Two. Here is a summary of words used.

Words which take *ka*	Words which take *ke*
inoa	ahiahi
'auinalā	awakea
haumāna	kaikaina
hiapo	kaikua'ana
makuahine	kaikuahine
makuakāne	kaikunāne
muli	kakahiaka
pilikia	kāne
'ohana	keiki
wahine	kumu
	ola

Huina ʻElima

NĀ ʻŌLELO KUMU

1. Pehea ʻo pāpā mā?
2. Pehea ʻo kunāne mā?
3. Pehea ko kuahine?

4. He niho huʻi ko kuaʻana.
5. He pepeiao ʻeha ko kaina.
6. He lumakika ko māmā.

7. E hele ʻoe i ke kauka.
8. Ua hele ʻoia i ke kauka?
9. E hele ana ʻo kuaʻana i ke kauka niho.
10. Ua hele ʻoia i nehinei.
11. ʻO Kamika kāne ke kauka.
12. He kauka maikaʻi ʻoia.

13. Nā wai i lawe iā ia?
14. Naʻu i lawe iā ia.

Unit Five

II. BASIC UTTERANCES

1. How are your father (and mother)?
2. How are your brothers?
3. How is your sister?

4. My elder sister has a toothache.
5. Younger brother/sister has an earache.
6. Mother has rheumatism.

7. You go to the doctor.
8. Has he gone to the doctor?
9. Elder brother/sister is going/will go to the dentist.
10. She/he went yesterday.
11. Mr. Smith is the doctor.
12. He is a good doctor.

13. Who took him/her?
14. I took him/her.

III. KA HOʻOHUI HUAʻŌLELO ʻANA

Ke kākau ʻana	Ka ʻōlelo ʻana
hele ana	heleana
ʻoia i nehinei	ʻoiainehinei
ʻoe i	ʻoei
lawe iā ia	laweiyāiya
naʻu i	naʻui

IV. HO'OMA'AMA'A KUMU HO'OHĀLIKE

A.   Simple substitution

1. Pehea 'o | pāpā | mā?
   māmā
   kunāne
   kuahine
   kaina
   kua'ana |

2. Pehea ko | makuakāne?
   makuahine?
   kuahine?
   kaina?
   kua'ana? |

3. Ua hele | 'oe | i ke kauka?
   'olua
   'o kuahine
   ko kuahine |

4. Repeat: Use *e hele ana* instead of *ua hele*. The teacher will set the pattern.

5. He niho hu'i ko | kua'ana.
   kaina.
   kuahine.
   kunāne.
   pāpā.
   māmā. |

6. Repeat: Use | pepeiao 'eha | instead of *niho hu'i.*
   anu
   pūnia
   kunu (cough)
   lumakika
   pīwa |

7. Nā wai i lawe | iā 'oe?
   iā ia?
   iā Lono?
   i ka haumāna?
   i kou makuahine? |

a. Nā Manu i lawe | iaʻu.
iā ia.
iā Lono.
i ka haumāna/iā ia.
i koʻu makuahine/iā ia.

b. Nā | Lono | i lawe iaʻu.
ke kumu
koʻu makuakāne

c. Naʻu i lawe | iā ia.
iā Lono.
i ka haumāna.
i koʻu makuahine.

B. He mau nīnau a he mau pane

1. Pehea ʻo pāpā mā?   Maikaʻi nō | ʻo pāpā mā.
lāua.

2. Pehea ʻo kuahine mā?   Maikaʻi nō | ʻo kuahine mā.
lāua.
lākou.

3. Pehea ʻo kunāne mā?   Provide your own replies.

4. Pehea | ʻo | kaina?   Maikaʻi nō | ʻo kaina.
ko | | ʻoia.

5. Pehea | ʻo | kunāne?   Provide your own replies.
ko

6. Pehea | ko | kuahine?   Provide your own replies.
ʻo

7. Pehea ko makuakāne?   Maikaʻi nō | koʻu makuakāne.
ʻoia.

8. Pehea ko makuahine?   Provide your own replies.

9. Ask questions 4 through 8 again.

   Use | 'ano māluhiluhi | in your replies.
   | 'ano 'ōma'ima'i |

10. Ua hele | 'oe | i ke kauka niho?
    | 'oia |
    | 'o kunāne |

    Ua hele | au | i ke kauka niho.
    | 'oia |
    | 'o kunāne/'oia |

11. Ua hele ko kunāne i ke | kauka?
    | kauka niho?

    Ua hele | ko'u kaikunāne | i ke kauka/i ke kauka niho.
    | 'o kunāne |
    | 'oia |

12. Ua hele | ko kuahine | i ke kauka?
    | 'o kuahine |

Provide your own replies.

13. E hele ana | 'oe | i ke kauka niho?
    | 'olua |
    | 'oukou |

    E hele ana | au | i ke kauka niho.
    | māua |
    | mākou |

14. E hele ana 'o kunāne i ke kauka?

    E hele ana | 'o kunāne | i ke kauka.
    | 'oia |

15. E hele ana ko kunāne i ke kauka niho?

    E hele ana | ko'u kaikunāne | i ke kauka niho.
    | 'o kunāne |
    | 'oia |

16.   Nā wai i lawe iā ia i ke kauka?

Naʻu   i lawe iā ia i ke kauka.
Nā Lono
Nā ke kumu
Nā koʻu makuakāne

V. HE MAU PĀPĀʻŌLELO

ʻO Haleʻole

1. Aloha kakahiaka kāua.
2. Pehea kou mau mākua?
3. Pehea ko kaina?
4. Ua hele ʻoia i ke kauka niho?

ʻO Naeʻole

1. Aloha, e Puanani.
2. Pehea ʻo kuaʻana?
3. Ua hele ʻoia i ke kauka?
4. ʻO wai ke kauka?

ʻO Pauʻole

1. Aloha ahiahi, e Hauʻoli.
2. Pehea ʻo kuahine mā?

3. Ua hele ʻoia i ke kauka?

ʻO Kapōlaʻi

1. E ʻIwalani, pehea ʻo
    kunāne mā?
2. He aha kona pilikia?
3. Ua hele ʻoia i ke kauka?
4. ʻO wai ke kauka?

ʻO Kalā

1. Aloha nō.
2. Maikaʻi nō lāua, mahalo.
3. He niho huʻi kona.
4. Ua hele ʻoia i nehinei.

ʻO Puanani

1. Aloha, e Naeʻole.
2. He pepeiao ʻeha kona.
3. Ua hele ʻoia i nehinei.
4. ʻO Kauka Palaunu ke kauka.

ʻO Hauʻoli

1. Aloha, e Pauʻole.
2. Maikaʻi nō ʻo ʻIwalani,
    he anu ko Puanani.
3. Ua hele ʻoia i nehinei.

ʻO ʻIwalani

1. Māluhiluhi ʻo Kalā, ʻano
    ʻōmaʻimaʻi ʻo Hauʻoli.
2. He pīwa kona.
3. Ua hele ʻoia i keia lā.
4. ʻO ʻIkeʻole. He kauka
    maikaʻi ʻoia.

'O Keono

1. He anu koʻu.
2. Ua hele au i keia kakahiaka.
3. 'O Kauka Kamika.
4. He kauka maikaʻi ʻoia.
5. A hui hou.

'O Kahina

1. E hele ʻoe i ke kauka.
2. 'O wai ke kauka?
3. He kauka maikaʻi ʻoia?
4. A hui hou.

'O Kanoho

1. Pehea ʻo Kalua?
2. Pehea ko kuaʻana?
3. Ua hele ʻoia i ke kauka?
4. Nā wai i lawe iā ia i ke kauka?

'O Paʻakaula

1. Maikaʻi nō ʻoia.
2. He lumakika kona.
3. Ua hele ʻoia i nehinei.
4. Nā Lono i lawe iā ia (i ke kauka).

'O Kapua

1. He niho huʻi ko Lono.
2. Ua hele ʻoia i nehinei.
3. Naʻu i lawe iā ia i ke kauka.
4. 'O Kauka Kamika ke kauka.

'O Kalau

1. Ua hele ʻoia i ke kauka niho?
2. Nā wai i lawe iā ia i ke kauka?
3. 'O wai ke kauka?

VI. E HOʻOMAU AKU I KA HOʻOMAʻAMAʻA ʻANA.

A. He mau manaʻohaʻi. E heluhelu a e pane i nā nīnau.

1. Hele ʻo kunāne mā i ke kauka i keia lā. Hele lāua i keia
kakahiaka. He pepeiao ʻeha ko Kalā; he pūnia ko Hauʻoli. 'O
Kauka Palaunu ke kauka. He kauka maikaʻi ʻoia.

2. He niho huʻi ko kuaʻana. Ua hele ʻoia i ke kauka niho i ke
kakahiaka nei. 'O Kauka Pāleka ke kauka niho. He kauka
maikaʻi ʻoia.

3. Ua hele ka haumāna i ke kauka i keia lā. He pīwa kona.
'Aʻohe ona kaikuaʻana. Naʻu i lawe iā ia. 'O Kamika kāne ke
kauka. He kauka maikaʻi ʻoia.

4. Ua hele 'o Lono i ke kauka i keia lā. He haumāna 'o Lono.
    He pīwa kona. 'A'ohe ona kaikua'ana. Nā Manu i lawe iā ia
    i ke kauka. 'O Kamika kāne ke kauka. He kauka maika'i 'oia.

B. He mau nīnau no nā mana'oha'i. E pane ma ka 'ōlelo Hawai'i.

1. He aha ko Kalā pilikia?
2. He aha ko Hau'oli pilikia?
3. 'O wai ke kauka?
4. He aha ka pilikia o ke kaikua'ana?
5. 'O wai ke kauka niho?
6. He aha ka pilikia o ka haumāna?
7. Nā wai i lawe iā ia i ke kauka?
8. 'O wai ke kauka?
9. He aha ko Lono pilikia?
10. Nā wai i lawe iā ia i ke kauka?
11. 'O wai ke kauka?

C. He mau nīnau a he mau pane

1. Ua hele ka haumāna i ke kauka?
    a. 'A'ole 'oia i hele i ke kauka.
    b. 'Ae, ua hele | ka haumāna | i ke kauka.
                     | 'oia |

2. 'O wai ke kauka?
    'O Kamika kāne ke kauka.

3. Nā wai i lawe iā ia?
    a. Na'u i lawe iā ia.
    b. Nā Manu i lawe iā ia.

4. He aha kona pilikia?
    He pīwa kona.

5. He kaikaina kona?
    'A'ohe ona kaikaina.

D. E hana i mau māmala'ōlelo

Ana ho'ohālike: Pehea 'o kunāne mā?   (kuahine / Hau'oli)
                 Pehea 'o kuahine mā?
                 Pehea 'o Hau'oli mā?

1. Pehea 'o kunāne mā? Maika'i nō lāua.
   (kaina / Kalama / kua'ana)
2. Pehea 'o Lono mā? (kuahine / Manu / kunāne)
3. Maika'i nō 'o kuahine mā. (kaina / Lehua / kua'ana)
4. He niho hu'i ko kua'ana. (kaina / Manu / kunāne)
5. E hele 'oe i ke kauka. ('olua / 'oukou)
6. Ua hele 'oia i ke kauka? (lāua / lākou)

E. **E pane mai i keia mau nīnau ma ka 'ōlelo Hawai'i.**

1. E Puanani, 'o wai kou kaikua'ana?
2. Pehea ko kua'ana?
3. Pehea 'o pāpā mā?
4. 'O wai kāu kauka?
5. E Kalā, pehea kou mau mākua?

VII. NO KA PILINA 'ŌLELO A ME KA PAPA 'ŌLELO

1. *Mā* is a dual and plural marker. It is often used as a shortcut expression. It indicates those people—relatives or friends—generally associated with the person referred to.

   Pehea 'o kunane mā? (brothers of a female)
   Pehea 'o kua'ana mā? (one's elder siblings of the same sex)
   Ua hele 'o Kalā mā i ke kauka. (Kalā and his brother(s) or associates)

2. *Ua* is a marker used to indicate completed action.

   Has she/he gone to the doctor?
   Ua hele 'oia i ke kauka?
   He/she went yesterday.
   Ua hele 'oia i nehinei.

3. *Maika'i* is used in this lesson as a noun modifier. Note the position of the modifier *maika'i*, after the noun.

   He is a good doctor.
   He kauka maika'i 'oia.

4. a) Before some nouns *ko* is used as the possessive "your."

    Pehea ko | kuahine?
            | kua'ana? (Elder sibling of the same sex.)

    How's your | sister?
             | elder sibling?

    The same questions may be asked thus:

    Pehea 'o | kuahine?
           | kua'ana?

    How is your | sister?
            | elder sibling?

    Whether we use *ko* or *'o* in the question we use only *'o* in the replies.

    Maika'i nō 'o | kuahine.
               | kua'ana.

    Please observe that the above utterances are verbless and that *ko* is "your" before the abbreviated sibling forms, *kuahine, kunāne, kua'ana* and *kaina. Ko* is also used with *pāpā* and *māmā,* but these are loan words from English. *Kou* is used before the unabbreviated sibling forms. (See Unit Three.) If we use the unabbreviated form for "elder sibling" we say, for example:

    Pehea kou kaikua'ana?

    and answer: Maika'i nō | 'oia.   or
                                 | ko'u kaikua'ana.

    b) *Ko* may be used also to indicate "to have," which verb, as stated in Unit Two, does not exist in Hawaiian. Instead we use possessive form utterances in Hawaiian.

    (My) elder sibling has a toothache.

    He niho hu'i ko kua'ana.

    Please observe here that when *ko* is used (where in English "to have" is used) the initial word is the indefinite article *he* (a/an), and that when *ko* is used as "your" the initial word is *pehea.*

5. *Wai* was used as "what" in Unit One and as "who" in Unit Three. As there explained, *wai* is used as "what" only in asking one's name. When we use *wai* to mean "what" and "who," we place the *'o* subject marker before it. In this unit *wai* is preceded by *nā,* an n-class possessive marker, to ask *nā wai.* This changes the meaning of *wai* to "whom" or "whose" depending on what we wish to say in English. Here *nā* may mean "by," "for," "belongs to"; so *wai* would mean "whom." Or *nā wai* may mean "whose."

Sometimes it may be loosely translated as "who." N-class
possessives may indicate duty or responsibility. A possessive
utterance involving n-class possessive may be structured
several ways in English, but have only one form in Hawaiian.

> Who took him/her?
> Whose responsibility was it to take him/her?
> To take him/her was whose responsibility?
> By whom was he/she taken?
> Nā wai i lāwe iā ia?

Note: W in *lāwe* is soft v. N-class possessives place the emphasis
on the performer of an act.

6. *E* as the sign of the vocative—e Lono—was discussed in Unit One.
    In this unit *e* is used as an imperative marker and as a future tense
    marker.

> Go to the doctor.
> E hele ('oe) i ke kauka.
> My elder sibling is going/will go to the dentist.
> E hele ana 'o kua'ana i ke kauka niho.

Observe the use of *e* and *ana* with the verb *hele* to mark future
tense.

7. *He* is used in initial position in many equivalents of English "to
    have" and "to be" utterances. Some verb "to be" utterances have
    the 'o subject marker in initial position.

Verb "to have"	He niho hu'i ko kua'ana.
	He pepeiao 'eha ko kaina.
	He lumakika ko māmā.
Verb "to be"	He kauka maika'i 'oia.
Verb "to be" with	
'o subject marker	'O Kamika kāne ke kauka.
	'O Lono ko'u inoa.
	'O wai kou inoa?
	'O wai kou mau mākua?

8. *I* may be used as an object marker or a preposition. Sometimes it
    is not translated.

> (You) go to the doctor.
> E hele 'oe i ke kauka.
> He went yesterday.
> Ua hele 'oia i nehinei.

Hoʻi Hope ʻEkahi
Review One

A. **Greeting people. Ke aloha ʻana**

1. Greet Manu.
2. Greet Manu (using a dual pronoun).
3. Greet the teacher in the morning.
4. Greet two or more people.
5. Greet Manu in the evening.

B. **Asking how someone is**

1. Ask one person, using his name, how he is.
2. Ask several people how they are.
3. Ask the teacher how he/she is.
4. Ask two people how they are.
5. Ask someone how his sister is.
6. Ask someone how his parents are.
7. Ask someone how her brother is.
8. Ask someone how his/her elder/younger sibling is.

C. **Answering questions on how someone is**

1. Say (politely) you're fine.
2. Say Lono is sort of tired.
3. Say your parents are well.
4. Say several of you are well.
5. Say Manu has a cold.
6. Say your younger sibling has a fever.
7. Say your elder sibling is not well.
8. Say your father is well, your mother is tired.

D.   Questions and answers about one's family

    1.   Ask if someone has an older/younger sibling.
    2.   Say you have an elder sibling. You have no younger sibling.
    3.   Say you have two sisters/brothers.
    4.   Ask who the eldest is.
    5.   Lehua is the eldest.
    6.   Ask how old Lehua is.
    7.   Give her age. (fifteen)
    8.   Ask who the youngest is.
    9.   Manu is the youngest.
    10.   Ask how old Manu is.
    11.   Manu is only three years old.
    12.   Ask Manu what his father's name is.
    13.   Manu gives his father's name.
    14.   Ask Lehua what her younger sibling's name is.
    15.   Answer.

E.   Complete each utterance with a pronoun

    1.   Aloha _____ .
    2.   'O wai _____ inoa?
    3.   'O Kalā _____ inoa.
    4.   'O wai ka inoa o _____ makuakāne?
    5.   'O Keli'i _____ inoa.
    6.   He kaikua'ana _____ ?
    7.   'A'ohe _____ kaikua'ana.
    8.   He kaikuahine _____ ?
    9.   He kaikaina _____ ?
    10.   'Elua _____ kaikaina.
    11.   Pehea _____ ? (addressing two persons)
    12.   Maika'i nō _____ , mahalo. (answer for two)
    13.   Pehea _____ makuahine?
    14.   'Ano 'ōma'ima'i _____ .
    15.   He aha _____ pilikia?
    16.   He anu _____ .
    17.   Pehea _____ , e Lono?
    18.   Maika'i nō _____ , mahalo. (answer to question 17)
    19.   Pehea _____ mau mākua?
    20.   Maika'i nō _____ , mahalo. (answer to 19)

21. Pehea _____ , e Kalā mā?
22. Maika'i nō _____ , mahalo. (answer to 21)
23. Aloha _____ , e Kalua.
24. Pehea _____ ? (asked of Kalua)
25. Maika'i nō _____ , mahalo. (answer to 24)

F.   Directed responses

1. Greet Kanoe in the morning.
   Return the greeting.
2. Ask Mr. Kekoa how he is.
   Say you have a toothache.
3. Ask Mr. Kekoa how Mrs. Kekoa is.
   She is not well.
4. Ask what's wrong with her.
   She has a head cold.
5. Express regret about the above information.
   Thank the person.
6. Ask Kahale how he is today.
   Say you are tired.
7. Ask how the students are.
   They (plural) are well.
8. Ask Kalā the name of his elder brother.
   Say you have no elder brother.
9. Ask how old the eldest is.
   Give his age. (sixteen)
10. Ask someone how many children he and his wife have.
    Tell how many children you two have (seven)
11. Ask the teacher how he/she is.
    You are well.
12. Ask Hau'oli how his sisters are.
    They (two) are well.
13. Ask how many children Keli'i and Noelani have.
    Four children.
14. Ask Kalā how his health is today.
    You're in good health.
15. Ask 'Iwalani how many brothers she has.
    You have two brothers.

16. Ask 'Iwalani her brothers' names.
    Kalā and Hau'oli.
17. Ask Lono how Manu is.
    He has rheumatism.
18. Ask if he has been to the doctor.
    He went yesterday.
19. Ask Kekoa how he is.
    You have an earache.
20. Ask a boy how old his sister is.
    She is only three years old.

G.   Answer the following questions fully in Hawaiian.

1. Pehea 'o pāpā mā?
2. 'Ehia ou kaikaina?
3. 'O wai ka hiapo?
4. 'Ehia ā Keli'i mā keiki?
5. 'Ehia ā Keli'i mā kaikamāhine?
6. 'O wai ka muli loa o nā keiki?
7. 'O wai ka inoa o kā Keli'i wahine?
8. 'O wai ka inoa o kā lāua hiapo?
9. 'O wai nā kaikuahine o Kalā lāua 'o Hau'oli?
10. 'O wai ko Kalā kaikaina?
11. 'Ehia makahiki ko Kalā? (17)
12. 'Ehia makahiki ko Puanani? (11)
13. 'Ehia keiki kā kou mau mākua?
14. 'Ehia kaikamāhine kā kou mau mākua?
15. 'O wai ka hiapo?

Huina 'Eono

I. NĀ 'ŌLELO KUMU

1. E Kalā, e ala 'oe.
2. E Kalā mā, e ala 'oukou.
3. Ua ala 'o Hau'oli?
4. 'A'ole 'oia i ala.
5. E ho'āla 'oe iā ia.

6. 'A'ole i ala ko'u makuahine.
7. Eia no 'oia ke hiamoe nei.
8. Aia no 'o Kalā ke hiamoe ala.

9. E holoi 'oe i kou maka.
10. Ke holoi nei au i ko'u maka.
11. E kahi 'oe i kou lauoho.
12. E palaki 'oe i kou niho.
13. Ke kahi nei au i ku'u 'umi'umi.

14. Mai 'ūlōlohi 'olua.
15. Ua komo māua i ko māua lole.

Unit Six

II. BASIC UTTERANCES

1. Kalā, wake up.
2. Kalā, are you folks up/awake?
3. Is Hauʻoli up/awake?
4. He isn't up.
5. Wake him up.

6. My mother is not up/awake.
7. She is still sleeping/asleep.
8. Kala is still sleeping/asleep.

9. Wash your face.
10. I'm washing my face.
11. Comb your hair.
12. Brush your teeth.
13. I'm shaving.

14. Don't you two dawdle.
15. We (two) have put on our clothes.

III. KA HOʻOHUI HUA ʻŌLELO ʻANA

Ke kākau ʻana	Ka ʻōlelo ʻana
e ala	eala
ua ala	uaạla
nei au	neiau

IV. HOʻOMAʻAMAʻA KUMU HOʻOHĀLIKE

A. Rapid repetitive drill using imperative utterances

1. E ala | ʻoe.
           | ʻolua.
           | ʻoukou.
           | kāua.
           | kākou.

B. Giving a command and making a rejoinder

1. E ala | ʻoe.   Ua ala | au.
          | ʻolua. | māua.
          | ʻoukou. | mākou.

2. E hoʻāla ʻoe iā ia.   Ua hoʻāla | au iā ia.
                          Ke hoʻāla nei |
                          E hoʻāla ana |

3. E hoʻāla ʻoe iā | lāua.   Provide replies or rejoinders.
                    | lākou.

4. E hoʻāla ʻoe iā Hauʻoli. Ua hoʻāla | au iā Hauʻoli / ʻiā ia.
                            Ke hoʻāla nei |
                            E hoʻāla ana |

5. E hoʻāla ʻoe iā | Kalā.   Provide rejoinders.
                    | kaina.

6. Repeat: Use *kuaʻana, kuahine* and *kunāne* in the *kaina* slot.

C. Suggesting that something be done and making a rejoinder

1. E ala | kāua.   ʻAe, e ala | kāua.
          | kākou. | kākou.

D. Asking and answering questions about getting up. Pane ʻike loa; pane hōʻole

1. Ua ala ʻoia?   a. Ua ala | ʻoia.
                       Ke ala nei |

                   b. ʻAʻole ʻoia i ala.

2.　Ua ala 'olua?　　a.　Ua ala ┃ māua.
　　　　　　　　　　　　　Ke ala nei ┃

　　　　　　　　　　b.　'A'ole māua i ala.

3.　Repeat: Use *'oukou* in the *'olua* slot.
　　Provide positive and negative rejoinders.

4.　Ua ala lāua?　　a.　Ua ala ┃ lāua.
　　　　　　　　　　　　　Ke ala nei ┃

　　　　　　　　　　b.　'A'ole lāua i ala.

5.　Repeat: Use *lākou* in the *lāua* slot.
　　Provide positive and negative rejoinders.

6.　Ua ala 'o pāpā?　　a.　Ua ala ┃ 'o pāpā.
　　　　　　　　　　　　　Ke ala nei ┃

　　　　　　　　　　b.　'A'ole i ala 'o pāpā.

　　　　　　　　　　c.　'A'ole 'oia i ala.

7.　Ua ala 'o Hau'oli? Provide positive and negative replies.

8.　Ua ala nā keiki?　　a.　Ua ala ┃ nā keiki / lāua / lākou.
　　　　　　　　　　　　　Ke ala nei ┃

　　　　　　　　　　b.　'A'ole i ala nā keiki.

　　　　　　　　　　c.　'A'ole lāua / lākou i ala.

9.　Ua ala nā haumāna? Provide positive and negative replies.

E.　Using eia and aia, nei and ala

　　The following patterns should help the student to gain facility
in 1) asking if someone is awake, 2) saying he/she is still asleep or
sleeping, in the same room or in another room, and 3) answering
a question several ways.

1.　Ua ala 'oia?　a.　Eia ┃ nō 'oia ke hiamoe ┃ nei.
　　　　　　　　　　Aia ┃　　　　　　　　　 ┃ ala.

　　　　　　　　b.　Ke hiamoe ┃ nei ┃ nō 'oia.
　　　　　　　　　　　　　　　 ┃ ala ┃

2. Repeat. Use *lāua* / *lākou* in the *'oia* slot.

3. Ua ala kou hoa kula (schoolmate)?

    a.   Eia | nō 'oia ke hiamoe | nei.
           Aia | | ala.

    b.   Eia | nō ke hiamoe | nei‖ ko'u hoa kula.
           Aia | | ala|

    c.   Ke hiamoe | nei | nō ko'u hoa kula.
                 | ala |

4. Repeat: Use *makuahine* in the *hoa kula* slot.

F. **Double substitution in subject and possessive adjective slots. Positive and negative replies to questions**

    1. Pronoun subject

        Ua komo | 'oe | i | kou | lole?
                 | 'olua | | ko 'olua |
                 | lāua | | ko lāua |

        a.   Ua komo | au | i | ko'u | lole.
                     | māua | | ko māua |
                     | lāua | | ko lāua |

        b.   Repeat: Substitute *ke komo nei* in the *ua komo* slot.

        c.   'A'ole | au | i komo i | ko'u | lole.
                  | māua | | ko māua |
                  | lāua | | ko lāua |

    2. Noun subject

        Ua komo | 'o Lono | i | kona | lole?
                 | nā keiki | | ko lāua |
                          | ko lākou |

        a.   Ua komo | 'o Lono | i | kona | lole.
                    | nā keiki | | ko lāua |
                            | ko lākou |

b.　'A'ole i komo | 'o Lono | i | kona | lole.
| | nā keiki | | ko lāua |
| | | | ko lākou |

G.　Variable substitution

1.　Ana ho'ohālike:　Ua komo | 'oe i kou | lole?
	'olua i ko 'olua
	'oia i kona
	'o Lono i kona
	kou hoaloha i kona

E ho'omau aku (continue)

a.	'o kaina — kona	f.	'oia — kona
b.	lāua — ko lāua	g.	'o kunāne _____
c.	'o Manu _____	h.	lākou _____
d.	ke keiki _____	i.	'oe _____
e.	'o kua'ana _____	j.	kou makuahine _____

2.　Repeat: Use *kahi — lauoho* in the *komo — lole* slot.

H.　He mau nīnau a he mau pane

1.　E Kalā, ua ala 'oe?
　　Ke ala nei au.
2.　E 'Iwalani, ua ala 'o Puanani?
　　'A'ole 'oia i ala.
3.　E Kalā, ua ho'āla 'oe iā Hau'oli?
　　Ke ho'āla nei au iā ia.
4.　E 'Iwalani mā, ua ala 'olua?
　　Eia nō 'o Puanani ke hiamoe nei.
5.　E Puanani, ua komo 'oe i kou lole?
　　Ke komo nei au i ko'u lole.
6.　E Lono, pehea kou ola kino?
　　Maika'i nō ko'u ola kino.
7.　Pehea ke ola kino o kou kaikaina?
　　Maika'i nō kona ola kino.
8.　Pehea 'o kua'ana?
　　'Ano 'ōma'ima'i 'oia.

9.   He aha ka pilikia o kuaʻana?
      He niho huʻi kona.
10.   Ua hele ʻo kuaʻana i ke kauka niho?
      E hele ana ʻoia i ka lā ʻapōpō.

V. HE MAU PĀPĀʻŌLELO

Ka makuahine

1.   E Kalā, e ala ʻoe.
2.   A pehea, ua ala ʻo Hauʻoli?
3.   E ʻIwalani, ua ala ʻo Pua?
4.   E Puanani, ua holoi ʻoe i
      kou maka?

Nā keiki

1.   Ua ala au.
2.   ʻAe, ua ala ʻoia.
3.   ʻAe, ua ala ʻoia.
4.   ʻAe, a ke kahi nei au i kuʻu
      lauoho.

Ka makuahine

1.   E Kalā, ua ala ʻo Hauʻoli?
2.   E hoʻāla ʻoe iā ia.
3.   Pehea, ua ala ʻoia?

ʻO Kalā

1.   ʻAʻole ʻoia i ala.
2.   E Hauʻoli, e ala ʻoe.
3.   Ke ala nei ʻoia.

Ka makuakāne

1.   E ʻIwalani mā, ua ala ʻolua?

2.   E hoʻāla ʻoe iā ia.
3.   Pehea, ua ala ʻoia?
4.   Mai ʻūlōlohi ʻolua.

Nā keiki

1.   Ua ala au, eia no ʻo Puanani
      ke hiamoe nei.
2.   E Puanani, e ala ʻoe.
3.   Ke hiamoe nei nō ʻoia.
4.   Ke komo nei au i koʻu lole.

ʻO Puanani

1.   Aloha kakahiaka.
2.   ʻAʻole. Eia no ʻoia ke
      hiamoe nei.
3.   Ua ala ʻoia.

4.   ʻAe. E komo ana lāua i ko
      lāua lole.

ʻO Keola

1.   Aloha. Ua ala ʻo māmā?
2.   A ʻo kou makuakāne?

3.   A pehea ʻo kunāne mā?
      Ua ala lāua?
4.   A pehea ʻo kuaʻana?

5. E kahi ana 'oia i kona lauoho.   5. Aloha aku iā pāpā mā.
6. Mahalo.

Ka makuahine:	E Hauʻoli, e hoʻāla ʻoe iā kuahine mā.
ʻO Hauʻoli:	E ʻIwalani mā, e ala ʻolua.
ʻO ʻIwalani:	Ua ala au.
ʻO Hauʻoli:	A pehea ʻo Puanani?
ʻO ʻIwalani:	Eia no ʻoia ke hiamoe nei.
ʻO Hauʻoli:	E hoʻāla aku iā ia.
Ka makuahine:	Ua komo ʻoe i kou lole e ʻIwalani?
ʻO ʻIwalani:	Ke komo nei au i kuʻu lole.
Ka makuahine:	A pehea ʻo Puanani?
ʻO ʻIwalani:	ʻAʻole ʻoia i komo i kona lole.
Ka makuahine:	Mai ʻūlōlohi ʻolua. E wiki ʻolua.

Ka makuahine

1. Ua ala ʻo kunāne mā?

2. E hoʻala ʻoe iā lāua.
3. Ua ala ʻo Puanani?

4. Mai ʻūlōlohi ʻoukou.

ʻO ʻIwalani

1. ʻAʻole. Aia nō lāua ke hiamoe ala.

2. E Kalā mā, e ala ʻolua.
3. ʻAe. Eia ʻoia ke komo nei i kona lole.

Ka makuahine:	Ua komo ʻoukou i ko ʻoukou lole?
ʻO ʻIwalani:	Ua komo māua ʻo Puanani i ko māua lole.
Ka makuahine:	A pehea ʻo Kalā mā?
ʻO Hauʻoli:	Ke komo nei au i koʻu lole.
ʻO Kalā:	Ke kahi nei au i koʻu ʻumiʻumi.
Ka makuahine:	Mai ʻūlōlohi ʻolua.

VI. NO KA HOʻOMAʻAMAʻA HOU ʻANA AKU (ʻANAÀKU).

A. **He mau ʻōlelo kuhikuhi ʻia.**

1. Tell Kalā to get up.
   Kalā says he's getting up.

2. Tell ʻIwalani to get up.
   She says she's up.

3. Ask if Puanani is awake.
   Puanani says she's awake.

4. Ask Puanani if she's dressed.
   She says she's dressing.

5. Ask Hauʻoli if he is up.
   Kalā says Hauʻoli is still asleep.
   (Kalā is in the same room with Hauʻoli.)

6. Tell Kalā to waken Hauʻoli.
   Kalā wakens Hauʻoli.

Leilehua	Kalā
1. Tell Kalā to get up.	1. Say youʻre getting up.
2. Ask if his sisters are up.	2. They aren't up.
3. Tell him to wake them.	3. Wake the girls.
4. Ask Kalā if he is dressed.	4. Say youʻre shaving.
5. Ask about Hauʻoli.	5. Say he's combing his hair.
6. Tell Kalā (plural) not to dawdle.	6. Say you (plural) are hurrying.

Hau'oli   Kealoha

1. Say Kalā is still asleep.   1. Suggest that Hau'oli wake
                                          Kalā.

2. Say 'Iwalani isn't awake.   2. Ask about Puanani.

3. Puanani has a cold.   3. Ask if Puanani has been to
                                          the doctor.

4. Say she went yesterday.

B.   **Make the following utterances negative.**

1. Ua ala 'o Puanani.
2. Ua komo 'o Hau'oli i kona lole.
3. Ua ala 'oia.
4. He kaikaina kou?
5. He kaikua'ana ko Puanani.
6. Ua kahi 'o Hau'oli i kona lauoho.
7. He kaikaina kona.
8. Ua ala kona kaikua'ana.
9. Ua ala nā keiki.
10. He kaikunāne ko 'Iwalani.
11. Ua komo au i ko'u lole.
12. Ua komo 'o Hau'oli i kona lole.
13. Ua komo ko'u makuakāne i kona lole.
14. Ua palaki 'o Kalā i kona niho.
15. He kaikuahine ko Kalā.

C.   **Provide appropriate replies or comments.**

1. E ho'āla 'oe iā Hau'oli.
2. E ho'āla 'oe i nā haumāna.
3. Ua ho'āla 'oia i kona makuahine?
4. Ua ho'āla 'oe i kou kaikaina?
5. Mai 'ūlōlohi 'oukou.
6. Ua kahi 'o 'Iwalani i kona lauoho?
7. Ua palaki 'o Kalā i kona niho?
8. E kahi 'oe i kou lauoho.
9. E palaki 'olua i ko 'olua lauoho.
10. Ua ala nā keiki? (Pane hō'ole.)

D.   Provide an eia or ala rejoinder for each of the following.

1. Ua ala 'o māmā? — You and the person addressed are not in the same room with your mother.

2. Ua ala 'o kua'ana? — You are in the same room with *kua'ana.*

3. Ua ala 'o kunāne? — You are on the porch. The person to whom you are talking is on the street.

4. Ua ala 'o mili'apa mā? — You and the person asking the question are in your backyard.

5. Ua ala nā haumāna? — You and the speaker are in the office of the institution where the students are boarders.

E.   Provide three replies—one in negative form—for each of the following questions.

1. Ua ala 'o Kalā?
2. Ua kahi 'oe i kou lauoho, 'a'ole paha?
3. Ua hele anei 'o Kalā i ke kauka?
4. Ua holoi 'oe i kou lima, 'a'ole paha?
5. Ua 'ai anei 'oe?

F.   Double substitution. Complete the following questions and provide positive and negative replies to each.

1. Ua holoi | 'oia | i | —— | maka?
             | lākou | | —— |
             | 'oukou | | —— |

2. Ua kahi anei | 'o Lehua | i | —— | lauoho?
                 | nā haumāna | | —— |
                 | | | —— |

G.   Practice in tense expression.

1. Ua ala 'o Kalā?   is awake
2. Ke ala nei 'o Kalā.   is getting up

3. Ke ala ala (alāᵈla) 'o Kalā.   is getting up
4. E ala ana (alāᵈna) 'o Kalā.   is going to get up
5. 'A'ole e ala ana 'o Kalā.   isn't going to get up
6. 'A'ole i ala 'o Kalā.   is not up / has not awakened

H.   Ordinal numbers   Nā helu papa

The ordinal numbers from one through twenty are arranged here in consecutive order. Models of familiar and unfamiliar ones are provided. Fill in the blanks.

First	ka mua	Eleventh	ka 'umi kūmākahi
Second		Twelfth	ka 'umi kūmālua
Third	ke kolu	Thirteenth	
Fourth		Fourteenth	
Fifth	ka lima	Fifteenth	
Sixth	ke ono	Sixteenth	ka 'umi kumāono
Seventh		Seventeenth	ka 'umi kūmāhiku
Eighth		Eighteenth	
Ninth	ka iwa	Nineteenth	ka 'umi kumāiwa
Tenth		Twentieth	ka iwakālua

VII. NO KA PILINA 'ŌLELO A ME KA PAPA 'ŌLELO

1. *Ua* and *i* are used sometimes to indicate a changed condition. They are tense markers also. *Ua* is used in positive and *i* in negative utterances.

Is he awake?	Has he awakened?
Ua ala 'oia?	Ua ala 'oia?
He is awake.	He has awakened.
Ua ala 'oia.	Ua ala 'oia.
He isn't awake.	He hasn't awakened.
'A'ole 'oia i ala.	'A'ole 'oia i ala.

We may say *ua ala* is the predicate in the positive utterances and *i ala* is the predicate in the negative utterances. To be more specific, we have the tense marker (*ua/i*) and the predicate adjective (*ala*).

Observe the distribution of *'oia*. In the question and in the positive reply *'oia* occurs after the predicate. In the negative reply it occurs before the predicate.

In English we distinguish between "being awake" and "being up." In the first case we are awake but not out of bed, in the second case we are out of bed. In Hawaiian there is no such distinction. We simply say *ala* for both situations.

2. *I* may be used not only as tense marker but as an object marker.

> I have not put on my clothes.
> 'A'ole au i komo i ko'u lole.

The first *i* (i komo) is tense marker. The second *i* (i ko'u lole) is object marker. A common noun, *lole,* is the object.

3. *Iā* is used as an object marker when the object is a pronoun or a proper noun.

> Wake them (two).
> E ho'āla aku iā lāua.

> Wake Hau'oli.
> E ho'āla 'oe iā Hau'oli.

In Hawaiian a marker designates a word as an object, but in English the position of a word in a sentence determines whether it is an object.

4. *Eia* _____ *nei* (here)

> a.   The speaker is in the room with the person who is asleep. The person addressed may be in the same room, in another part of the house, or outside the house.

> b.   The speaker is in the house but not necessarily in the same room with the person who is asleep, and the person addressed is outside. "In the house" includes the porch if there is one.

5. *Aia* _____ *ala* (there)

> a.   The speaker and the person addressed are in another part of the house.

> b.   The speaker and the person addressed are both outside the house.

6. *E* is used as imperative marker, as tense marker, and as direct address marker. The last is called vocative case.

   a. *E* is an imperative marker when it precedes a verb.

   > Wash your face!
   > E holoi ('oe) i kou maka!
   >
   > Wake up!
   > E ala 'oe / 'olua / 'oukou!

   b. *E* is also a tense marker when it precedes a verb. Usually the verb is followed by another tense marker. This use of *e* occurred in Unit Five.

   > E hele ana 'o kua'ana i ke kauka niho.

   In the present unit we have tense marker *e* in the pattern practice material.

   > E ho'āla ana au | iā ia.
   > | iā Hau'oli.

   Ana is part of the verb utterance and helps to mark the tense.

   c. Vocative case *e* was used first in Unit One.

   > Aloha, | e Lono.
   > | e ke kumu.

   Observe the use of the article before the common noun *kumu* in the second example.

   In this unit vocative case appears in the pattern practice material.

   > E Kalā, ua ala 'oe?

7. *Mai* used as the imperative marker "don't."

   > Mai 'ūlōlohi | 'oe.
   > | 'olua.
   > | 'oukou.

In English we use one word—"don't"—in statement and command. In Hawaiian we use *'a'ole* or *'a'ohe* in the statement and *mai* in the command.

> I don't go to school.
> 'A'ohe o'u hele i ke kula.

> Don't drag your feet!
> Mai 'ūlōlohi 'oe!

8. *E ala kāua* and *E ala kākou* may be considered mildly imperative statements. Someone suggests to another person or several persons that they get up.

> Let's (two of us) get up.
> E ala kāua.

> Let's (several of us) get up.
> E ala kākou.

E is the imperative marker.

9. *Ke . . . nei* is a verb utterance comparable to progressive tense in formal grammar. It indicates an ongoing activity.

> I am shaving.
> Ke kahi nei au i ku'u 'umi'umi.

10. In the phrase *ko mākou lole*, *ko* is an example of possessive marker which is not an abbreviation of *kou*. This *ko* form is covered in Unit Two. *Ko mākou* is first person, plural, exclusive possessive pronoun. Others found in the pattern practice material are

> *ko māua* (first person, dual, exclusive)
> *ko 'olua* (second person, dual)
> *ko lāua* (third person, dual)
> *ko lākou* (third person, plural)
> *kou* (second person, singular)
> *ko'u* (first person, singular)
> *kona* (third person, singular)

all governing the word *lole* (clothes).

> . . . *ko māua lole* (our clothes).
> . . . *ko mākou lole* (our clothes).
> . . . *ko lāua lole* (their clothes).

Huina 'Ehiku

I. NĀ 'ŌLELO KUMU

1. Ua ala nā keiki?

2. E ho'āla aku iā | lāua.
   | lākou.

3. Ua mākaukau | 'olua?
   | 'oukou?

4. Mai e 'ai.
5. E wiki o ma'alili ka mea 'ai.
6. E noho iho.
7. I kope ai'ole i waiū nāu?
8. Makemake au i waiū, ke 'olu'olu 'oe.
9. He hua moa hou kā kākou.
10. I ho'okahi na'u, ke 'olu'olu 'oe.
11. Eia ka palaoa pāpa'a.
12. Eia he pāpa'a palaoa.
13. 'A'ohe ā kākou waiūpaka?
14. E ha'awi mai i ka waiūpaka, ke 'olu'olu 'oe.
15. E 'olu'olu e ninini mai i kope na'u.

He 'ōlelo no'eau
Hiolo na wai naoa o ke kehau. [Judd:8]

Unit Seven

II. BASIC UTTERANCES

1. Are the children up?

2. Wake | them (two).
        | them (more than two).

3. Are you | (two) ready?
           | (more than two) ready?

4. Come and eat.
5. Hurry or the food will get cold.
6. Be seated. / Sit down.

7. Coffee or milk for you?
8. I want milk, please.
9. We have fresh eggs.
10. One for me, if you please.
11. Here's the toast.
12. Here's a slice of bread.

13. Don't we have any butter?
14. Pass the butter, please.
15. Please pour some coffee for me.

A proverb
The glittering dewdrops are falling.
(Youth fades like the dew) [Judd:8]

Ia. KEKAHI MAU MEA 'AI NO KA 'AINA KAKAHIAKA

1. 'O ka | na'au kake
         | hame
         | 'i'o pua'a uwahi

2. 'O ka | hē'ī
         | 'alani
         | 'alani nui

3. 'O ka wai | kuawa
            | 'alani
            | hē'ī
            | liliko'i
            | hala-kahiki

4. 'O ka palaoa | palai
               | li'ili'i

5. 'O ke | kokoleka
         | kope

   'O ka | malakeke

IIa. SOME BREAKFAST FOODS

1. sausages
   ham
   bacon

2. papaya
   orange
   grapefruit

3. guava | juice
   orange |
   papaya |
   passion fruit|
   pineapple |

4. hot cakes
   rolls

5. chocolate
   coffee
   syrup

III. KA HO'OHUI HUA'ŌLELO 'ANA

Ke kākau 'ana	Ka 'ōlelo 'ana
hiamoe ala	hiamoeala
iā ia	yāya
ho'āla aku	ho'ālaๅku
ho'āla aku iā ia	ho'ālaๅkuyāya
mai e 'ai	maie 'ai
wiki o ma 'alili	wikio ma'alili
noho iho	nohoiho
kope ai'ole	kopeai'ole
mai i	maīๅ

IV. HOʻOMAʻAMAʻA KUMU HOʻOHĀLIKE

A. Simple substitution

1. He mau nīnau a he mau pane. Pane ʻike loa

   a. Ua mākaukau | ʻoe?   Ua mākaukau | au.
                  | ʻolua? | māua.
                  | ʻo Lani? | ʻo Lani/ʻoia.
                  | ke keiki? | ke keiki/ʻoia.
                  | nā keiki? | nā keiki/lāua/lākou.

   b. I | kope   nāu? I | kope | naʻu, ke ʻoluʻolu
        | waiū | waiū | ʻoe.
        | palaoa palai | palaoa palai
        | malakeke | malakeke
        | kokoleka | kokoleka

2. He mau nīnau e he mau pane. Pane ʻike loa, pane hōʻole

   a. Ua mākaukau ʻoe?   1) Ua mākaukau wau.
                            2) ʻAʻole au i mākaukau.

   b. Ua mākaukau ʻolua?   1) Ua mākaukau māua.
                            2) ʻAʻole māua i mākaukau.

   c. Ua mākaukau ʻoukou? 1) Ua mākaukau mākou.
                            2) ʻAʻole mākou i mākaukau.

   d. Ua mākaukau lāua?   Provide replies.

   e. Ua mākaukau ʻo Lani?

       1) Ua mākaukau | ʻo Lani.
                      | ʻoia.

       2) ʻAʻole i mākaukau ʻo Lani.
       3) ʻAʻole ʻoia i mākaukau.

   f. Ua mākaukau nā haumāna?

       1) Ua mākaukau | nā haumāna.
                      | lāua / lākou.

       2) ʻAʻole i mākaukau nā haumāna.
       3) ʻAʻole lāua / lākou i mākaukau.

   g. Ua mākaukau ʻo | Kaina?
                      | Manu?   Haku i mau pane.

h.   Ua mākaukau nā | kumu?
                            | malihini (guests)? Haku i mau pane.

i.   Ua mākaukau ka mea ʻai?

      Ua mākaukau | ka mea ʻai.
      ʻAʻole i mākaukau |

3.   We (dual/plural) have: kinds of foods.

He | hua moa hou | kā kāua / kākou.
     | naʻau kake |
     | hame |
     | palaoa liʻiliʻi |
     | waiūpaka |

4.   Asking for something. One form of request

a.   I | hua moa | naʻu, ke ʻoluʻolu ʻoe.
       | hame |
       | wai lilikoʻi |
       | kope |
       | kokoleka |

b.   Repeat: Substitute *nā māua* and *nā mākou* for *naʻu.*

c.   I waiū nā | Lani | ke ʻoluʻolu ʻoe.
               | ke keiki |
               | nā haumāna |
               | koʻu makuahine |
               | kaina |
               | ko kaina |

5.   Handing an item requested to the person requesting it

Eia ka | waiū.
          | palaoa pāpaʻa.
          | hua moa.
          | paʻakai (salt).
    ke | kokoleka.
          | kōpaʻa (sugar).

6. Asking for and giving something. A different form of request from that used in pattern 4.

a. Makemake

au	i	wai kuawa	ke 'olu'olu 'oe.
māua		waiūpaka	
'o Kalā		waiū	
'o pāpā		palaoa li'ili'i	
		hua moa hou	

b. Eia ka | wai kuawa.
  | waiūpaka.
  he | palaoa li'ili'i.
  | mau hua moa hou me ka hame.

B. **Variable substitution**

1. Replace subject or object in questions.
   a. 'A'ohe ā kākou wai hua 'ai?   (waiūpaka)
   b. 'A'ohe ā kākou waiūpaka?   (kāua)
   c. 'A'ohe ā kāua waiūpaka?   (lākou)
   d. 'A'ohe ā lākou waiūpaka?   (wai hua 'ai)
   e. 'A'ohe ā lākou wai hua 'ai?   (kokoleka)
   f. 'A'ohe ā lākou kokoleka?   (palaoa palai)
   g. 'A'ohe ā lākou palaoa palai?   (āna)
   h. 'A'ohe āna palaoa palai?   (lāua)
   i. 'A'ohe ā lāua palaoa palai?   (ā Lani)
   j. 'A'ohe ā Lani palaoa palai?

Note: By replacing the question mark with a period, each of the foregoing questions can be changed to a reply.

V. HE MAU PĀPĀ'ŌLELO

Ka makuahine	Ka makuakāne
1. Ua ala nā keiki?	1. 'A'ole. Aia nō lākou ke hiamoe ala.
2. E ho'āla aku iā lākou.	2. E Kalā mā, e ala 'oukou.

3. Ua mākaukau ka mea ʻai.   3. Ke ala mai la lākou.
4. E ʻōlelo aku e wiki mai.   4. E wiki mai ʻoukou.

Ka makuahine: I kope nāu e pāpā aiʻole i waiū?
Ka makuakāne: I kope naʻu, ke ʻoluʻolu ʻoe.
Ka makuahine: Eia ke kope. A pehea ʻoukou? (I nā keiki.)
ʻO Kalā: I waiū nā mākou, ke ʻoluʻolu ʻoe.
ʻO Puanani: ʻAʻole. Makemake wau i kokoleka, ke ʻoluʻolu ʻoe.
Ka makuahine: Eia ka waiū a eia ke kokoleka.
Nā keiki: Mahalo.
Ka makuahine: He hua moa hou kā kākou.
Ka makuakāne   I ʻelua naʻu, ke ʻoluʻolu ʻoe.
ʻO Kalā: I hoʻokahi naʻu a i hoʻokahi nā Hauʻoli.
Ka makuahine: Eia kā ʻolua hua moa.
ʻO ʻIwalani: I palaoa pāpaʻa nā māua ʻo Puanani me kāhi mea inu.
Ka makuahine: Eia ka palaoa pāpaʻa a eia ka waiūpaka.
    Eia he wahi waiū.
ʻO ʻIwalani: Mahalo.
Ka makuahine: He mea iki ia.

Ka makuahine

1. He naʻau kake a he hua moa kā kākou.
2. A pehea ka naʻau kake?
3. Eia ka hua moa. I palaoa palai nāu?
4. I mea inu nāu?
5. Eia ka wai kuawa.

ʻO ʻIwalani

1. I hoʻokahi hua moa naʻu, ke ʻoluʻolu ʻoe.
2. I hua moa wale no, mahalo.
3. ʻAʻole, i palaoa pāpaʻa, ke ʻoluʻolu ʻoe.
4. I wai kuawa, ke ʻoluʻolu ʻoe.
5. Mahalo a nui loa.

Ka makuahine

1. Eia he wahi wai hala-kahiki.
2. He wai lilikoʻi no kā kākou. Eia.
3. ʻAʻole; he palaoa liʻiliʻi.
4. Eia ka waiūpaka a eia he mau hua moa hou.

ʻO Hauʻoli

1. ʻAʻohe ā kākou wai lilikoʻi?
2. Mahalo. He palaoa pāpaʻa no kā kākou?
3. Mahalo. ʻAʻohe ā kākou waiūpaka?
4. Mahalo.

'O Noelani   'O Keli'i

1. He hame kā kāua a he hua moa   1. I hame a i 'elua hua moa
   hou.   na'u, ke 'olu'olu 'oe.

2. I kope a i 'ole i kokoleka nāu?   2. E 'olu'olu e ninini mai i
                                          kokoleka na'u.

3. Eia ke kokoleka. I palaoa palai   3. 'A'ohe ā kāua palaoa
   nāu?   pāpa'a?

4. 'A'ole. Ua hana au i palaoa palai. 4. E 'olu'olu e ha'awi mai i
   'A'ole 'oe makemake?   palaoa palai me ka
                                          waiūpaka a me ka malakeke.

5. Eia ka palaoa palai, ka waiūpaka   5. Maika'i. Mahalo.
   a me ka malakeke.

'O 'Iwalani: Makemake au i ka waiūpaka. E 'olu'olu e ha'awi mai,
                  e Hau'oli.
'O Hau'oli: Eia ka waiūpaka.
'O 'Iwalani: Mahalo.
'O Hau'oli: E Kalā, makemake au i palaoa li'ili'i. E 'olu'olu 'oe e
                  ha'awi mai.
'O Kalā: Eia ka palaoa li'ili'i.
'O Hau'oli: Mahalo.
Ka makuakāne: 'A'ohe ā kākou kope?
'O Puanani: He kope nō. Eia.
Ka makuakāne: E 'olu'olu e ninini mai i kope na'u.
Ka makuahine: E 'olu'olu e ha'awi mai i pāpa'a palaoa na'u.
'O 'Iwalani: Eia he pāpa'a palaoa. Makemake 'oe i ka waiūpaka?
Ke makuahine: 'Ae, ke 'olu'olu 'oe.
'O 'Iwalani: Eia ka waiūpaka.
Ka makuahine: Mahalo, e 'Iwalani.
'O 'Iwalani: He mea iki ia.

VI. NO KA HO'OMA'AMA'A HOU 'ANA AKU

A.   He mau pāpā'ōlelo kuhikuhi 'ia

The mother   Kalā
   1. Ask Kalā if he will have   1. Say (politely) that you
      coffee or milk.   want milk.

2. Say there are fresh eggs.
3. Hand him the egg (with an appropriate remark).

4. Hand him the butter.

2. Ask (politely) for one.
3. Ask if there's butter. State your question in negative form.
4. Thank her.

Kalā
1. Ask Hauʻoli if he is ready.

2. Ask if he's brushed his teeth.
3. Say breakfast is ready.
4. Ask Hauʻoli to hurry or the food will get cold.

Hauʻoli
1. Say you are combing your hair.
2. Say you have brushed them.
3. Say you are ready.
4. Say you are hurrying (use *aku*).

The mother
1. Ask if ʻIwalani will have coffee or milk.
2. Say there are sausages and eggs.
3. Pass the sausages (with an appropriate remark).

4. Pass her some fruit juice.

5. Hand her some with syrup.

ʻIwalani
1. Say (politely) that you want milk.
2. Ask her (politely) to pass some sausages.
3. Thank her. Ask if there's any fruit juice. State question in negative form.
4. Thank her. Say (politely) that you would like some hot cakes.
5. Thank her.

B. **Make up a conversation using the material learned so far.**

C. **Construct new sentences. E hana i mau māmalaʻōlelo hou.**

   Ana hoʻohālike: ʻAʻohe ā kākou waiūpaka. (lāua / māua)
   ʻAʻohe ā lāua waiūpaka.
   ʻAʻohe ā māua waiūpaka.

1. ʻAʻohe ā lāua hua moa. (lākou / kāua / kākou)
2. ʻAʻohe kokoleka ā ke kumu. (kauka / haumāna / keiki)
3. ʻAʻohe ā Lono kokoleka. (kaina / Lehua / kuaʻana)

4. Ua ala nā keiki? (haumāna? kumu? kauka?)
5. Ua ala 'o kaina? (pāpā? māmā? kua'ana?)
6. Mai 'ūlōlohi 'oe. ('olua / 'oukou)
7. He hua moa hou kā kākou. (mākou / lāua / lākou)
8. I waiū nā māua, ke 'olu 'olu 'oe. (mākou / Ka'ohe / ke kumu)
9. E ha'awi mai i pāpa'a palaoa (waiū / kokoleka / wai hua 'ai), ke 'olu'olu 'oe.
10. E 'olu'olu e ninini mai i kope (waiū / wai kuawa / kokoleka) na'u.

D. **He mana'oha'i. E heluhelu.**

'Ehā keiki ā Keli'i lāua 'o Noelani, 'o Kalāhanohano, 'o 'Iwalani, 'o Puanani a me Hau'oli. 'O Kalāhanohano ka hiapo a 'o Puanani ka muli loa.

I ke kakahiaka ho'āla nā mākua i nā keiki. Ala nā keiki. Holoi lākou i ko lākou maka, kahi lākou i ko lākou lauoho a komo lākou i ko lākou lole. Alaila hele lākou e 'ai.

E. **Complete each utterance with a pronoun.**

1. Ua ala _____, e 'Iwalani mā?
2. E Kalā, e ho'āla _____ iā Hau'oli.
3. E Kalā mā, ua ala _____?
4. I waiū nā _____, ke 'olu'olu 'oe. (nā keiki 'ehā)
5. I hua moa _____, e Kalā?
6. I ho'okahi _____, ke 'olu'olu 'oe.
7. 'A'ohe ā _____ waiupaka? (ka 'ohana)
8. E 'olu'olu e ninini mai i kope _____. (ka makuakāne)
9. E Puanani, e ala _____.
10. E Hau'oli, ua ala _____?

VII. NO KA PILINA 'ŌLELO A ME KA PAPA 'ŌLELO

1. The directional *mai* means to move toward the speaker or in the direction of the speaker.
   Come and eat.
   Mai e 'ai.

In Unit Six *mai* was used as an imperative marker.

Mai ʻūlōlohi ʻolua.

2. The directional *iho*: In Hawaiian we often indicate the general direction in which an action occurs. Bodily processes (eating, drinking, thinking) often occur with *iho* which infers a downward action or motion. Sometimes utterances with *iho* are imperative. In the following, *e* makes each utterance an imperative statement.

E noho iho.	Be seated
E ʻai iho.	Eat.
E inu iho.	Drink.

3. The directional *aku*:

E hoʻāla aku iā | lāua.
| lākou.
| Kalā.

The action will take the person addressed in a direction away from the speaker. However, direction "away from" the speaker does not always require the use of *aku,* and it should be used with discretion. In the foregoing situation *aku* is appropriate. It makes the utterances sound complete. The same effect can be achieved by using *oe.*

E hoʻāla ʻoe iā lāua.

On the other hand both *oe* and *aku* may be used.

E hoʻāla aku ʻoe iā lāua.

4. *I* as an object marker:

I kope aiʻole i waiū nāu?

Coffee or milk for you?

I hoʻokahi naʻu, ke ʻoluʻolu ʻoe.

One for me, if you please.

In these utterances the verb is unexpressed. In the first utterance, *kope* is the object and in the second *hua moa*—unexpressed—is the object. As given above, the utterances are incomplete, but they are commonly used in conversation. Sometimes the statements are made more tersely.

Scalpel!	I pahi!
Thread!	I lopi!
Clip!	I ʻumiʻi!

5. *Eia* accompanies the act of handing something to someone or presenting one person to another.

        Eia he palaoa pāpa'a.

        Eia nā keiki.

        Eia ka'u kumu.

As used here it has the meaning of "here is" or "here are." In Unit Six we learned that *eia* also means "here," but we used it to indicate location of a person in relation to the speaker—*eia . . . nei.*

6. *Kā,* k-class possessive and *ā,* zero-class possessive, is used where the verb "to have" is used in English.

        We have fresh eggs.

        He hua moa hou kā kākou.

        'A'ohe ā kākou waiūpaka?

        Don't we have any butter?

In the second utterance, zero-class possessive is used because the question has a negative in initial position.

7. *Ha'awi* generally means "to give" but in this unit it is used to mean "pass."

        E 'olu'olu e ha'awi mai i ka palaoa pāpa'a.

        Please pass the toast.

8. *Palaoa pāpa'a* and *pāpa'a palaoa* mean two different things— toast and slice of bread. *Pāpa'a* after *palaoa* means to be scorched crisp like the skin of a pig cooked till very well done. It may also mean burnt to a crisp. This would be indicated by intonation.

9. *Makemake* as used in this unit is the verb "want."

        I want milk, please.

        Makemake wau i waiū, ke 'olu'olu 'oe.

10. *Ai'ole,* the conjunction "or," consists of three words *a i 'ole*— "and if not"—but it is usually written as one word.

11. Note the distribution of "please" in Hawaiian.

        E 'olu'olu e ha'awi mai ia ka palaoa pāpa'a.

        E ha'awi mai i ka palaoa pāpa'a, ke 'olu'olu 'oe.

        Please pass the toast.

        Pass the toast, if you please.

Actually, *ke 'olu'olu 'oe* is "if you please" but it is usually translated merely as "please."

12. *Nāu* and *na'u* are n-class possessives, *nāu* being second person— "for you"—and *na'u,* first person—"for me." See other meanings of n-class possessives in Unit Five.

Huina 'Ewalu

1. E aha ana 'o mili'apa mā?
2. E 'eu. Ua kau ka lā.
3. Hola 'ehia keia?
4. 'Oia mau māluhiluhi nō.
5. 'A'ole i ana ka maka hiamoe.
6. No ke ala ā aumoe loa.
7. No ka nui loa o ka'u mau ha'awina.
8. Mai wahapa'a mai 'oe.
9. E ho'omākaukau i ka mea 'ai.
10. E hāli'i a'e au i ka pākaukau 'aina.
11. He aha hou a'e?
12. 'O nā mea ma'a mau nō ho'i.
13. Nā wai i ho'omo'a iho nei i ka hame?
14. Nā Kalā i hana i ke kope.
15. 'Ono maoli keia kope.
16. E kala mai.
17. Kokoke e mākaukau.

He 'ōlelo no'eau
Pili nakekeke. [Sheldon:52]

Unit Eight

II. BASIC UTTERANCES

1. What are the slowpokes doing?
2. Get a move on. The sun is up.
3. What time is it?

4. (I'm) still tired.
5. I haven't had enough sleep.
6. Because you stayed up too late.
7. Because I had too many lessons.
8. Don't argue (with me).

9. Prepare the food.
10. I'll set the table.

11. What else?
12. The usual things.

13. Who cooked the ham?
14. Kalā prepared the coffee.
15. This coffee is very delicious.
16. Pardon (me).
17. It's almost ready.

A proverb
Loosely fastened. [An unreliable person, not permanent.] [Sheldon:52]

III. KA HOʻOHUI HUAʻŌLELO ʻANA

Ke kākau ʻana	Ka ʻōlelo ʻana
e aha ana	eahāɟna
ʻaʻole i ana	ʻaʻoleiana
ke ala ā	kealāɟ
ke ala ā aumoe	kealāɟaumoe
hoʻomakaukau i	hoʻomākaukaui
hāliʻi a ʻe	hāliʻiaʻe
hāliʻi a ʻe au	hāliʻiaʻeau
hāliʻi a ʻe au i	hāliʻiaʻeaui
hoʻomoʻa i	hoʻomoʻai
Kalā i	Kalāi

E hoʻomaʻamaʻa akahele i ka ʻōlelo ma lalo nei.
E hoʻolohe pono i ke kumu a e hoʻopili pono.

iho nei	ihonei
hoʻomoʻa iho	hoʻomoʻaiho
hoʻomoʻa iho nei	hoʻomoʻaihonei
nā wai i hoʻomoʻa	nāwaiɟhoʻomoʻa
nā wai i hoʻomoʻa iho nei	nāwaiɟhoʻomoʻaihonei

IV. HOʻOMAʻAMAʻA KUMU HOʻOHĀLIKE

A. Simple substitution

1. ʻOia mau | māluhiluhi | nō.|
maikaʻi
maka hiamoe
wela

2. ʻOia mau nō ka | māluhiluhi.
maikaʻi.
maka hiamoe.
wela.

3. 'Oia mau nō ka | māluhiluhi o ke kino.
    maika'i o keia palaoa.
    maka hiamoe o ke keiki.
    wela o ke kope.

4. No ka nui loa o ka'u mau | ha'awina.
    puke.
    penikala.

5. No ka nui loa o kā Lono mau | ha'awina.
    puke.
    haumāna.
    keiki.

6. No ka nui loa o nā ha'awina ā | ke keiki.
    ka haumāna.
    nā haumāna.
    nā keiki.

7. Mai wahapa'a mai 'oe | e ke keiki.
    e ke keiki po'o pa'akikī (stubborn).
    e ke kaikamahine.

8. Mai wahapa'a mai | 'olua | e nā keiki.
    'oukou

9. E ho'omākaukau i ka | mea 'ai.
    pākaukau 'aina.
    wai wela.
    lumi moe (bedroom).

10. Ua mākaukau ka | mea 'ai.
    pākaukau 'aina.
    wai wela.
    lumi moe.

11. 'O nā | mea | ma'a mau nō ho'i.
    hana
    po'e
    puke

12. He aha | hou a'e?
'O wai |
Iā wai |

B.   **He mau nīnau, he mau pane**

1. Ua mākaukau | ka mea 'ai?
ke kope?
ke kokoleka?
ke kī (tea)?
ka wai wela?

    a. Ua mākaukau | ka mea 'ai.   E ki'i mai.
ke kope.
ke kokoleka.
ke kī (tea).
ka wai wela.

    b. 'A'ole i mākaukau | ka mea 'ai.
ke kope.   A pēlā aku.

    c. Kokoke e mākaukau | ka mea 'ai.
ke kope.   A pēlā aku.

2. Nā wai i ho'omo'a iho nei i ka | hame?
hua moa?
na'au kake?
i'a (kai'a)?

    a. Na'u i ho'omo'a iho nei i ka | hame.
hua moa.
na'au kake.
i'a.

    b. Repeat: Use *nā Kalā* and *nā ko'u makuahine* in the
na'u slot.

3. Nā wai i hana i ke | kope?
kī?
kokoleka?
ka | palaoa palai?
palaoa li'ili'i?

a.   Naʻu i hana iho nei i ke | kope.
                              | kī.
                              | kokoleka.
                         ka | palaoa palai.
                              | palaoa liʻiliʻi.

b.   Repeat: For *naʻu* substitute *nā Lehua, nā koʻu makuahine,* and *nā kuaʻana.*

4.   Nā wai i hoʻomākaukau i ka | mea ʻai?
                                 | wai hua ʻai?
                                 | wai wela?

Nā ke keiki | i hoʻomākaukau.
Nā koʻu makuahine |
Nā ke kumu |

V. HE MAU PĀPĀ ʻŌLELO

Ka makuahine: E ala ʻolua, e ʻIwalani mā.
ʻO ʻIwalani: Hola ʻehia keia?
Ka makuahine: Hola ʻeono.
ʻO ʻIwalani: ʻAuwē! ʻAʻole i ana ka maka hiamoe.
Ka makuahine: No ke ala ā aumoe loa.
ʻO ʻIwalani: No ka nui loa o kaʻu mau haʻawina.
Ka makuahine: Mai wahapaʻa mai ʻoe iaʻu.

ʻO Kalā: E ala! E ʻeu.
ʻO ʻIwalani: ʻAuwē! ʻO ia mau māluhiluhi nō.
ʻO Kalā: Ua kau ka lā. E hoʻomākaukau ʻoe i ka mea ʻai.
ʻO ʻIwalani: He aha kaʻu e hoʻomākaukau ai?
ʻO Kalā: E hoʻomākaukau i hame a i hua moa.
ʻO ʻIwalani: He aha hou aʻe?
Ka makuahine: ʻO nā mea maʻa mau nō hoʻi.
ʻO Hauʻoli: I kope, i kokoleka, a i wai hua ʻai.
ʻO ʻIwalani: I palaoa pāpaʻa, i palaoa palai a i ʻole i palaoa liʻiliʻi?
ʻO Kalā: I palaoa palai paha.
ʻO Hauʻoli: ʻAʻole, i palaoa liʻiliʻi.
ʻO ʻIwalani: E hana aku au i palaoa liʻiliʻi.

'O Keli'i: Ua mākaukau ka mea 'ai?

'O 'Iwalani: Kokoke e mākaukau.

'O Puanani: E hāli'i a'e au i ka pākaukau 'aina.

'O Keli'i: Mai kākou e 'ai. Ua mākaukau ka mea 'ai.

'O 'Iwalani: E Kalā, e lawe mai i ke kope me ka waiū, ke 'olu'olu
                 'oe.

'O Hau'oli: Na'u e lawe aku i ka hua moa. (He's in the kitchen.)

'O Puanani: Na'u e lawe aku i ka palaoa li'ili'i me ka waiūpaka.

'O Hau'oli: E Kalā, e lawe mai i ka mea 'ai, ke 'olu'olu 'oe.

'O Kalā: Eia ka palaoa li'ili'i me ka waiūpaka.

'O 'Iwalani: He aha hou a'e?

'O Kalā: O nā mea ma'a mau nō.

'O Puanani: 'O ka waiū, ke kokoleka, ke kope a me ka wai hua 'ai.

'O 'Iwalani: 'A'ohe ā kākou hua moa?

'O Kalā: He hame kā kākou. E ho'omo'a aku i hame.

'O Keli'i: Nā wai i ho'omo'a iho nei i ka hame?

'O Kalā: Nā 'Iwalani.

'O Keola: Nā wai i hana i keia mea 'ono (cake)?

'O Kalā: Nā 'Iwalani paha i hana.

'O Keola: He 'ono maoli nō. E ninini mai i wahi kokoleka,
                 ke 'olu'olu 'oe.

'O Kalā: Eia ke kokoleka.

'O Keola: E 'olu'olu e ha'awi mai i wahi kōpa'a.

'O Kalā: E kala mai. Eia ke kōpa'a.

'O Keli'i: E 'ai kākou.

'O Ka'ohe: Mahalo.

'O Noelani: Ma'ane'i 'oe e noho ai.

'O Ka'ohe: Mahalo. Nā wai i ho'omākaukau iho nei i ka mea 'ai?

'O Noelani: Nā nā keiki.

'O Hau'oli: Nā Kalā i hana iho nei i ka palaoa palai.

'O Kalā: Nā 'Iwalani i hana iho nei i ke kope.

'O Puanani: Nā Hau'oli i hāli'i iho nei i ka pākaukau 'aina.

'O 'Iwalani: Nā Puanani i ho'omo'a iho nei i ka na'au kake a me ka
                 hua moa.

'O Noelani: E ninini aku i kope nā Ka'ohe.

'O Ka'ohe: E kala mai. I kokoleka, ke 'olu'olu 'oe.

'O 'Iwalani: Eia ke kokoleka.
'O Ka'ohe: Mahalo.
'O 'Iwalani: No'u ka hau'oli.

Ka makuahine: E aha ana 'o mili'apa mā?
Ka makuakāne;   E aha ana ho'i.
Ka makuahine: E ho'āla aku iā lākou.
Ka makuakāne: Ua ala 'o 'Iwalani lāua 'o Puanani.
Ka makuahine: E Kalā mā, e ala 'olua.
'O Kalā: 'Oia mau maka hiamoe nō.
Ka makuahine: E 'eu. Ua kau ka lā.
'O Hau'oli: 'A'ole i ana ka maka hiamoe.
Ka makuahine: Kokoke e mākaukau ka mea 'ai.
'O Hau'oli: 'Auwē! E Kalā, e ala kāua.
'O Kalā: 'Ae, e ala kāua.

VI. NO KA HO'OMA'AMA'A HOU 'ANA AKU

A.   He mau nīnau a he mau pane; pane 'ike loa, pane hō'ole

1. Hola 'ehia keia?
    Hola 'eono.
2. E aha ana 'o mili'apa mā?
    E aha ana ho'i.
3. Ua mākaukau 'oe?
    Kokoke au e mākaukau.
4. Ua mākaukau 'o Lehua?
    'A'ole 'oia i mākaukau.
5. Nā wai i hana i ka i'a (kai'a)?
    Nā Kalehua i hana.
6. Nā wai i ho'omo'a i ka i'a?
    Nā kua'ana i ho'omo'a.
7. Ua ho'omākaukau 'oe i ka mea 'ai a'ole paha?
    'A'ole au i ho'omākaukau i ka mea 'ai.
8. Nāu i ho'omākaukau iho nei i ka mea 'ai?
    'A'ole na'u i ho'omākaukau iho nei i ka mea 'ai.
9. Nā wai i ho'omākaukau i ka mea 'ai?
    Nā ko'u makuahine i ho'omākaukau.
10. Nā wai e ho'omākaukau aku i ka mea 'ai?
    Nāu e ho'omākaukau aku i ka mea 'ai.

B.   **E pili ana i kekahi mau hua'ōlelo ha'ina**

1.   Ka hua'ōlelo "ho'omākaukau"

a.	Ua ho'omākaukau 'ia ka mea 'ai.	has been prepared
b.	Ua ho'omakaukau au i ka mea 'ai.	have prepared
c.	Ke ho'omākaukau nei au i ka mea 'ai.	(am) preparing
d.	E ho'omākaukau ana au i ka mea 'ai	(am) going to prepare

2.   Ka hua'ōlelo "hāli'i"

a.	E hāli'i a'e au i ka pākaukau 'aina.	I'll set (oblique directional)
b.	E hāli'i ana au i ka pākaukau 'aina.	(am) going to set/ (am) setting
c.	Ua hāli'i au i ka pākaukau 'aina.	have set
d.	Ke hāli'i nei au i ka pākaukau 'aina.	(am) setting
e.	Hāli'i au i ka pākaukau 'aina i kēlā lā keia lā.	set . . . daily
f.	Hāli'i au i ka pākaukau 'aina i nehinei.	set yesterday
g.	'A'ole au i hāli'i i ka pākaukau 'aina.	have not set/ did not set
h.	'A'ole au i hāli'i i ka pākaukau 'aina i nehinei.	did not set
i.	'A'ole au e hāli'i ana i ka pākaukau 'aina.	not going to set/ will not set
j.	'A'ole na'u i hāli'i i ka pākaukau 'aina.	did not set (emphatic denial)

3.   Ka hua'ōlelo "hāli'i", kino kolu (third person)

a.	Nā Keli'i e hāli'i aku i ka pākaukau 'aina.	will set
b.	Nā Keli'i i hāli'i i ka pākaukau 'aina.	set (past tense)
c.	E hāli'i ana 'o Keli'i i ka pākaukau 'aina.	is going to set/will set
d.	Ua hāli'i 'o Keli'i i ka pākaukau 'aina.	has set

e. Ke hāli'i ala 'o Keli'i i ka   is setting
    pākaukau 'aina. (Person is some
    distance away.)

f. 'A'ole e hāli'i ana 'o Keli'i i ka   isn't going to set/
    pākaukau 'aina.   will not set

g. 'A'ole i hāli'i 'o Keli'i . . .   has not set/did
                                           not set

h. Ua hāli'i 'ia . . . e Keli'i.   was set/has been
                                           set

i. 'A'ole i hāli'i 'ia ka . . . e Keli'i. has not been set/
                                           was not set

j. Ke hāli'i nei 'o Keli'i . . .   is setting
    (The person is near by.)

C.   He mau mana'oha'i

1. E heluhelu.

   a. I nehinei ua ho'omākaukau nā keiki i ka mea 'ai no ka
       'aina kakahiaka. Nā Kalā i ho'omo'a i ka hame a me
       ka hua moa. Nā Hau'oli i hāli'i i ka pākaukau 'aina.
       Nā 'Iwalani i hana i ka palaoa palai a nā Puanani i
       hana i ke kope.

   b. Ho'āla 'o Noelani i nā keiki i keia kakahiaka. 'A'ole i
       ana ka hiamoe. Ua ala lākou no ka mea ua mākaukau
       ka mea 'ai. He hua moa hou, he palaoa li'ili'i, he kope, a
       he wai hua 'ai ka mea 'ai o keia kakahiaka.

   c. E ho'āla aku 'oe i nā keiki. Ua kau ka lā a ua kokoke
       e mākaukau ka mea 'ai. He hame, he palaoa palai, he
       wai hua 'ai, he kope a he kokoleka kā kākou no keia
       kakahiaka. Na'u i ho'omākaukau iho nei i ka mea 'ai.

2. He mau nīnau no nā mana'oha'i

   a. Nā wai i ho'omākaukau i ka mea 'ai o kekahi 'aina
       kakahiaka?

   b. Nā wai i hana i ka palaoa palai?

   c. He aha kā 'Iwalani i hana ai (hanāai)?

   d. Nā wai i hāli'i i ka pākaukau 'aina? Nā 'Iwalani anei?

   e. 'O wai ka i ho'āla i nā keiki?

   f. He aha ka pilikia o nā keiki?

   g. No ke aha lākou i ala ai (alāai)?

h.   He aha ka mea 'ai o iā kakahiaka?

i.   'O wai ka mea e kama'ilio nei ma ka mana'oha'i helu 'ekolu?

    1)   E kama'ilio ana 'oia iā wai?

    2)   He aha kāna i 'ōlelo ai?

D.   'Ōlelo kuhikuhi 'ia

1. Wake Hau'oli.
    Hau'oli says he has not had enough sleep.

2. Ask Kalā to prepare the food.
    Kalā says he's still tired.

3. Ask who cooked the eggs.
    Kalā did.

4. Ask who prepared the food.
    The children did.

5. Ask Lehua to please pass the butter.
    Lehua passes the butter with an appropriate remark.

6. Ask if the hot cakes are ready.
    They're almost ready.

7. Ask what to prepare.
    The usual things.

8. Ask who made the coffee.
    Kalā made it.

9. Tell Kalā and Hau'oli to get ready for school.
    Say that both of you are ready.

10. Suggest that Puanani wake 'Iwalani.
    'Iwalani is awake.

VII. NO KA PILINA 'ŌLELO A ME KA PAPA 'ŌLELO

1. *E aha ana* is an expression used in questions to find out what someone is doing. It usually appears in initial, and never in final, position.

What are	you doing?
	you (two) doing?

E aha ana	'oe?
	'olua?

2. *E aha ana hoʻi* is an idiomatic expression meaning
"I wonder what" or "What indeed!"

3. *Kau* may mean to place something somewhere. In this unit we
speak of the sun "placed" in the sky.
> The sun is up (in the sky).
> Ua kau ka lā.

4. *Ana:* As used in *ʻAʻole i ana* . . . the word signifies being satisfied,
although in this case *ʻaʻole* makes *ana* negative—"not satisfied."

5. *Ā* is used in this unit to mean "till" or "until."

6. *Nui* here means "many."
> I had too many lessons.
> No ka nui loa o kaʻu mau haʻawina.

7. *Wahapaʻa* (lit. "hard mouth") means "to argue." The *mai* renders it
negative imperative—"don't argue."

8. *Mākaukau* and *hoʻomākaukau*
Mākaukau may be used as a modifier or as a complement. In Unit
Seven it is used as a complement—"ready."
> Are you (two) ready?
> Ua mākaukau ʻolua?

Hoʻomākaukau is used as a verb—"prepare" or "get ready."
> Prepare the food.
> E hoʻomākaukau i ka mea ʻai.
> The food has been prepared.
> Ua hoʻomākaukau ʻia ka mea ʻai.

9. *Aʻe* is a directional indicating oblique motion or movement to and
fro.
> I'll set the table.
> E hāliʻi aʻe au i ka pākaukau ʻaina.

Aʻe may also mean "else" or "next."
> What else? What's next?
> He aha hou aʻe?
> Who else? Who's next?
> ʻO wai hou aʻe?

10. *Hana* means "make" or "do." However *hana* is often substituted
for *hoʻomākaukau* when we want to say "prepare."
> Who made the coffee?
> Nā wai i hana i ke kope?
> Kalā made (prepared) the hot cakes.
> Nā Kalā i hana i ka palaoa palai.

Hana may also be a noun—"work."

> I have work (to do).
>
> He hana ka'u.

11. *'Oia mau* is used in this unit to mean "still"; however we often hear the expression *'oia mau nō* used to mean "the same as usual," referring to how a person is.

12. *Nā* is a possessive form marker. This form was explained in Unit Five, in connection with *nā wai* and *na'u.*

> Kalā made the coffee.
>
> Nā Kalā i hana i ke kope.

The Hawaiian structure is quite different from the structure we use in English. In Hawaiian the infinitive *i hana* is the subject.

> To make the coffee was Kalā's responsibility.

13. *Ma'a mau* means "customary" or "usual."

> The usual (customary) things.
>
> 'O nā mea ma'a mau.

14. *A i 'ole* means "or." This expression is often written as one word, ai'ole.

15. *Kokoke* means "almost" or "nearly."

> It's almost ready.
>
> Kokoke e mākaukau.

16. *No* may be used as a shortened form of *no ka mea,* "because." This is a handy form and allows for simple structure. A remark beginning with *no* is incomplete, but it is quite acceptable in conversation.

> No ke ala ā aumoe loa

is actually an independent clause in a compound sentence.

> You haven't had enough sleep because you stayed up too late.
>
> ('A'ole i ana ka hiamoe) no ke ala ā aumoe loa.

17. *Maoli* is the adverb "very." It may also mean "so."

> The coffee is | very | delicious.
> | so |

> 'Ono maoli ke kope.

18. *A* may be used as the conjunction "and."

Huina 'Eiwa

I. NĀ 'ŌLELO KUMU

1. Ke 'o'ili mai la ka lā.
2. 'A'ole e like me nehinei.
3. He lā mālie paha 'o nehinei, 'a'ole paha.
4. 'O nehinei ka lā 'ino.
5. He lā 'ino 'o nehinei.
6. E mālie ana paha 'apōpō 'a'ole paha.
7. E ua ana paha 'apōpō.
8. E ua 'i'o ana nō.
9. Ke pouli mai la 'o uka.
10. 'Oia mau nō ka pouli o uka.
11. Ua 'o nehinei a pō ka lā.
12. 'Ae, hiki mai ka ua hiki pū me ka makani.
13. Nui 'ino ka ua.
14. Nui ke anuanu.
15. He 'oi aku ke anuanu o ka pō.
16. No ka pā o ka makani Haunone.
17. Ke pā mai la ka lā.

Unit Nine

II. BASIC UTTERANCES

1. The sun is appearing.
2. It is not like yesterday.
3. Was yesterday a clear day or wasn't it?
4. The stormy day was yesterday.
5. Yesterday was a stormy day.
6. Perhaps tomorrow will be a clear day, perhaps not.
7. It'll probably rain tomorrow.
8. It'll really rain.
9. The uplands are getting cloudy.
10. The cloudiness of the uplands continues.

11. It rained all day yesterday.
12. Yes, the rain came together with the wind.
13. There was lots of rain.
14. It was very cold.
15. The night was colder.
16. Because the cold icy wind blew.

17. The sun is shining.

III. KA HOʻOHUI HUAʻŌLELO ʻANA

Ke kākau ʻana	Ka ʻōlelo ʻana
mālie anei o nehinei	mālieaneionehinei
ʻino o nehinei	ʻinoonehinei
mālie ana	mālieana
e ua ana	euaana
ke anuanu o	keanuanuo

ka ua   kaúa
ke ua   keúa

There are three words which seem to require the same pronunciation, so we need to pay some attention to the differences. The three words are *kaua*—"battle," *kāua*—"you and I," and *ka ua*—"the rain." There is a slight accent on the *u* in *ka ua (kaúa)* and *ke ua (keúa)* as shown above.

Special pronunciation practice

Distinguish between final *i* and final *e* in the following words. The *i* has a short *i* sound, and the *e* has a short *e* sound.

'oi	'oe
noi	noe
koi	koe
moi	moe
hoihoi	hoehoe

IV.   HO'OMA'AMA'A KUMU HO'OHĀLIKE

A.   Simple substitution

1. Ke 'o'ili mai la ka | lā.
    maka (sprout).
    mahina (moon).

2. He lā | mālie | keia/'o nehinei.
wela
anuanu
'ino
mahana

3. 'O nehinei ka lā | mālie.
ua.
pouli.
'ino.
anuanu (lā anuanu).
wela.
makani.

4. Ua | 'o nehinei a pō ka lā.
Makani

5. Ua | ka pō nei a ao ka pō.
Makani

6. Ke | ua | mai la; mai hele i waho.
makani
pouli
mahana

7. Pehea ʻo nehinei, he lā | maikaʻi | paha, ʻaʻole paha?
    | | mahana
    | | makani
    | | anuanu
    | | ʻino
    | | pouli
    | | wela

8. Pehea la, e | mālie | ana ʻapōpō ʻaʻole paha?
    | | makani
    | | anuanu
    | | ʻino
    | | ua

9. He lā | anuanu | keia. Pehea ana ka lā ʻapopo?
    | | mālie
    | | wela
    | | makani
    | | pouli
    | | ua

10. ʻO ka lā mua keia o | ke kupulau (spring).
    | | ke kau (summer).
    | | ka hāʻule lau.
    | | ka hoʻoilo.

11. Repeat: Substitute *hope loa* for *mua.*

V. HE MAU PĀPĀ ʻŌLELO

ʻO Kaʻohe: Nui maoli ka ua.

ʻO Lahapa: E. A nui maoli ka makani.

ʻO Kaʻohe: Anuanu maoli ka makani.

ʻO Lahapa: He makani Haunone.

ʻO Kaʻohe: Pehea la, e ua ana a pō keia lā?

ʻO Lahapa: Koe aku ia.

ʻO Kekapa: Anuanu maoli.

ʻO Kanani: Ke ʻoʻili mai la ka lā.

ʻO Kekapa: ʻO ia mau nō ka pouli o uka.

'O Kanani: Inā mau ka pouli, e ua ana.
'O Kekapa: Mai kamaʻilio pēlā.
'O Kanani: No ke aha mai?
'O Kekapa: ʻAʻohe oʻu hoihoi i ka ua.

'O Lono: Ke ʻoʻili mai la ka lā.
'O Kāne: ʻAe, he lā mālie keia.
'O Lono: ʻAʻole e like me nehinei.
'O Kāne: He lā ʻino maoli nō ʻo nehinei.
'O Lono: Pehea ana la ka lā ʻapōpō.
'O Kāne: E mālie ana paha.
'O Lono: Inā e mālie ana, maikaʻi loa.
'O Kāne: ʻAe, maikaʻi ʻiʻo nō.

'O Nani: He lā anuanu keia.
'O Keahi: He ʻoi aku ke anuanu o ka pō nei.
'O Nani: No ka pā o ka makani hau none.
'O Keahi: He makani anuanu kēlā.
'O Nani: Ke anuanu, inu i ke kope mahana.
'O Keahi: Ke anuanu, hiamoe me ke kapa uila (electric).
'O Nani: I ke au kahiko ʻaʻohe kapa uila.
'O Keahi: Pololei ʻoe.

'O Nāpela: E hele ana mākou i kahakai ʻapōpō.
'O Kapahi: E aha ai?
'O Nāpela: E hele ana mākou e ʻauʻau kai. E hele pū kākou.
'O Kapahi: E ua ana paha ʻapōpō.
'O Nāpela: ʻO nehinei ka lā ua.
'O Kapahi: Pēlā nō, akā ke pouli mai la nō ʻo uka.
'O Nāpela: ʻApōpō pau ka pouli. E puka ana ka lā.

VI. NO KA HOʻOMAʻAMAʻA HOU ʻANA AKU

A. The verb *ua*

1. Ua ʻo nehinei a po ka lā.   rained
2. Ke ua mai la.   raining
3. Ke ua mai nei.   raining

4.   E ua ana ʻapōpō.   will rain
5.   ʻAʻole e ua ana ʻapōpō.   will not rain

B.   The noun *ua*

1.   Nui ka ua i ka pō nei.
2.   Hiki mai ka ua, hiki pū me ka makani.
3.   Ke hoʻomaka mai ka ua, nui ke anuanu.
4.   Aia ka ua i uka o Mānoa.
5.   Inā hāʻule ka ua, lawe i ka māmalu (umbrella).

C.   The verb *ʻoʻili*

1.   ʻOʻili mai ka lā i ka pau ʻana o ka ua.   appeared
2.   Ke ʻoʻili mai la ka lā.   is appearing
3.   E ʻoʻili mai ana ka lā.   will appear
4.   Ua ʻoʻili mai ka lā.   has appeared

D.   The verb *hiki*

1.   Ua hiki mai ke kumu hou.   will arrived
2.   ʻAʻole i hiki mai ke kumu hou.   has not arrived
3.   Hiki mai ke kumu hou i nehinei.   arrived
4.   ʻAʻole i hiki mai ke kumu hou i   did not arrive
     nehinei.
5.   E hiki mai ana ke kumu hou ʻapōpō.   will arrive
6.   ʻApōpō e hiki mai ai ke kumu hou.   will arrive

E.   The verb *pā*

1.   Ke pā mai nei ka Moaʻe.   blowing
2.   E pā mai ana ka makani Haunone.   will blow
3.   Ke pā ka Moaʻe, ʻoluʻolu ke kino.   when . . . blows
4.   Pā ka makani i ka pō nei.   blew
5.   Pā mau ka makani o keia wahi.   always blows

F.   The verb *pā*

1.   Ke pā ka lā, maloʻo koke ka lole.   shines
2.   Ke pā mai la ka lā.   shining
3.   E pā mai ana ka lā.   will shine
4.   Ke pā ka lā, mahana ka honua.   when . . . shines

G.   The comparative form *ʻoi*

1.   He lā anuanu keia.
     ʻOi aku ke anuanu o nehinei.   colder
     ʻOi aku ke anuanu o nehinei   colder than
          ma mua o keia lā.
2.   He noho ʻoluʻolu keia.
     ʻOi aku ka ʻoluʻolu o kēlā noho.   more comfortable
     ʻOi aku ka ʻoluʻolu o kēlā noho   more comfortable than
          ma mua o keia (noho).
3.   ʻOno maoli keia kope.
     ʻOi aku ka ʻono o ke kokoleka.

'Oi aku ka 'ono o ke kokoleka ma
mua o ke kope.

4. He lole maika'i keia.

'Oi aku ka maika'i o kēlā lole, ma'ō.

'Oi aku ka maika'i o kēlā lole ma
mua o keia.

5. Maka hiamoe 'o Kalā.

'Oi aku ko'u maka hiamoe.

'Oi aku ko'u maka hiamoe ma mua
ona.

H. He mau mana'oha'i (May be postponed till later.)

1. No ke 'ano o ka manawa (about the weather)

Makemake au e hele i kahakai i nehinei. 'Ōlelo mai 'o
Kealoha ua lohe 'oia e ua ana. 'A'ole au i ho'olohe iā ia.
Ua hele au i kahakai me Kalima. 'A'ole i ua ā pō ka lā.
'Au'au kai māua 'o Kalima ā pō ka lā. Nui ko māua le'ale'a.

I kekahi manawa nui ka ua ma kekahi mau wahi o O'ahu.
He 'oi aku ka nui o ka ua ma nā 'ao'ao Ko'olau (windward)
o nā makupuni o keia pae 'āina. Ma nā 'ao'ao Kona (leeward)
he 'oi aku ka nui o ka ua ma nā kuahiwi. 'A'ohe nui o ka ua
o kai. I kekahi manawa mālie 'o kai a ua 'o uka o kuahiwi.

I ke au kahiko 'elua wale nō 'ano kau i kapa 'ia ma keia
mau mokupuni, o ke kau a me ka ho'oilo. I kekahi manawa
kapa 'ia ke kau, kau wela. Mahope o ka hiki 'ana mai o nā
po'e 'e, pāku'i 'ia (was added) ke kau hā'ule lau a me ke kau
kupulau. Nolaila i keia manawa 'ōlelo 'ia kupulau, kau wela,
hā'ule lau, ho'oilo.

2. No ka makani, ka ua a me ke kai

'O ka Hawai'i (the Hawaiian) o ke au kahiko, he inoa
kāna no kekahi mau mea inoa 'ole ma ka 'ōlelo haole. He
inoa kāna no ka ua, no ka makani a no ke kai. He nui nā
inoa. Kapa 'ia no ke 'ano o ka makani, ka ua a me ke kai.
Eia kekahi mau inoa makani.

He Koholā-lele (leaping whale) ko Hamakua.

He Kuehu-lepo (dirt or dust scattering) ko Ka-'ū.

He Holo-po'opo'o (run in the hollows) ko Waipi'o,
Hawai'i.

He Kuehu-'ale (wave tossing) ko Kawaihae.

Eia nā inoa o ka ua ma kekahi mau wahi.

He ua Kani-lehua (lehua resounding) ko Hilo.

He ua loku (drenching) ko Hanalei.

He ua Paʻu-pili (pili soaking) ko Līhuʻe, Kauaʻi. ʻO ke
pili he mauʻu ia; he mauʻu hana hale.

He ua Lani-haʻahaʻa (low sky) ko Hana, Maui, a o
kekahi inoa ʻe aʻe he ua Kea (misty).

He ua Kū-kala-hale (strike the house gables) ko
Honolulu.

Eia kekahi mau inoa o ke kai ma kekahi mau wahi.

He kai maʻokiʻoki (choppy/streaked) ko Kona.

He kai hāwanawana (whispering) ko Kawaihae.

He kai ʻaʻai (eroding) ke kai o Kaʻaʻawa ma Oʻahu.

He kai ʻapukapuka (mottled) ko Heʻeia.

He kai kaha nalu (body surfing) ko Makaʻiwa.

He kai ʻāhiu (wild) ko Kahana.

He kai awalau (many lochs) ko Puʻuloa.

Ua hoʻohanohano ʻia (honored) kekahi mau inoa makani,
inoa ua a inoa kai ma loko o (in) kekahi mau mele (songs).
Ka ua Paʻu-pili ma ke mele "Nani Wale Līhuʻe" a o ka ua kea
o Hana ma ke mele "Ua Kea o Hana." Kekahi mele me kekahi
mau inoa makani ʻoia nō ke mele i kapa ʻia (called) *Iniki Mālie*
(pinch gently). No nā wai ʻehā keia o Maui—Waikapū (water
of the conch), Wailuku (destructive), Waiehu (spray) a me
Waiheʻe (slippery). He inoa makani nō ko keia mau wahi. ʻO
ka makani ka mea iniki mālie.

He makani kokololio (to blow in gusts) ko Waikapū.

He makani lawe mālie (blow leisurely) ko Wailuku.

He makani hōʻeha ʻili (cause pain to the skin) ko
Waiehu.

He makani kiliʻoʻopu (activate the goby fish) ko
Waiheʻe.

a. He mau nīnau. E pane ma ka ʻōlelo Hawaiʻi.

1) ʻO wai ka i makemake e hele i kahakai a he aha kā
Kealoha i ʻōlelo ai iā ia?

2) Ua noho anei keia keiki i ka hale ʻaʻole paha?

3) Me wai ʻoia i hele ai i kahakai?

4) He aha kā lāua hana ā pō ka lā?

5) E haʻi mai e pili ana i nā wahi ua a me nā wahi nui
ʻole o ka ua.

6) Ma nā 'ao'ao Kona, i hea ka nui o ka ua i kekahi manawa?

7) 'Ehia kau ma Hawai'i nei i ke au kahiko a he aha nā inoa? A pehea i keia manawa?

8) Pehea i ho'ohanohano 'ia ai nā inoa makani, inoa kai a me nā inoa ua?

VII. NO KA PILINA 'ŌLELO A ME KA PAPA 'ŌLELO

1. *'O'ili* is one of the words used to mean "appear" or "appearing." In reference to the sun it could mean "peeking from behind the clouds." It may also mean the sun appearing at dawn.

2. *Lā* means "sun" and also "day."

3. *A pō ka lā,* "all day." The reverse may be said for "all night," *a ao ka pō.*

4. *Hiki* means "arrive" but in this unit is interpreted as "came."

   Yes, the rain came (arrived) together with the wind.

   'Ae, hiki mai ka ua, hiki pū me ka makani.

5. *'Oi* is one form of comparative degree expression.

   The night | is | colder.
            | was |

   'Oi aku ke anuanu o ka pō.

   To add "than" we use *ma mua o.*

6. *Nui* is used here to mean "lots of" or "very."

Nui ka ua.	(There's) lots of rain.
Nui ka 'ino.	(It's) very stormy.
Nui ke anuanu.	(It's) very cold.

7. *E like me* may mean "the same as" or "like."

   Not like yesterday.

   'A'ole e like me nehinei.

8. Subject marker *'o* and preposition *o* are used in two expressions.

   The uplands (are becoming) cloudy.

   Ke pouli mai la 'o uka.

   The cloudiness of the uplands continues.

   'Oia mau nō ka pouli o uka.

   In the first utterance *uplands* is the subject, so we use the *'o* subject marker before *uka*. In the second, *cloudiness* is the subject and *uka* "uplands," is the object of the preposition *o*.

9. In this unit *anuanu* means "cold." In Unit Seven we used *ma'alili* to mean "cold." *Ma'alili* is used in connection with food which has become cold, while *anuanu* is used in connection with the weather or with physical feeling.

      _____ or the food will become cold.

      _____ o ma'alili ka mea 'ai.

      The night is colder.

      He 'oi aku ke anuanu o ka pō.

10. Tense may be indicated by *keia* and *nehinei*.

      This (is) a clear day.

      He lā mālie keia.

      Yesterday (was) a hot day.

      He lā wela 'o nehinei.

11. *E aha ai?* means "to do what?"

12. *Ka i*—sometimes written *kai*—is a contraction of *ka mea i.*

13. *O* in *ko* is a third value vowel.

14. Like *Lahàina* which was once pronounced *Lāhainā* (cruel day or sun), *Wàikapū* may have been pronounced *Wàikàpu* (sacred or taboo water) many years ago which would make it similar, rhythmically, to the other three waters in the area—*Wàilùku, Wàihé'e* and *Wàièhu. Wàikàpu* may have been changed to *Wàikapū* when the song *"Inìki Mālìe"* (pinch gently) was composed.

Note: The information about the four waters of Maui may be read later by the students—after they have had more experience with the language. Whatever the instructor chooses to do, it may be well to let the students listen to him read a paragraph or two at a time. Then he may have them read after him phrase by phrase to enable them to read smoothly and phrase properly.

Huina 'Umi

1. E 'ike mai 'oe i ku'u hoaloha.
2. E 'ike mai 'oe iā Manu.
3. 'O Kapili keia.
4. Ma loko mai.

5. E Hau'oli, e lawe mai i noho no Manu.
6. Eia he noho 'olu'olu. E noho iho.
7. Mahalo, e Hau'oli.
8. 'A'ole pilikia.

9. Aia i hea 'oe e noho nei?
10. Eia au ke noho nei i / ma Mānoa.
11. Ke noho nei au i / ma Mānoa.
12. Ma ke alanui hea?
13. Aia ko'u hale ma ke alanui O'ahu.

14. No'u ka hau'oli.

He mau 'ōlelo no'eau.

Ua lele ka manu i Kahiki. [Judd:22]
Ka lele aau o na manu o Kiwaa.
Kikaha ka iwa i na pali.
Mai pii oe i ka lapa manu ole. [Judd:23]

Unit Ten

II. BASIC UTTERANCES

1. Meet my friend.
2. Meet Manu.
3. This is Kapili.
4. Come in.
5. Hauʻoli, bring a chair for Manu.
6. Here's a comfortable chair. Be seated.
7. Thank you, Hauʻoli.
8. No trouble.
9. Where do you live?
   Where are you living?
10. I live in Mānoa.
11. I'm living in Mānoa.
12. On what street?
13. My house is on Oʻahu Avenue.
14. The pleasure is mine.

Proverbs

The bird has flown to Kahiki. (The fugitive has disappeared.) [Judd:22]
Birds of Kiwaa fly in confusion. (A general panic.)
Man-of-war bird soars by the cliff. (A well dressed man is passing by.)
Do not climb to the ridge where there are no birds.
(Do not go where you are not wanted.) [Judd:23]

III. KA HOʻOHUI HUAʻŌLELO ʻANA

Ke kākau ʻana	Ka ʻōlelo ʻana
mai i noho	maiʲnoho
aia i hea	aiaihea
ke alanui	kealanui

Final *i* and final *e*. Pronounce each clearly.

mai	mae
kai	kae
lai	lae
pai	pae
wai	wae
hai	hae

IV. HOʻOMAʻAMAʻA KUMU HOʻOHĀLIKE

A. Simple substitution

1. E ʻike mai ʻoe i koʻu | hoaloha.
                          | makuahine.

2. Repeat: Substitute *makuakāne, kaikuaʻana, kaikaina, kaikuahine* and *kaikunāne* for *makuahine*.

3. E ʻike mai ʻoe i kaʻu | kumu. | ʻO Kekapa keia.
                          | kauka.
                          | wahine.
                          | kāne.
                          | keiki.

4. E ʻike mai ʻoe iā | Manu. | ʻO Kealoha keia.
                      | Lehuanani.
                      | pāpā.
                      | kuaʻana.

5. ʻO | Manu | keia.
       | ke kumu
       | ke kahu (minister)
       | koʻu kaikaina
       | kaʻu kumu
       | kaina

B.   **Commands or requests and rejoinders**

1.   E lawe mai i | noho, | ke 'olu'olu 'oe.
                   | noho 'olu'olu,
                   | noho no Manu,
                   | noho 'olu'olu no Manu,
                   | noho 'olu'olu no ke kumu,
                   | noho 'olu'olu no'u
                   | noho 'olu'olu no kou
                   | makuahine

Eia he | noho.
       | noho 'olu'olu.
       | noho no Manu.
       | noho 'olu'olu no Manu.
       | noho 'olu'olu no ke kumu.
       | noho 'olu'olu nou.
       | noho 'olu'olu no ko'u makuahine.

C.   **He mau nīnau a he mau pane**

1.   Aia i hea | 'oe | e noho nei?
               | 'olua
               | 'oukou

a.   Eia | au | ke noho nei ma Mānoa.
         | māua
         | mākou

b.   Ke noho nei | au | ma Mānoa.
                 | māua
                 | mākou

2.   Aia i hea | kou | hale?
               | kona
               | ko lāua
               | ko Lono

Aia | ko'u | hale ma ke alanui Pākī.
    | kona
    | ko lāua
    | ko Lono

3. Aia i hea | lāua
lākou
'o Lani
ke kumu | e noho nei?

    a. Aia | lāua
lākou
'o Lani/'oia
ke kumu/'oia | ke noho nei ma Mānoa.

    b. Ke noho nei | lāua
lākou
'o Lani/ 'oia
ke kumu/'oia | ma Mānoa.

V. HE MAU PĀPĀ'ŌLELO

'O Lono

1. Aloha, e Kapili.
2. Mahalo. E 'ike mai 'oe iā Manu, ku'u hoaloha. (Iā Manu) 'O Kapili keia.
    'O Manu: Aloha, e Kapili.
3. Pehea 'oe?
4. Maika'i nō māua, mahalo.

'O Kapili

1. Aloha, e Lono. Ma loko mai.
2. Aloha, e Manu.

3. Maika'i nō, mahalo. A 'o 'olua?

'O Keola

1. Aloha, ma loko mai.
   Pehea 'oe?
2. Maika'i nō wau, mahalo.
   Pehea kou mau mākua?

3. Aloha 'ino. E aloha aku
   iā ia. Pehea 'o kaina?
4. Ua hele 'oia i ke kauka?
5. Nā wai i lawe iā ia?

'O Kamaka

1. Maika'i nō, mahalo.
   A 'o 'oe?
2. Maika'i nō ko'u
   makuahine. 'Ano
   'ōma'ima'i ko'u
   makuakane.
3. He anu kona.

4. Ua hele 'oia i nehinei.
5. Na'u i lawe iā ia.

'O Leilani

1. Aloha e Kanamu.
2. Pehea kou mau mākua?
3. Pehea 'oe?
4. Aia ko 'oukou hale ma ke
   alanui hea?
5. Aia ihea ke alanui 'Ekaha?

'O Kanamu

1. Aloha, e Leilani.
2. Maika'i nō laua, mahalo.
3. 'Ano māluhiluhi au.
4. Aia ko mākou hale ma
   ke alanui 'Ekaha.
5. Aia ia alanui ma
   Kaimuki.

'O Kahale'ole:	E Kahale, e lawe mai i noho 'olu'olu no Manu.
'O Kahale:	Eia he noho 'olu'olu nou. E noho iho.
'O Manu:	Mahalo, e Kahale.
'O Kahale:	No'u ka hau'oli.
'O Kahale'ole:	Pehea nā keiki?
'O Manu:	Maika'i no lāua.
'O Kahale:	Aia i hea 'oukou e noho nei?
'O Manu:	Eia mākou ke noho nei ma ke alanui Kaua'i.

'O Kahale: Aia i hea ke alanui Kaua'i?
'O Manu: Aia ke alanui Kaua'i ma Pu'unui.

'O Lehua: Ua ala 'o Kalā mā?
'O Noelani: Ua ala 'o Kalā lāua 'o Hau'oli.
'O Lehua: 'A'ole i ala 'o 'Iwalani lāua 'o Puanani?
'O Noelani: Aia nō lāua ke hiamoe ala.
'O 'Iwalani: Ua ala māua.
'O Noelani: Ua komo 'olua i ko 'olua lole?
'O Puanani: Ke komo nei māua i ko māua lole.

'O Noelani: Ua mākaukau 'oukou?
Nā keiki: Ua mākaukau mākou.
'O Noelani: Ua mākaukau ka mea 'ai. Mai e 'ai.
'O Kalā: Ke hele aku nei mākou.
'O Noelani: E wiki o ma'alili ka mea 'ai.
'O 'Iwalani: Ke wiki aku nei mākou.
'O Noelani: He 'alani, he hua moa, he palaoa palai, he
               malakeke, he kope, he waiū a he kokoleka kā
               kākou.
'O Hau'oli: 'A'ohe ā kākou waiūpaka?
'O Noelani: He waiūpaka nō kā kākou.

VI.   NO KA HO'OMA'AMA'A HOU 'ANA AKU

A.   **He mau nīnau. E pane ma ka 'ōlelo Hawai'i.**

   1.   'O wai kou inoa?
   2.   'O wai ka inoa o kou makuakāne?
   3.   'O wai ka inoa o kou kaikua'ana?
   4.   'Ehia ou kaikaina?

5. 'O wai ka inoa o kou mau kaikuahine?
6. 'O wai ka inoa o kou mau kaikunāne?
7. Pehea kou kaikaina?
8. 'Ehia ou kaikuahine?
9. Aia i hea 'oe e noho nei?
10. He noho 'olu'olu kēnā?

B. **Provide a suitable question or a comment for each of the utterances below.**

1. E 'ike mai 'oe iā Manu.
2. E lawe mai i noho, ke 'olu'olu 'oe.
3. Ke noho nei au i Waikīkī.
4. He 'umi ā māua keiki.
5. 'Ano 'ōma'ima'i 'o māmā.
6. He kunu ko'u.
7. E holoi 'oe i kou maka.
8. He hua moa hou kā kākou.
9. 'O Kapeka ka inoa o ka muli loa.
10. Aia nō 'oia ke hiamoe ala.

C. **He pāpā'ōlelo kuhikuhi 'ia**

Lono: Introduce Manu to Kalā.
Kalā: Greet Manu.
Manu: Return the greeting.
Lono: Ask Kalā to fetch a chair for Manu.
Kalā: Hand Manu a comfortable chair.
Manu: Thank Kalā.
Kalā: Make an appropriate comment.
Lono: Ask Manu where he is living.
Manu: You're living in Kalihi.
Kalā: Ask on what street.
Manu: Name a street, i.e. Ka'ili Street.

D. **He mana'oha'i. E heluhelu.**

1. *'O Kanoho*
Aloha, e Kapili. E 'ike mai 'oe iā Manu, ko'u hoaloha. Aia 'oia ke noho nei i Mānoa ma ke alanui O'ahu. 'O Kanamu ka inoa o kāna kāne. 'Elima ā lāua keiki, 'elua keikikāne, 'ekolu kaikamahine. He 'umikūmāhā makahiki ko ka hiapo;

ʻekōlu wale nō makahiki ko ka muli loa. ʻO Nāmaka ka inoa
o ka hiapo a ʻo Maile ka inoa o ka muli loa.

a.   *He mau nīnau.* Answer the following questions in
English.

1) ʻO wai ka inoa o ko Kanoho hoaloha?
2) Aia kona wahi ma ke alanui hea?
3) ʻO wai ka inoa o kāna kāne?
4) ʻEhia ā lāua keiki?
5) ʻEhia makahiki ko ka muli loa a ʻo wai kona inoa?
6) ʻO wai ka hiapo a ʻehia ona makahiki?
7) ʻEhia keikikāne a ʻehia kaikamahine a Kanoho mā?

2. *ʻO Keliʻi*
Ke ala mai la nā keiki. E hoʻomākaukau aku paha ʻoe i mea
ʻai nā kākou. He hua moa nō paha kā kākou a he hame. E hoʻo-
mākaukau aku i hua moa me ka hame a i palaoa pāpaʻa, i kope
a i kokoleka. Nā kāua ke kope a nā nā keiki ke kokoleka. He
waiū nō paha kā kākou. Inā ʻaʻole makemake kekahi o nā
keiki i ke kokoleka e haʻawi aku i waiū.

3. *ʻO Kamanawa*
E hele kāua i kahakai, e Laʻeha. He lā mālie keia, ʻaʻole e
like me nehinei. E hele kāua me Manu lāua ʻo Kaleo. Ma ko
Manu kaʻa (car) kākou e hele ai. He kaʻa hou kona.

He kauka niho ʻo Manu. Aia kona wahi ma Mānoa, ma
ke alanui Oʻahu. He haumāna ʻo Kaleo. He kaikaina ʻoia no
Manu. Nā Manu e mālama nei iā ia.

E lawe kāua i mea ʻai nā kāua. E lawe kāua i palaoa, i hua
moa, i hame, i kope, i waiū, i waiūpaka, i hua ʻai a i naʻau
kake. E ʻeu kāua; ua kau ka lā.

a.   He mau nīnau. E pane ma ka ʻōlelo Hawaiʻi.

1) ʻO wai ka mea e kamaʻilio nei?
2) E hele ana lāua ʻo Laʻeha me wai?
3) E hele ana lākou i hea?
4) Ma ko wai kaʻa lākou e hele ai?
5) He aha kāna hana?
6) ʻO wai kona kaikaina?

E.   **Ask the following questions in Hawaiian.**

1. What is your elder sibling's name?
2. How many sisters have you?
3. What are their names?

4. How many brothers have you?
5. What are your parents' names?
6. Where do you (two) live?
7. Where do they (two) live?
8. On what street do you (two) live?
9. Where do you live?
10. How many children do you (two) have?
11. Who is the eldest? the youngest?
12. Are the children awake?
13. Is the food ready?
14. Will you have coffee or milk?
15. Don't we have any chocolate?

F.   E hoʻopihapiha i kēlā me keia hakahaka malalo nei me kekahi o keia mau huaʻōlelo.

māua   lāua   kou   ma   ʻo   ko   lā   pō   koʻu

1. Aia i hea _____ kaina?
2. E hele ana _____ i Hilo.
3. E hoʻāla aku iā Kalā _____ ʻo Hauʻoli.
4. E kāhea aku ʻoe i _____ kuaʻana.
5. He _____ mālie keia.
6. Nui ka ua i ka _____ nei.
7. Ua kau ka _____ .
8. ʻO wai ka inoa o _____ makuakāne?
9. ʻO Kaʻehu _____ inoa.
10. Aia ko mākou hale _____ ke alanui Liloa.

G.   Say the following in Hawaiian.

Your name is Leleo. Your father's name is Kekapa and your mother's name is Leilani.

You have an elder brother. Your brother's name is Kekoa. You have two sisters, Nalani and Lehua. Nalani is the eldest, Lehua is the youngest of the children. Nalani is eighteen years old. Kekoa is fifteen years old. Lehua is seven years old. You are ten years old.

VII. NO KA PILINA 'ŌLELO A ME KA PAPA 'ŌLELO

1. *'Ike* is commonly used to mean "see" or "know," but in this unit
    it is used to mean "meet." The student should not try to use *'ike*
    to mean "meet" in other situations and run the risk of using it
    incorrectly. Use it to mean "meet" only as it is used in this unit—in
    the basic utterances, in the pattern practice material, and in the
    conversations.

2. *Keia* is used here as the demonstrative pronoun "this." Please
    observe its position in the utterance.

    > This is Kapili.
    >
    > 'O Kapili keia.

3. *Eia:* Used to mean "here is," as it was used in Unit Six. In
    this unit *eia* is used but is not expressed in English.

    > Eia au ke noho nei i Mānoa.
    >
    > I live in Mānoa.

4. *Aia* to indicate location was discussed in Unit Six, as
    meaning "there" and was linked with *ala.*

    > Aia no 'oia ke hiamoe ala.
    >
    > He is still sleeping.

    In one utterance in this unit *aia* is used alone.

    > Aia ko'u wahi ma ke alanui O'ahu.
    >
    > My place is on O'ahu Avenue.

    In both cases *aia* represents an unexpressed "there."

    In this unit we find a second use of *aia.* It is used with
    i hea or "where," and is not expressed in English.

    > Aia i hea 'oe e noho nei?
    >
    > Where do you live?

5. *Ke . . . nei* as used in Unit Six represents only the present
    progressive (...ing) tense.

    > I am washing my face.
    >
    > Ke holoi nei au i ku'u maka.

    In this unit *ke . . . nei* used with the verb *noho* represents
    simple present tense as well as present progressive tense.

    > I am living in Mānoa.   I live in Manoa.
    >
    > Ke noho nei au i Manoa.

6.   *E . . . nei* is a form used sometimes in asking a question.

Where do you live?

Aia i hea 'oe e noho nei?

In the reply *ke . . . nei* replaces *e . . . nei* but please observe the distribution of the two verb phrases. *E . . . nei* is in final position. It occurs after the location indicator—in this case *aia i hea.* *Ke . . . nei* appears in medial or initial position—before the location indicator which, in this case, is *Mānoa.*

7.   *Hea* is an interrogative adverb which is used with one of several particles before it. The particles affect the meaning of *hea.* In this unit *i* and *ma* are used before *hea* in utterances relating to "where." The difference between the two is not clearly defined. It seems that in certain situations the particles are interchangeable while in other situations only one is considered correct. In the question only *i* is permissible.

Where do you live?

Aia i hea 'oe e noho nei?

While in the reply *i* and *ma* are interchangeable.

I live in Mānoa.

Eia au ke noho nei i / ma Mānoa.

There seems to be general agreement that *ma* is mandatory when naming the street on which you live or on which your house is located.

I live on Kalākaua Avenue.

Ke noho nei au ma ke alanui Kalākaua.

My place/house is on Kalākaua Avenue.

Aia ko'u wahi/hale ma ke alanui Kalākaua.

8.   *Inā 'a'ole makemake kekahi o nā keiki* ("if one of the children does not want . . ."), paragraph 2 in D above.

9.   *Paha* is "maybe" or "perhaps."

10.   *Aia/eia* in location phrases.

Eia au ke noho nei i / ma Mānoa.

I live / am living in Mānoa.

The speaker uses *eia* because he is referring to himself.

Aia nō lāua ke noho nei ma Mānoa.

They (two) still live in Mānoa.

The speaker is referring to someone else.

Aia | ko'u | hale ma ke alanui Nehoa.
       | kona |

The places are some distance away.

Ho'i Hope 'Elua
Review Two

A. Complete each of the following utterances by supplying the proper word for each blank.

1. E Kalā, e ala _____.
2. _____ ala 'o Hau'oli?
3. _____ 'oia i ala.
4. _____ nō 'oia ke hiamoe _____.
5. Ua holoi _____ i _____ maka.
6. E kahi _____ 'o Lehua i _____ lauoho.
7. E Kalā, e ho'āla 'oe _____ Hau'oli.
8. Ke ho'āla _____ au _____ . (pronoun)
9. _____ ala _____ makuakāne?
10. 'A'ole _____ ala _____ makuakāne.
11. _____ nō 'oia ke hiamoe _____ .
12. 'A'ole _____ ala _____ kuahine.
13. E komo 'olua i _____ lole.
14. Aia _____ 'oe e noho _____?
15. _____ au ke noho _____ ma ke alanui Mānoa.
16. _____ ko'u hale ma ke alanui Mānoa.
17. Ke _____ mai la ka lā.
18. E ua _____ paha 'apōpō.
19. E ua 'i'o _____ nō.
20. _____ wahapa'a _____ 'oe.

B. Questions and answers about possession

1. 'A'ohe _____ waiūpaka? (First person, plural, inclusive)
   a. He waiūpaka nō _____ .
   b. 'A'ohe _____ waiūpaka.

2. He hua moa hou _____ , 'a'ole anei? (Second person, dual)

    a.   'Ae, he hua moa hou _____ .

    b.   'A'ohe _____ hua moa hou.

3. He palaoa nō _____? (Third person, plural)

    a.   'Ae, he palaoa nō _____ .

    b.   'A'ohe _____ palaoa.

4. He kope nō _____ no keia kakahiaka? (First person, dual, inclusive)

    a.   He kope nō _____ no keia kakahiaka.

    b.   'A'ohe _____ kope no keia kakahiaka.

5. He wai liliko'i nō _____? (Third person, plural)

    a.   He wai liliko'i nō _____ .

    b.   'A'ohe _____ wai liliko'i.

C.   Give the negative for each of the following utterances.

1. Ua hele 'o Kalani i ke kauka.
2. He wai hua 'ai kā Lono.
3. He wai hua 'ai nō kāu?
4. He wai hua 'ai kā ke keiki.
5. Ua mākaukau ka mea 'ai.
6. E hele ana māua i ke kauka.
7. He lā mālie keia.
8. E ua ana 'apōpō.
9. Ua ala 'o kaina?
10. E ho'āla iā māmā.

D.   Supply the missing names of the cardinal numbers.

1.	ekahi	11.	'umi kūmākahi
2.		12.	
3.		13.	
4.		14.	
5.	'elima	15.	
6.	'eono	16.	'umi kumāono
7.	'ehiku	17.	'umi kūmāhiku
8.	'ewalu	18.	
9.	'eiwa	19.	'umi kumāiwa
10.	'umi	20.	iwakālua

E.   Write the spoken form for the following.

1.   ua ala au   3.   e aha ana

2.   ke alanui   4.   nei au

5.   noho iho

F.   E pane i keia mau nīnau ma ka 'ōlelo Hawai'i.

1.   E 'Iwalani, ua ala 'o Kalā mā? (negative reply—dual)
2.   Aia i hea 'oukou e noho nei?
3.   Aia i hea kou hale?
4.   Ua ala nā keiki? (negative reply)
5.   E ua ana paha 'apōpō 'a'ole paha.

G.   Put glottal stops and macrons where they belong.

Aloha, e Manu. E ike mai oe ia Kapili, kou (my) hoaloha. Aia
oia ke noho nei ma Manoa ma ke alanui Oahu. O Kanamu ka inoa
o kana kane. Ekolu a laua keiki, elua keiki kane, hookahi
kaikamahine. He umi kumaha makahiki ko ka hiapo. Ekolu
makahiki ko ka muli loa. O Namaka ka inoa o ka hiapo a o Maile
ka inoa o ka muli loa. Ua ike oe i na keiki?

H.   Supply the missing names of the ordinal numbers.

1.   ka mua   3.

2.   4.   ka hā

5.   8.
6.   ke ono   9.   ka iwa
7.   ka hiku   10.

I.   'ŌLELO KUHIKUHI 'IA

1.   a.   Ask Kanoa where they (two) are living.
     b.   Say you (two) are living at Wai'alae-Kahala.
     a.   Say that it is a very nice place.
     b.   Say that it is very pleasant.

2.   a.   Ask Kealoha where they (plural) are living now.
     b.   On 'Ohua Avenue.
     a.   Ask how his parents are.
     b.   They're fine.

3.   a.   Ask 'Iwalani if the food is ready.
     b.   Say it's almost ready.
     a.   Ask what she is preparing.
     b.   Ham and eggs, toast, papaya, coffee, and chocolate.
     a.   Ask what else.
     b.   Say that's all.

4.   a.   Ask Puanani to prepare breakfast.
     b.   Ask what to prepare.
     a.   Suggest she prepare the usual things.
     b.   Puanani says she will prepare hot cakes, coffee, and
          chocolate.
     a.   Say there's milk also.
     b.   There is syrup for the hot cakes.

5.   a.   Announce there are eggs, ham, toast, grapefruit,
          coffee, and milk for you folks for breakfast.
     b.   Ka'ohe says he would like to have eggs, toast,
          grapefruit, and coffee.
     a.   Give him the items he asks for.
     b.   Say thank you for the food.

6.   a.   Kalā introduces his friend, Kekoa, to his mother.
     b.   Kalā's mother greets Kekoa and invites him in.
     c.   Kekoa thanks her and enters.
     b.   Kalā's mother asks Kalā to fetch a comfortable chair
          for Kekoa.
     a.   Kalā hands Kekoa a comfortable chair and bids him
          be seated.

c.   Kekoa thanks Kalā.

a.   Kalā says it was no trouble at all.

b.   Kalā's mother asks Kekoa how his parents are.

c.   Kekoa says his father is fine, his mother is not very well.

b.   Kalā's mother expresses regret.

a.   Kalā asks if Kekoa's mother has gone to see the doctor.

c.   Kekoa answers in the affirmative.

a.   Kalā expresses approval.

b.   Kalā's mother asks who took Kekoa's mother to the doctor.

c.   Kekoa says his father took her.

J.   Describe the following in Hawaiian.

Tell about an imaginary family. Tell how many children there are—how many boys, how many girls (for a total of more than four). Give such information as who the oldest is and his age; who the younger siblings are of the same sex; the names of the siblings of the opposite sex; and who among the younger ones is the youngest. Tell who your parents are, in what part of Honolulu you live, and on which street. Tell about the health of your siblings, whether those who are not well have been to the doctor, and who the doctor is.

K.   Place before each of the following nouns the proper definite article, singular number.

palaoa palai	keiki	makuahine
pākaukau	kope	makani
lā	noho	'ohana
kāne	ua	maka
alanui	wahine	ono
kakahiaka	hiku	ahiahi
hā	iwa	

L.   Complete each of the following utterances by providing the
      appropriate tense.

1.   _____ au i ka hale kūʻai i ka lā ʻapōpō. (go)
2.   _____ au i Mānoa ma ke alanui Alaula. (live)
3.   Aia i hea ʻoe _____ ? (live)
4.   _____ ʻoe i ko Manu kaʻa hou? (to see)
5.   ʻAʻole au _____ i ko Manu kaʻa hou. (reply to 4)
6.   Nā wai _____ i ka pākaukau ʻaina i ke kakahiaka nei?
      (set)
7.   E Hauʻoli, e ʻoluʻolu ʻoe _____ i ke kope. (in direction
      of speaker)
8.   _____ au i koʻu maka. (wash)
9.   E ʻIwalani, _____ ʻo Hauʻoli? (awake)
10.   Eia nō ʻoia _____ (sleep)

M.   Use the proper directional in each blank.

1.   E lawe _____ i ke kokoleka iaʻu, ke ʻoluʻolu ʻoe.
2.   E lawe _____ ʻoe i keia hua moa iā kuaʻana.
3.   E kiʻi _____ ʻoe i kēlā puke, ke ʻoluʻolu ʻoe.
4.   E nānā _____ au i keia nūpepa.
5.   E hāliʻi _____ ʻoe i ka pākaukau ʻaina.
6.   Ua ʻae au e kiʻi _____ i nā keiki.
7.   Ke ua _____ la.
8.   Ke ʻoʻili _____ la ka lā.
9.   I ka hola ʻehia ʻoe e hoʻi _____ ai? (The two persons
      speaking are at home. One of them is preparing to go out.)
10.   I ka hola ʻumi au e hoʻi _____ ai.

Huina 'Umi Kūmākahi

I. NĀ 'ŌLELO KUMU

1. Aia ko Lono wahi mauka aku o koʻu wahi.
2. He aha ka helu o kou wahi?
3. 1912, ʻo ia ka helu o koʻu wahi.
4. 988-4567, ʻo ia ka helu o kaʻu kelepona.
5. Aia i hea ko Kanamu mā wahi?
6. Aia ko Kanamu mā wahi i Waikīkī.
7. Aia i hea kāhi o ke kauka?
8. Aia kona wahi ma ke alanui Nehoa.
9. Aia kona wahi makai mai o koʻu wahi.
10. Kokoke kona wahi i kāhi o kaʻu kumu aʻo.
11. Aia iā ʻoe ka helu o kona wahi?
12. E nīnau aku i ka helu kelepona.
13. ʻAuwē! ʻAʻole maopopo iaʻu.
14. Koe aku ia.
15. He mea iki ia.

He mau 'olelo no'eau

He pohaku eleku.
Mai noho a hele kikaha aku. [Sheldon:53]

Unit Eleven

II. BASIC UTTERANCES

1. Lono's place is above my place (toward the uplands).
2. What is your address?
3. My address is 1912.
4. 988-4567 is my telephone number.

5. Where is Kanamu's folks' place? (Kanamu and his folks)
6. Kanamu's folks' place is in Waikīkī.
7. Where is the doctor's place?
8. His place is on Nehoa Street.
9. His place is below mine (toward the sea).
10. His place is near my teacher's place.
11. Do you have his address?
12. Ask for the telephone number.

13. Oh my goodness! I don't know.
14. That's not known.
15. It's a mere trifle.

Some proverbs

A stone easily broken. (A good-for-nothing, cowardly person.)
Don't walk hither and yon. (Don't act without a goal.) [Sheldon:53]

III. KA HOʻOHUI HUAʻŌLELO ʻANA

Ke kākau ʻana	Ka ʻōlelo ʻana
mauka aku	maukāaku
he aha	heaha
helu o	heluo

wahi i	wahīʻ
kāhi o	kāhio
mai o	maio
kumu aʻo	kumuaʻo
aia iā ʻoe	aiaiāʻoe
nīnau aku	nīnauaku
maopopo iaʻu	maopopoiaʻu
koe aku ia	koeakuia
mea iki ia	meaikīʻa

IV. HOʻOMAʻAMAʻA KUMU HOʻOHĀLIKE

A. Simple substitution

1. Aia i hea | kou | wahi?
    ko ʻoukou
    ko Kama
    ko Kama mā

    Aia | koʻu | wahi mauka aku o ko Lani wahi.
    ko mākou
    ko Kama/kona
    ko Kama mā/ko
    lāua/ko lākou

2. Aia i hea kāhi o | ke kumu?
    kāu haumāna?
    ka lōio (lawyer)?

    a. Aia kāhi o | ke kumu | i Waikīkī.
        kaʻu haumāna
        ka lōio

    b. Aia kona wahi i Waikīkī.

3. Aia i hea kāhi o | kou mau mākua?
    Lono?

    a. Aia kāhi o koʻu mau mākua | ma Mānoa.
        ma ke alanui Oʻahu.

    b. Aia ko lāua wahi | ma Mānoa.
        ma ke alanui Oʻahu.

    c.   Aia kāhi o koʻu mau mākua (complete as in "a" above)

    d.   Aia ko lāua wahi (complete as in "b" above)

    e.   Aia kāhi ʻo Lono (complete this)

    f.   Aia ko Lono wahi (complete this)

    g.   Aia kona wahi (complete this)

    Note: Example g refers to where Lono lives.

4.   He aha ka helu o | ko ʻolua | wahi?
                           | ko ʻoukou |
                            | ko Lono |

    1954, ʻo ia ka helu o | ko māua | wahi.
                            | ko mākou |
                            | ko Lono / kona |

5.   He aha ka helu o | kāu | kelepona?
                        | kāna |
                        | kā lākou |
                        | kā Manu |

    a.   765-4387, ʻoia ka helu o | kaʻu | kelepona.
                                | kāna |
                                | kā lākou |
                                | kā Manu |

    b.   Repeat: Use *kāna* for *kā Manu* in the reply.

6.   Maopopo | iā ʻoukou? | Maopopo |
                          ʻAʻole | maopopo | iā mākou.
            iā Kaʻohe? | Maopopo |
                          ʻAʻole | maopopo | iā Kaʻohe.
            i ke kumu? | Maopopo |
                          ʻAʻole | maopopo | i ke kumu.

    Formulate replies using: | iā lāua.
                                    | iā lākou.

7.   Maopopo i nā keiki?   Formulate positive and negative replies using nouns and pronouns.

B.   **He mau nīnau, he mau pane**
    1.   Aia i hea kou wahi?

Aia koʻu wahi | i Waikīkī.
‖ ma ke alanui Keoniana.

2. Aia i hea ko ʻolua wahi?

Aia ko māua wahi | i Kailua.
‖ ma ke alanui ʻIlimanō.

3. Aia i hea ko Lono wahi?

   a. Aia ko Lono wahi | ma Mānoa.
‖ ma ke alanui Kaaipu.

   b. Aia kona wahi (complete as in *3a*).
   c. Aia kona wahi i Mānoa, ma ke alanui Kaaipu.

4. Aia i hea kāhi o ke kumu?

   a. Aia kāhi o ke kumu | ma Makiki.
‖ ma ke alanui Nehoa.

   b. Aia kona wahi (complete).

5. Aia i hea kāhi o kou kaikunāne?
Formulate replies. Use *Pauoa* for "place" and *Kanealiʻi* for "street."

6. Aia iā ʻoe ka helu o | kona wahi?
| kāna kelepona?

Eia iaʻu ka helu o | kona wahi.
| kāna kelepona.

7. Aia iā wai ka helu o | kona wahi?
| kāna kelepona?

Aia ka helu o | kona wahi |
‖ kāna kelepona ‖ iā Manu.

8. Aia iā wai kā Manu puke?

Aia kāna puke | iā Keliʻi.
‖ i ke kumu.

9. Aia iā wai kāu puke?
   a. Aia kaʻu puke iā Lono.
   b. Eia kaʻu puke iaʻu.

10. Aia iā wai ka puke ā ke kumu?

a. Aia kāna puke iā Kalā.

b. Eia kāna puke ia'u.

V. HE MAU PĀPĀ'ŌLELO

'O Kealohapau'ole

1. Aia i hea 'oe e noho nei?
2. Aia kou wahi ma ke alanui hea?
3. He aha ka helu o kou wahi?
4. He aha ka helu o kāu kelepona?
5. Mahalo.

'O Pila

1. Eia au ke noho nei i Waikīkī.
2. Aia ko'u wahi ma ke alanui Keoniana.
3. 1954, 'o ia ka helu o ko'u wahi.
4. Helu 983-5607, 'o ia ka helu o ka'u kelepona.
5. He mea iki ia.

'O Kehaulani

1. Aia i hea kāhi o ke kauka?
2. Aia kāhi o ke kauka ma ke alanui hea?
3. He aha ka helu o kona wahi?
4. He aha ka helu o kāna kelepona?
5. Mahalo.

'O Mililani

1. Aia kona wahi i Makiki, kokoke i kāhi o ka'u kumu a'o.
2. Aia kona wahi ma ke alanui Nehoa.
3. 3254, 'o ia ka helu o kona wahi.
4. 694-1275, 'o ka helu ia o kāna kelepona.
5. No'u ka hau'oli.

'O Kapela

1. E hele ana 'o Kawehi i kāhi o ke kumu.
2. Aia kona wahi ma Wai'alae-Kahala.
3. Aia kona hale ma ke alanui 'Elepaio.
4. 'A'ole maopopo ia'u.

'O Kekapa

1. Aia i hea kāhi o ke kumu?
2. Aia kona hale ma ke alanui hea?
3. He aha ka helu o kona wahi?

'O Kaluna

1. E Leleo, aia i hea ko 'olua wahi?

'O Leleo

1. Aia ko māua wahi ma ke alanui Pu'unui.

2. Aia i hea ia alanui?
3. A he aha ka helu o ko ʻolua wahi?
4. He aha ka helu o kā ʻolua kelepona?

2. Aia ia alanui ma Puʻunui.
3. 2456, ʻo ia ka helu o ko māua wahi.
4. ʻAʻohe ā māua kelepona.

ʻO Keliʻi

1. Aia i hea kāhi o Kaleo mā?
2. Aia i hea ia alanui?
3. He aha ka helu o ko lāua wahi?
4. He aha ka helu o kā lāua kelepona?

ʻO Kapua

1. Aia ko lāua wahi ma ke alanui Loke.
2. Aia ia alanui i Kalihi, kokoke i Kahauwiki.
3. 864, ʻo ka helu ia o ko lāua wahi.
4. Auwē! ʻAʻole maopopo iaʻu.

ʻO Nalei

1. Aia i hea ko Kalā mā wahi?
2. Aia ko lākou wahi ma ke alanui hea?
3. A he aha ka helu?
4. He aha ka helu o kā lākou kelepona?

ʻO Kanani

1. Aia ko lākou wahi i Kailua.
2. Aia ko lākou wahi ma ke alanui Kalaheo ʻĀkau.
3. 560, ʻo ia ka helu.
4. Auwe! Koe aku ia.

ʻO Kaʻohe

1. Aia ko Kalei wahi mauka aku o koʻu wahi.
2. Aia koʻu wahi i Puʻunui ma ke alanui Waolani.
3. 3262, ʻo ia ka helu.
4. ʻAe. 684-2319, ʻo ia ka helu o kaʻu kelepona.
5. He mea iki ia.

ʻO Kekoa

1. Aia i hea kou wahi?
2. He aha ka helu?
3. He kelepona no kāu?
4. Mahalo.

VI. NO KA HOʻOMAʻAMAʻA HOU AKU ʻANA

A. E pane mai ma ka ʻōlelo Hawaiʻi.

1. Aloha, e Manu.
2. Pehea ʻoe?

1. Answer.
2. Tell how you are.

3. He puke kāu?	3. Answer in the negative.
4. Aia i hea kāu puke?	4. You don't know.
5. E lawe mai i noho.	5. Comment as you provide a comfortable chair.
6. Aia i hea 'oe e noho nei?	6. Give a satisfactory reply.
7. Aia i hea ke alanui Keoniana?	7. Give the location.
8. Aia i hea kāhi o ke kia'āina?	8. Give the location.
9. 'Ehia āu keiki?	9. Provide an answer related to yourself.
10. 'Ehia ou kaikaina?	10. Answer in terms of yourself.

B.   E ha'i i keia mana'oha'i ma ka 'ōlelo Hawai'i.

My name is Laola. My father's name is John Keli'i. My mother's name is Kanani Keli'i. We live on Kahawalu Drive in Mānoa. I have two older sisters, three brothers, and one younger sister. My younger sister's name is Nāpua. She is the youngest. Manu is the eldest. He is a male child.

C.   'Ōlelo kuhikuhi 'ia

1. Introduce Keli'i to Kamanā.	1. Acknowledge the introduction.
2. Ask Kekoa if he has sisters.	2. You have three sisters.
3. Say you have fruit juice. Ask if Kekoa wants some.	3. Ask politely for pineapple juice.
4. Ask Kekoa how his parents are.	4. They are well.
5. Ask him where he's going.	5. Say you are going to Manu's place.

D.   He mau nīnau a he mau pane

1.   Aia i hea 'o Kealoha e noho nei?
     Aia 'oia ke noho nei i Kailua.

2. Kokoke anei kona wahi i kou ʻaʻole paha?

   ʻAʻole kokoke. Mamao kona wahi mai koʻu wahi aku.

3. Aia i hea kou mau mākua e noho nei?

   Aia lāua _____ i Makiki.

4. Aia i hea kāhi o Kuaʻana?

   Aia _____ (pronoun) wahi ma ke alanui Anianikū.

5. Aia ko Kaleo wahi ma ke alanui hea?

   Aia _____ (pronoun) wahi ma ke alanui Nuʻuanu.

6. Aia paha iā ʻoe kā Lehua helu kelepona ʻaʻole paha.

   Eia iaʻu _____ (pronoun) helu kelepona.

7. He aha ka helu o kā Kamaka kelepona?

   759-4326 ʻo ia ka helu o _____ kelepona.

8. He aha ka helu o kā Kapua kelepona?

   ʻAʻole maopopo iaʻu.

9. Kokoke nō ko ʻolua wahi i kekahi mau hale kūʻai?

   ʻAʻole nō he kokoke loa, ʻaʻole nō he mamao loa.

10. Aia i hea ke kula?

    Aia ke kula ma ke alanui Liliha.

11. Aia iā ʻoe kaʻu penikala?

    ʻAʻole. Aia iā Kaleo.

12. Aia iā wai kā Kaleo penikala?

    Aia paha iā Lani.

13. Aia iā wai ke kī o ka hale?

    Eia iaʻu ke kī o ka hale.

14. Aia iā Lani ke kī o ke kaʻa, ʻaʻole anei?

    ʻAʻole. Aia iā Kalā.

E.   Numbers. Counting by tens   Ka helu pāʻumi ʻana

10	ʻumi	60	kanāono
20	iwakālua	70	kanahiku
30	kanakolu	80	
40	kanahā	90	kanaiwa
50		100	hanele (haneli)

F.   Distributive counting   Ka helu māhelehele ʻana

By:	ones	pākāhi	fours	pāhā
	twos	pālua	fives	pālima
	threes		sixes	pāono

sevens	pāhiku	nines	
eights		tens	pāʻumi

For ten and above one adds *pā* before the cardinal number.

G.   Definite articles, *ke / ka*

ke		ka	
	alanui		helu
	kelepona		puke
	kumu		noho
	kauka		penikala
	alaloa		hale
	kiaʻāina		haʻawina

VII.   NO KA PILINA ʻŌLELO A ME KA PAPA ʻŌLELO

1.   *Kāhi* and *wahi* both mean "place." *Kāhi* is a contraction of *ka wahi. Kāhi* is used with noun phrases. _____ kāhi o Lono.
_____ kāhi o ke kumu.
Wahi is used with possessive form words.
_____ kona wahi
_____ koʻu wahi
_____ ko lāua wahi, etc.

_____ ko Lono wahi.
_____ ko Lono mā wahi.
_____ Lono's place and that of those who live with him.
Sometimes we say *ko ke kumu wahi* or some other "thing" word, but we more often use a noun phrase, i.e., *kāhi o ke kumu* because it sounds better. *Ko ke kumu wahi* is somewhat harsh and awkward, and if we use some other nouns it is even more disagreeable, i.e., *ko koʻu makuakāne wahi.* Compare this with *kāhi o koʻu makuakāne* and notice the difference in sound and rhythmic flow.

2.   The directionals *mauka aku* and *makai mai* indicate that the speaker is below or in some place toward the lowlands or the sea from the place being discussed.

3. *Iā* and *i* are sometimes used where "to have" is used in English.

    Do you have the telephone number?

    Aia iā 'oe ka helu kelepona?

    The teacher has my book.

    Aia ka'u puke i ke kumu.

    Manu has my pencil.

    Aia iā Manu ka'u penikala.

    I have my pencil.

    Eia ia'u ka'u penikala.

4. *Kokoke* is used in Unit Eight to mean "nearly" or "almost." In this unit it is used to mean "near."

    (It is) almost ready.

    Kokoke a mākaukau.

    His place is near my teacher's place.

    Kokoke kona wahi i kāhi o ka'u kumu a'o.

5. *'A'ole* may be used to mean "no" and also to mean "do not."

    I don't know.

    'A'ole maopopo ia'u.

    Observe that *'a'ole* is in initial position.

6. *Keoniana* is one of John Young's Hawaiian names. Sometimes he was called *Olohana*. He was an adviser to Kamehameha I.

7. *Elekū* is a rock of the basalt type.

8. *Hea* is sometimes used as the interrogative adverb *where*. It is often preceded by the particle *i* but may be preceded by one of several other particles, sometimes called prepositions. An utterance with *hea* usually has *aia* in initial position.

9. *'O ia* is "that is."

10. There is no very clear explanation regarding the choice between *ma* and *i* in location utterances. These seem to be interchangeable, depending upon sounds nearby in the sentence. In an utterance such as

    Aia kāhi 'o Kanamu mā i Mānoa,

    i is used to avoid the awkwardness of saying

    . . . Kanamu mā ma Mānoa.

Huina 'Umi Kūmālua

I. NĀ 'ŌLELO KUMU

1. E komo mai, e Hoapili wahine.
2. Ua 'ike 'oe i nā haumāna?
3. 'O wai ka i hiki 'ole mai?
4. E wehe (aku) i ka puka.
5. Ua hāmama ka puka.
6. Ua wehe 'ia ka puka e a'u.
7. E pani i nā pukaaniani.
8. Ua pa'a nā pukaaniani.
9. E ho'omaka kākou i ka ha'awina.
10. Aia ma ka 'ao'ao hea?
11. E ho'olohe a e ho'opili mai.
12. Maopopo iā mākou.
13. I keia manawa e heluhelu kākou.
14. E heluhelu kākou i keia manawa.
15. Ua pau ka manawa.
16. Ua ho'oku'u 'ia ka papa.

Unit Twelve

II. BASIC UTTERANCES

1. Come in, Mrs. Hoapili.
2. Have you seen the students?
3. Who has not arrived? (Who is absent?)

4. Open the door.
5. The door is open.
6. The door was opened by me.
7. Shut the windows.
8. The windows are closed.

9. Let's begin the lesson.
10. On what page (is it)?
11. Listen and imitate.
12. We understand.
13. Now let's read.
14. Let's read now.
15. The time is up.
16. Class is dismissed.

III. KA HOʻOHUI HUAʻŌLELO ʻANA

Ke kākau ʻana	Ka ʻōlelo ʻana
ka i	kai
wehe aku	weheaku
hoʻolohe a e	hoʻoloheae
maopopo iā	maopopoiyā
manawa e	manawae
kākou i	kākoui

Wae 'ia no ka ho'oma'ama'a akahele 'ana.

e ho'opili mai
E ho'oloheae ho'opili mai.

ka ha'awina
kākou i ka ha'awina
E ho'omaka kākou i ka ha'awina.

IV. HO'OMA'AMA'A KUMU HO'OHĀLIKE.

A. Simple substitution

1. E 'olu'olu 'oe e | noho iho.
   ku i luna (stand up).
   komo mai.
   wehe i ka puka.
   pani i ka puka.

2. E | noho iho / ku i luna / komo mai / wehe i nā pukaaniani / pani i nā pukaaniani | ke 'olu'olu 'oe.

   Note: Observe the position of "please" in the above
   sentences.

3. Mai wehe i | ka puka. / nā pukaaniani. / ka pukaaniani.

4. I keia manawa, e heluhelu | kākou / kāua / 'olua / 'oukou / 'oe | i ka ha'awina.

5. Repeat 4 with *i keia manawa* in final position.

6. E wehe i nā | pukaaniani. / puka.   Ua hāmama nā | pukaaniani. / puka.

7. E pani i nā | pukaaniani. / puka.   Ua pa'a nā | pukaaniani. / puka.

B. Comments, rejoinders, questions, and answers
He mau mana'o ho'opuka, nīnau, a he mau pane

1. Aloha, e Kekoa kāne.
2. 'Ae, aloha nō.

1. Maloko mai.
2. Mahalo.

1. Eia he noho. E noho iho.
2. Mahalo a nui loa.

1. E 'olu'olu e pani i nā pukaaniani.
2. Ua pa'a nā pukaaniani.

1. Ua 'ike 'oe i na haumāna?
2. Ua 'ike au i na haumāna.

1. 'O wai ka i hiki 'ole mai?
2. 'O Lehua ka i hiki 'ole mai.

1. Aia ma ka 'ao'ao hea?
2. Aia ma ka 'ao'ao iwakālua.

1. E wehe i ka puka.
2. Ua hāmama ka puka.

V. HE MAU PĀPĀ'ŌLELO

'O Kekoa kāne:	Aloha, e Hoapili wahine. Maloko mai.
'O Hoapili wahine:	Mahalo, e Kekoa kāne.
'O Kekoa kāne:	Eia he noho. E noho iho.
'O Hoapili wahine:	Mahalo.
'O Kekoa kāne:	Ua 'ike 'oe i nā haumāna?
'O Hoapili wahine:	Ua 'ike au iā lākou i nehinei.
'O Kekoa kāne:	Maika'i kēlā.
'O Kalā:	Ua wehe 'ia nā pukaaniani?
'O Manu:	'A'ole i wehe 'ia.
'O Kalā:	E 'olu'olu e wehe aku.
'O Manu:	Na'u ia e wehe aku.
'O Kalā:	Mahalo. Ua wehe 'ia nā puka?
'O Manu:	Ua hāmama nā puka.
'O Kalā:	E 'olu'olu e lawe mai i pākaukau.
'O Kaleo:	Eia ha pakaukau.
'O Kalā:	Mahalo. E 'olu'olu e lawe mai i mau noho.
'O Kaleo lāua 'o Manu:	Eia he mau noho 'olu'olu.
'O Kalā:	Mahalo. E noho kākou.

'O Kalani:	Aloha kakahiaka, e Kaleo.
'O Kaleo:	Aloha, e Kalani.
'O Kalani:	E wehe 'oe i ka puka, ke 'olu'olu 'oe.
'O Kaleo:	Ua hāmama ka puka.
'O Kalani:	E noho iho. E ho'omaka kākou i ka ha'awina.
'O Keola:	Aia ma ka 'ao'ao hea?
'O Kalani:	Aia ma ka 'ao'ao iwakālua kuamāiwa.
'O Lahapa:	Maopopo iā mākou. Mahalo.
Ke kumu:	Aloha kakahiaka kākou.
Nā haumāna:	Aloha, e ke kumu.
Ke kumu:	E ho'omaka kākou i ka ha'awina.
Nā haumāna:	Aia ma ka 'ao'ao hea?
Ke kumu:	Aia ma ka 'ao'ao kanakolu-kūmāha.
Nā haumāna:	Mahalo.
Ke kumu:	E ho'olohe mai.
Nā haumāna:	'Ae, e ho'olohe ana mākou. (Heluhelu ke kumu.)
Ke kumu:	E Kaleo, e 'olu'olu 'oe e heluhelu i ka ha'awina.
'O Kaleo:	Hele 'o Manu i kahakai i nehinei. He lā mālie 'o nehinei. 'Au'au kai 'o Manu me kona mau hoaloha. Pau ka 'au'au kai 'ana, hele lākou e 'ai. Pau kā lākou 'ai 'ana, hele lākou e kū'ai kanakē (candy). Alaila (then) ho'i lākou i ka hale.
Ke kumu:	E ho'opa'a na'au i keia mahele o ka ha'awina. 'Apōpō e ha'i pa'ana'au mai 'oukou. Ua pau ka manawa. Ua ho'oku'u 'ia ka papa.
Nā haumāna:	Aloha ā hui hou.
Ke kumu:	'Ae, aloha nō.

VI. E HO'OMAU AKU I KA HO'OMA'AMA'A 'ANA.

A. 'Olelo kuhikuhi 'ia

1. Manu, hand Lahapa a chair and make appropriate comment.
   Lahapa, thank Manu.
2. Ask Leilehua to open the door.
   Leilehua says the door is open.
3. Suggest that Kaipo shut the windows.
   Kaipo says she has shut the windows.
4. Ask on which page the lesson is.
   Say it is on page twenty-seven.
5. Suggest that the class begin the lesson.
   Ask on which page it is.

B. No kekahi mau hau'ōlelo ha'ina (verbs).

1. komo
   a. E komo mai, e Hoapili wahine.
   b. E komo mai ana 'o Hoapili wahine.
   c. 'A'ole e komo mai ana 'o Hoapili wahine.
   d. Ua komo mai 'o Hoapili wahine.
   e. 'A'ole i komo mai 'o Hoapili wahine.
   f. Ke komo mai la 'o Hoapili wahine.

2. hiki
   a. 'O wai ka i hiki 'ole mai?
   b. 'O wai ka i hiki mai?
   c. 'O Lehua ka i hiki 'ole mai.
   d. 'O Kalā, 'o Kama, 'o Keli'i a 'o Kamaka ka i hiki mai.
   e. 'A'ole i hiki mai 'o Lehua.
   f. 'A'ole 'oia i hiki mai.
   g. 'A'ole 'oia e hiki mai ana.
   h. 'A'ole e hiki mai ana 'o Lehua.
   Note: Because of the future tense of the utterances in g
   and h, *hiki* has the meaning of "come" rather than
   "arrive."

3. wehe

   a.   E wehe 'oe i ka puka / pukaaniani.

   b.   Ua wehe au i ka puka / pukaaniani.

   c.   Ua wehe 'ia ka puka / pukaaniani.

   d.   E wehe ana au i ka puka / pukaaniani.

   e.   'A'ole au e wehe ana i ka puka / pukaaniani.

   f.   'A'ole au i wehe i ka puka / pukaaniani.

   g.   'A'ole e wehe ana 'o Lono i ka puka / pukaaniani.

   h.   Mai wehe aku i ka puka / pukaaniani.

   i.   Ua hāmama ka puka/pukaaniani.

   j.   Ua pa'a nā puka/pukaaniani.

4. ho'omaka

   a.   E ho'omaka kākou i ka ha'awina.

   b.   Ua ho'omaka mākou i ka ha'awina.

   c.   'A'ole mākou i ho'omaka i ka ha'awina.

   d.   E ho'omaka ana mākou i ka ha'awina 'umi kūmālua.

   e.   'A'ole mākou e ho'omaka ana i ka ha'awina 'umi kūmālua i keia lā.

   f.   E ho'omaka ana mākou i ka ha'awina 'umi kūmālua i ka lā 'apōpō.

   g.   Make *f* negative.

5. Construct sentences with

   a.   pani

   b.   heluhelu

   c.   wehe

   d.   hāmama

   e.   ma loko

6. Write all the imperative form utterances found in the basic utterances for this unit.

VII. NO KA PILINA 'ŌLELO A ME KA PAPA 'ŌLELO

1. *Wehe* and *hāmama* both mean "open." *Wehe* is the verb "open" and *hāmama* is the adjective "open."

    Open the door.
    E wehe (aku) i ka puka.

    The door is open.
    Ua hāmama ka puka.

2. *Pani* and *pa'a* both mean "shut." *Pani* is the verb "shut" and *pa'a* is the adjective "shut."

    Shut the windows.
    E pani i nā pukaaniani.

    The windows are shut or closed.
    Ua pa'a nā pukaaniani.

3. *Ua* is used in this unit to indicate both tense and changed condition or situation.

    Ua 'ike 'oe i nā haumāna?

    Have you seen the students?

    Ua is a marker here indicating perfect tense. In basic utterances 5, 6, 8, 15, and 16 a changed condition is indicated.

4. *Page* is a location word, so that a question about the page on which something may be found begins with *aia*. However not all location sentences begin with *aia*.

5. *I keia manawa,* which indicates time, may be placed in either initial or final position.

    E heluhelu kākou *i keia manawa.*

    I keia manawa e heluhelu kakou.

6. *Hea* in this unit is the interrogative adjective *which.*

    On which page is it?

    Aia ma ka 'ao'ao hea?

    Observe that *aia* is used in initial position because the question deals with location. Observe also that the interrogative adjective *hea* is in final position.

7. *'Ia* may be a participial marker or a passive voice marker. In:
    Ua hoʻokuʻu ʻia ka papa.
    Class is dismissed.
    'ia is a participial marker. In:
    Ua ʻeha ʻia kuʻu lima.
    My hand is injured.
    'ia is a participial marker.

Huina ʻUmi Kūmākolu

I. NĀ ʻŌLELO KUMU

1. He puke hou anei kēnā?
2. ʻAʻole keia he puke hou.
3. He puke kahiko keia.
4. Nā wai kēnā puke?
5. Naʻu keia puke.
6. He puke aha?
7. Nā wai i kākau?
8. He penikala maikaʻi kēlā.
9. ʻAʻole kēlā he penikala maikaʻi.
10. He penikala maikaʻi ʻole kēlā.
11. He penikala ʻoi keia.
12. Ua hoʻokala ʻia keia penikala.
13. Nāu anei kēnā penikala?
14. ʻAʻole naʻu keia penikala.
15. Inā ʻaʻole nāu, nā wai?
16. Nā wai la.

Unit Thirteen

II. BASIC UTTERANCES

1. Is that a new book?
2. This is not a new book.
3. This is an old book.

4. Whose book is that?
5. This book is mine.
   This book belongs to me.
6. What kind of book (is it)?
7. Who wrote it?
   By whom was it written?

8. That's a good pencil.
9. That pencil is not a good pencil.
10. That is not a good pencil.
11. This is a sharp pencil.
12. This pencil has been sharpened.

13. Does that pencil belong to you?
    Is that pencil yours?
14. This pencil does not belong to me.
    This pencil is not mine.
15. If it doesn't belong to you (then) whose is it?
    If it is not yours, whose is it?
16. Whose indeed?

III. KE HOʻOHUI HUA-ŌLELO ʻANA

Ke kākau ʻana	Ka ʻōlelo ʻana
hou anei	houanei

puke aha   pukeaha
nā wai i kākau   nāwaī/kākau

IV. HOʻOMAʻAMAʻA KUMU HOʻOHĀLIKE

A.   Simple substitution

1. He | puke | hou anei kēnā / kēlā?
         | noho |
         | penikala |
         | pākaukau |

2. ʻAʻole keia he | puke | hou.
                    | noho |
                    | penikala |
                    | pākaukau |

3. Repeat: Use *kēlā* in the *keia* slot.

4. He | puke | kahiko keia / kēlā.
         | noho |
         | penikala |
         | pākaukau |

5. He penikala | maikaʻi | kēlā / keia / kēnā.
                 | maikaʻi ʻole |
                 | lōʻihi |
                 | pōkole |
                 | ʻoi |
                 | ʻoi ʻole |

6. ʻAʻole kēlā he penikala | maikaʻi.
                             | lōʻihi.
                             | ʻoi.

7. Maikaʻi | kēlā penikaia / kēnā penikala / keia penikala.
    Lōʻihi |
    Pōkole |
    ʻOi |

8. ʻAʻohe | maikaʻi | o kēlā penikala.
            | ʻoi |

9. Repeat 8: Use *kēnā* and *keia* in *kēlā* slot.

B. **Simple substitution in questions and answers**

1. Nā wai kēnā | puke?
                | penikala?
                | mea 'ai?
                | palaoa pāpa'a?

    Na'u keia | puke.
              | penikala.
              | mea 'ai.
              | palaoa pāpa'a.

2. Nā wai keia puke? Nā | Lani | kēnā puke.
                         | ke kumu |
                         | keia haumāna|
                         | ko'u kaikaina|
                         | kua'ana |

3. Nā wai i kākau i kēnā puke?

    Na'u | i kākau i keia puke.
    Nā Lono |
    Nā ke kumu |
    Nā kua'ana |
    Nā ko'u makuahine |

4. Nā wai i ho'okala i kēnā penikala?

    Na'u | (complete these utterances).
    Nā Lono |
    Nā kekahi haumāna |
    Nā ko'u hoa kula |

5. Nā wai i ho'okala i kēlā penikala?
    Na'u i ho'okala i kēlā penikala.

    Nā Lono | (complete these utterances).
    Nā kekahi haumāna |
    Nā ko'u hoa kula |
    Nā kunāne |

C. **Questions and positive and negative replies**

1. Nāu anei kēlā puke? | Na'u | kēlā puke.
                        'A'ole | na'u |

2. Nā Lono anei kēnā puke? | Nā Lono | keia puke.
              'A'ole | nā Lono
                     | Nāna
              'A'ole | nāna

3. Nā ke kumu anei kēnā puke?
                     | Nā ke kumu | keia puke.
                     | Nāna
              'A'ole | nā ke kumu
                     | nāna

4. Nāu anei i kākau i kēlā puke?
                     | Na'u | i kākau (i kēlā puke).
              'A'ole | na'u

5. Nā Lono anei i kākau i kēnā puke?
                     | Nā Lono | i kākau (i keia puke).
                     | Nāna
              'A'ole | nā Lono
                     | nāna

6. Nāu anei keia penikala? Formulate positive and negative replies.

7. Ua ho'okala 'ia kēnā penikala?
                     | Ua | ho'okala 'ia keia penikala.
              'A'ole | i

8. No wai kēna | ka'a, | nou anei?   a. No Lono keia | ka'a.
                | noho, | | noho.
                | hale, | | hale.
                | wahi, | | wahi.

    b. No ke kumu keia | ka'a.   c. No'u keia | ka'a.
                       | noho. | noho.
                       | hale. | hale.
                       | wahi. | wahi.

Note: We use *o*-form possessives here because the nouns require their use. Other nouns would require *a*-form possessives, i.e., *nā* and *na'u.* See 13. VII.6 for further comments.

V. HE MAU PĀPĀ'ŌLELO

'O Lono

1. Nā wai kēnā puke?
2. Nā wai i kākau (i kēnā puke)?

'O Hū'eu

1. E Manu, he aha kēnā?
2. He puke aha?

3. Nāu anei i kākau?
4. Nā wai i kākau?

'O Kekapa

1. He penikala maika'i keia.
2. 'A'ole i ho'okala 'ia keia penikala.
3. Nā ke kumu keia penikala.

'O Kanani

1. Ua ho'okala 'oe i kāu penikala?
2. E ho'okala 'oe i kāu penikala.
3. He penikala maika'i kēnā.

'O Keli'i

1. E Kalā, e lawe mai i penikala.
2. 'Oi maoli keia penikala.
3. Nā wai i ho'okala?
4. Maika'i maoli.

'O Kama

1. Na'u keia puke.
2. Nā Keli'i i kākau (i keia puke).

'O Manu

1. He puke hou keia.
2. He puke hō'ike honua (geography).
3. 'A'ole (na'u i kākau).
4. Nā Kenui i kākau.

'O Lanikū

1. Ua ho'okala 'ia kēnā penikala?
2. Nā wai kēnā penikala?
3. E ho'okala 'oe i kēnā penikala.

'O Lahapa

1. 'A'ole au i ho'okala i ka'u penikala.
2. E ho'okala ana au i ka'u penikala.
3. Mahalo.

'O Kalāhanohano

1. Eia he penikala 'oi.
2. 'Ae, he 'oi maoli nō.
3. Na'u nō i ho'okala.

'O Noelani

1. He aha kēnā, e 'Iwalani?
2. He puke aha?
3. Nā wai i kākau?

4. He puke hou anei?
5. Nā wai kēnā puke?

'O Luana

1. Aia i hea kāu penikala?
2. He penikala 'oi anei?
3. He penikala 'ula'ula ai'ole he penikala 'ākala?
4. E lawe mai i kāu penikala, ke 'olu'olu 'oe.
5. Mahalo.

'O Kapeka

1. Nāu keia penikala?
2. 'A'ole, he penikala 'ula'ula.
3. 'Ae, a he penikala maika'i.
4. 'Ae, ua ho'okala 'ia.
5. Eia kāu penikala.
6. He mea iki ia.

'O Lilinoe

1. He penikala 'oi keia.

2. Nā kekahi haumāna i ho'okala.
3. Nā ke kumu paha keia penikala 'oi.
4. A nā wai keia penikala 'oi?

'O 'Iwalani

1. He puke keia.
2. He puke heluhelu.
3. 'A'ole maopopo ia'u. 'A'ohe inoa.
4. 'A'ole keia he puke hou.
5. Nā ko'u hoaloha keia puke.

'O Nani

1. Eia ka'u penikala ma'ane'i.
2. 'Ae, he penikala 'oi.
3. He penikala 'ula'ula.

4. Eia ka'u penikala.

5. He mea iki ia.

'O Lahela

1. He penikala 'ākala anei?
2. He penikala lō'ihi anei?
3. Ua ho'okala 'ia anei?
4. Na'u kēnā penikala.
5. Mahalo.

'O 'Ululani

1. Nā wai i ho'okala i kēnā penikala?
2. Nā wai kēnā penikala 'oi?
3. 'A'ole paha nā ke kumu kēnā penikala 'oi.
4. Nā Lono paha kēnā penikala 'oi.

'O Manu

1. No wai keia hale?
2. Nā wai i kūkulu (built)?
3. He hale maika'i keia.
4. 'Ehia lumi moe?
5. He hale nui 'i'o nō.

'O Moke

1. No Kanamu mā keia hale.[1]
2. Nā kekahi hoaloha i kūkulu.
3. 'Ae, he hale nui.
4. 'Ehā lumi moe.
5. 'Ae, lawa pono no ka 'ohana.

'O Hailiopua

1. No wai kēlā noho?
2. Kēlā noho ma ka pukaaniani ala.
3. Aia i hea kou noho?

4. He noho 'olu'olu anei kou?

'O Leialoha

1. Ka noho hea la.
2. No ke kumu (kēlā noho).

3. Aia ko'u noho ma kēlā pukaaniani ma'ō loa.
4. 'Ae, 'olu'olu nō.

VI. E HO'OMAU AKU I KA HO'OMA'AMA'A 'ANA

A. 'Ōlelo kuhikuhi 'ia.

1. a. Say you have a new book.
   b. Ask what kind of book it is.
   a. Say it's a story book (mo'olelo).
   b. Ask who wrote it.
   a. Say Lono wrote it.
   b. Ask if "a" has read it.
   a. Say you're going to read it.
2. Pretend you have a new pencil. Tell someone that:
   a. You have a new pencil.
   b. It is a good pencil.
   c. It isn't sharpened.
   d. You are going to sharpen it.
3. a. Say you have a new pencil.
   b. Ask if it is a good pencil.
   a. Say it isn't a good pencil.
   b. Ask if it is sharpened.
   a. Answer in the affirmative.
   b. Ask who sharpened it.
   a. Say you did.

[1] The two are standing right outside the house.

B. **He mana'oha'i. No kekāhi puke. 'O Lono ka mea e kama'ilio nei.**

 1. He puke hou kā Kalani. He puke 'ōlelo Hawai'i. Nā ke
   kumu i kākau i ka puke. Ua heluhelu 'o Kalani i ka puke.
   'A'ole au i heluhelu i ka puke. 'A'ole au i 'ike i ka puke.
   'A'ohe o 'u heluhelu i ka 'ōlelo Hawai'i. 'A'ole au he
   haumāna 'ōlelo Hawai'i.

   a. He mau nīnau no ka mana'oha'i ma luna a'e. E pane mai.

   1) Nā wai ka puke hou?
   2) He puke aha keia puke?
   3) Nā wai i kākau?
   4) 'O wai ka mea i heluhelu 'ole i ka puke?
   5) Ua 'ike anei 'o Lono i ka puke 'a'ole paha?
   6) He haumāna 'ōlelo Hawai'i 'o Lono 'a'ole paha?
   7) 'O wai ka mea i heluhelu i ka puke?

C. **Make these utterances negative**

 1. He puke hou keia.
 2. Nā Lono keia puke
 3. Nā Kanamu i kākau i keia puke.
 4. Ua heluhelu au i keia puke.
 5. Nā ko'u kaikua'ana keia puke.
 6. He penikala maika'i keia.
 7. Nā ke kumu keia penikala maika'i.
 8. Ua ho'okala 'ia keia penikala.
 9. Ua hele 'o Lono i ke kauka.
 10. Ua moku 'ia kona lima.

D. **He mau nīnau, he mau pane; pane 'ike loa, pane hō'ole.**

 1. Nā wai i kākau i kēnā puke?
   Nā kekahi o nā kumu i kākau (i keia puke).
 2. Ua heluhelu 'oe i kēnā puke?
   E heluhelu aku ana au i keia puke.
 3. Ua heluhelu 'o Lehua i kēnā puke?
   'A'ole 'oia i heluhelu i keia puke.
 4. Nā wai i ho'okala i kā Lono penikala?
   Nāna nō i ho'okala i kāna penikala.
 5. Nā wai i ho'okala i ka penikala ā ke kumu?

Nā kekahi o nā haumāna i hoʻokala i ka penikala ā ke kumu.

E. **Word study. Select from among the following an appropriate word for each space.**

ʻaʻole	hoʻokala	kā
ua	nā wai	nā
kāna	anei	keia

1. a. E Lono, _____ i kākau i kēnā puke?
   b. _____ ke kumu i kākau i _____ puke.
2. a. _____ Lehua _____ keia penikala?
   b. _____ nā Lehua _____ penikala.
3. a. _____ hoʻokala ʻia kēnā penikala?
   b. _____ i hoʻokala ʻia _____ penikala.
4. a. Aia i hea _____ Lono puke?
   b. Eia _____ (pronoun) puke.
5. a. He puke hou _____ kēnā?
   b. ʻAʻole _____ he puke hou.

F. **He mau ʻōlelo kūʻē.**

1. He penikala ʻoi. He penikala ʻoi ʻole.
2. He penikala maikaʻi. He penikala maikaʻi ʻole.
3. He lā wela. He lā anuanu.
4. He mea ʻai wela. He mea ʻai maʻalili.
5. He puke hou. He puke kahiko.

VII. NO KA PILINA ʻŌLELO A ME KA PAPA ʻŌLELO

1. In Hawaiian there are two different words for "that": *kēnā* which designates anything near the person addressed and *kēlā* which designates anything some distance from the speaker and the person addressed.

   In questions and answers, *kēnā* is answered with *keia* and *keia* is answered with *kēnā*. *Kēlā* is answered with *kēlā*.

2. *Nā* is the n-class possessive marker. N-class possessives have several meanings and are used predicatively. *Naʻu* may mean "mine" and *nāu*, "yours."

Nā is a marker which also indicates "duty" or "responsibility." These latter meanings are covered in Unit Five. Here are some examples found in this unit. Another appears under *anei*.

This book | belongs to Lono.
| (is) for Lono.
| (is) Lono's.

Nā Lono keia puke.

This book | belongs to me.
| (is) for me.
| (is) mine.

Na'u keia puke.

3.   *Anei* is used to emphasize the interrogative nature of an utterance.

Nāu keia puke?

Nāu anei keia puke?

Is this book yours?

Does this book belong to you?

The first utterance can be a statement as well as a question. When we add *anei* the utterance cannot be anything but a question.

4.   *Wai* is the interrogative pronoun "who." In this unit *wai* is preceded by the possessive indicator *nā*, which changes the meaning of *wai* to "whom," or "whose." *Nā wai* may mean "to whom," "for whom," "by whom," or "whose."

Whose book is that?

To whom does that book belong?

Nā wai kēnā puke?

By whom was it written?

Who wrote it?

Nā wai i kākau?

With o-form nouns we use *no wai*.

Whose car is this?

No wai keia ka'a? (The people are near the car.)

We answer with *no*.

No Lono keia ka'a.

No ke kumu keia ka'a.

No'u keia ka'a.

Nā wai is used with both nouns and verbs.

Nā wai keia penikala? (noun)

Nā wai i kākau? (verb)

No wai is used with nouns only—nouns which take o-form possessives.

5. A-form and o-form possessives may be k-class, n-class, and k-less or zero-class. Zero-class possessives replace k-class possessives in negative utterances and in those which contain numbers.

I have no book.

'A'ohe a'u puke.

We have two children.

'Elua ā māua keiki.

Some nouns which require o-form and a-form possessives are listed in Unit Four. Here are additional ones.

o-form: hale (one's dwelling)

ka'a (for one's use)

noho (for one's use)

wahi and kāhi (place where one lives)

hoaloha (he does not owe his existence to you)

nā māhele o ke kino—lima, wāwae, lauoho, maka, pepeiao a pēlā aku

a-form: penikala, puke

As the student progresses in his study he should make a list of additional nouns which take one or the other form of possessive.

6. The adjective modifier comes after the noun it modifies.

He penikala | maika'i.
            | hou.
            | 'oi.

7. *Inā* is one of the words used to mean "if."

If it is not yours, whose is it?

Inā 'a'ole nāu, nā wai?

Inā 'a'ole nou, no wai?

Huina ʻUmi Kūmāhā

I. NĀ ʻŌLELO KUMU

1. He penikala lōʻihi kā Manu.
2. ʻAʻohe kā Manu he penikala lōʻihi.
3. He aha ka waihoʻoluʻu?
4. He melemele ka waihoʻoluʻu.
5. ʻAʻohe ā Manu penikala lōʻihi.
6. No ke aha mai?
7. Eia kā Manu penikala maʻaneʻi.
8. E lawe mai i kā Manu penikala me ona pepa.
9. ʻAʻole au i ʻike i kāna puke.
10. ʻOia!
11. Aia i hea ka puke ā ke kumu?
12. Aia ka puke ā ke kumu maʻō.
13. Aia kāna puke maʻō.
14. ʻOiaʻiʻo kā hoʻi!
15. E kiʻi ʻoe i ka puke ā ke kumu.
    E kiʻi aku ʻoe i ka puke ā ke kumu.

He mau ʻōlelo noʻeau

Pala ka hala, momona ka haukeuke.
Meha ke kula, aohe lele pueo. [Judd:9]

Unit Fourteen

II. BASIC UTTERANCES

1. Manu has a long pencil.
2. Manu's pencil is not a long one.
3. What is the color?
4. The color is yellow.
5. Manu does not have a long pencil.
6. Why?
7. Manu's pencil is over here.
8. Bring Manu's pencil and some paper.
9. I have not seen his book.
   I did not see his book.
10. Really! Is that so!
11. Where is the teacher's book?
12. The teacher's book is over there.
13. His book is over there.
14. You don't say! Is that so!
15. Fetch (go and get) the teacher's book.

Some proverbs

When the hala flowers are ripe the sea-eggs are fat.
The plains are quiet, the owl does not fly. (All is quiet, there are no people around.) [Judd:9]

III. KA HOʻOHUI HUAʻŌLELO ʻANA

Ke kākau ʻana	Ka ʻōlelo ʻana
aia i hea	aiaihea
me ona	meona
ke aha	keaha
puke a	pukea
ʻaʻole au i	ʻaʻoleaui (ʻike)

IV. HOʻOMAʻAMAʻA KUMU HOʻOHĀLIKE

A. Simple substitution

1. He penikala lōʻihi | kaʻu.
   kā Manu.
   kā ke kumu.
   kā koʻu makuakāne.

2. Aia i hea | kāu | penikala lōʻihi?
   kaʻu
   kā Manu
   kāna
   kā ʻolua
   kā kuaʻana

   a. Aia | kaʻu | penikala lōʻihi maʻō.
      kāu
      kā Manu
      kāna
      kā māua
      kā kuaʻana

   b. Eia kaʻu penikala lōʻihi maʻaneʻi.
      Continue with: | kāu |
      kā Manu | etc.

3. Aia i hea ka penikala lōʻihi | ā Lono?
   ā ke kumu?
   ā koʻu makuakāne?
   ā ko kaina?
   ā kaina?

a.   Aia ka penikala lōʻihi   ā Lono   maʻō.
                              ā ke kumu
                              ā kou makuakāne
                              ā kaina.

b.   Repeat: Substitute *eia . . . maʻaneʻi* for *aia . . . maʻō.*

c.   Repeat *a* and *b*. Substitute *kāna* for each noun.

d.   Aia maʻō | ka penikala lōʻihi ā Lono.
     Eia maʻaneʻi|

e.   Aia maʻō | kāna penikala lōʻihi.
     Eia maʻaneʻi|

f.   Repeat d and e: Use other nouns and alternate between *aia . . .* and *eia . . .*

4.   E lawe mai i |kāu | penikala me ona pepa.
                  |kaʼu
                  |kā Lono
                  |kāna
                  |kā ʻolua
                  |kā kaina |

     Eia |kaʻu | penikala me ona pepa.
         |kāu
         |kā Lono
         |kāna
         |kā māua
         |kā kaina |

5.   E lawe mai i ka penikala | ā ke kumu | me ona pepa.
                              | ā kou makuahine |
                              | ā ko kaina |

6.   He puke ʻōlelo Hawaiʻi |kā ke kumu.
                            |kā Lono.
                            |kā koʻu makuakāne.
                            |kā ka haumāna.
                            |kā ke keiki.
                            |kā kuaʻana.

7. Ua heluhelu | ʻoe | i ka puke?
| ʻolua |
| ʻo Keoni |
| lāua |
| ke kumu |
| ka lōio |
| ko makuakāne |

a. Ua heluhelu | au | i ka puke.
| māua |
| ʻo Keoni/ʻoia |
| lāua |
| ke kumu/ʻoia |
| ka lōio/ʻoia |
| koʻu makuakāne/ʻoia |

b. ʻAʻole | au | i heluhelu i ka puke.
| māua |
| ʻoia |
| lāua |
| ʻoia |
| ʻoia |
| ʻoia |

c. ʻAʻole i heluhelu | ʻo Keoni | i ka puke.
| ke kumu |
| ka lōio |
| koʻu makuakāne |

B. He mau nīnau a he mau pane

1. He penikala kāu?
   a. He penikala kaʻu.
   b. ʻAʻohe aʻu penikala.
2. He aha ka waihoʻoluʻu o kāu penikala?
   He melemele ka waihoʻoluʻu o kaʻu penikala.
3. He aha ka waihoʻoluʻu o kā Lono penikala?

   He ʻulaʻula ka waihoʻoluʻu o | kā Lono | penikala.
   | kāna |

4. He aha ka waiho'olu'u o ka penikala ā ke kumu?

    He 'ākala ka waiho'olu'u o | ka penikala ā ke kumu.
                                  | kāna penikala.

5. Ua heluhelu 'oe i ka puke ā ke kumu?

    a. Ua heluhelu au i | ka puke ā ke kumu.
                         | kāna puke.

    b. 'A'ole au i heluhelu i | ka puke ā ke kumu.
                             | kāna puke.

6. Aia i hea ka puke ā ke kauka?

    a. Aia | ka puke ā ke kauka | ma'ō.
       Eia | | ma'ane'i.

    b. Aia | kāna puke | ma'ō.
       Eia | | ma'ane'i.

7. Ua ki'i 'oe i ka puke ā ke kumu?

    a. Ua ki'i au i | ka puke ā ke kumu.
                  | kāna puke.

    b. 'A'ole au i ki'i i | ka puke ā ke kumu.
                    | kāna puke.

8. Ua lawe 'oe i penikala me ona pepa | iā Ka'ohe?
                                              | nā Ka'ohe?

    a. Ua lawe au i penikala me ona pepa | iā Ka'ohe.
                                            | nā Ka'ohe.

    b. 'A'ole au i lawe i penikala me ona pepa | iā ia.
                                                | nāna.

9. E heluhelu ana 'oe i kēnā puke mo'olelo?
    a. E heluhelu ana au i keia puke mo'olelo.
    b. 'A'ole au e heluhelu ana i keia puke mo'olelo.
    c. Ua heluhelu au i keia puke mo'olelo.

C. **Comments and rejoinders**

    1. E lawe mai i ka penikala ā kou makuakāne me ona pepa.
       Eia ka penikala ā ko'u makuakāne me ona pepa.

2. E lawe mai i ka penikala ā koʻu makuakāne me ona pepa.

    Eia ka penikala ā kou makuakāne me ona pepa.

3. E lawe mai i penikala nā ke kauka me ona pepa.

    Eia he penikala | nā ke kauka | me ona pepa.
                     | nāna |

4. E lawe mai i penikala me ona pepa nā ke kauka.

    Eia he penikala me ona pepa | nā ke kauka.
                                | nāna.

V. HE MAU PĀPĀʻŌLELO

ʻO Kalani

1. He penikala hou kā Lono.
2. He melemele ka waihoʻoluʻu.
3. Eia kāna penikala melemele maʻaneʻi.
4. Eia ka penikala me ona pepa.
5. He mea iki ia.

ʻO Kunāne

1. He aha ka waihoʻoluʻu?
2. Aia i hea kā Lono penikala melemele?
3. E lawe mai i kāna penikala me ona pepa, ke ʻoluʻolu ʻoe.
4. Mahalo a nui loa.

ʻO Kaʻohe

1. E Kalā, he penikala kāu?
2. He penikala ʻoi anei?
3. He aha ka waihoʻoluʻu?
4. He penikala maikaʻi anei?
5. Nā wai i hoʻokala?

ʻO Kalā

1. He penikala pōkole kaʻu.
2. He penikala ʻoi loa.
3. He ʻulaʻula ka waihoʻoluʻu.
4. He penikala maikaʻi loa.
5. Naʻu nō i hoʻokala.

ʻO Lanihuli

1. He puke ʻōlelo Hawaiʻi kā ke kumu.
2. Ua ʻike au i ka puke.
3. ʻAʻole maopopo iaʻu.
4. Ua ʻike wale nō au i ka puke. ʻAʻole au i ʻike i ka inoa o ka mea nāna i kākau.

ʻO Lanikū

1. ʻOiaʻiʻo kā hoʻi.
2. ʻOia! Nā wai i kākau?
3. Ua ʻike hoʻi ʻoe.

'O Pi'ilani

1. He ka'a hou ko Kealoha.

2. He 'ula'ula ka waiho'olu'u.
3. 'A'ole au i 'ike i ke ka'a.
4. 'O Lani ka i 'ike i ke ka'a.

'O Kauanoe

1. 'Oia! He aha ka waiho'olu'u?

2. Ua 'ike 'oe i ke ka'a?
3. 'Oia'i'o kā ho'i!

'O Hulu

1. Aia i hea kā Lono penikala?

2. He penikala lō'ihi. He penikala hou.
3. 'A'ole i ho'okala 'ia.
4. He 'ula'ula ka waiho'olu'u.
5. 'Ae, 'o kāna penikala kēnā.

6. Hiki.

'O Kolo

1. He penikala lō'ihi ai'ole he penikala pōkole?

2. Ua ho'okala 'ia anei?

3. He aha ka waiho'olu'u?

4. 'O keia anei kāna penikala?
5. E lawe aku i keia penikala iā ia.

6. Mahalo.

'O Pi'ilani, 'o Lono, 'o Kauanoe.

'O Pi'ilani:	Aia i hea ka puke ā ke kumu?
'O Kauanoe:	'A'ole maopopo ia'u aia la i hea kāna puke.
'O Pi'ilani:	E Lono, aia i hea ka puke 'ōlelo Hawai'i ā ke kumu?
'O Lono:	Aia kāna puke 'ōlelo Hawai'i ma'ō.
'O Pi'ilani:	E ki'i 'oe i ka puke, ke 'olu'olu 'oe.
'O Kauanoe:	E lawe 'oe i ka puke i ke kumu.
'O Pi'ilani:	'A'ole, e lawe mai 'oe i ka puke ia'u.
'O Lono:	Eia ka puke ā ke kumu.
'O Pi'ilani:	Mahalo, e Lono.
'O Lono:	He mea iki ia.

VI. NO KA HO'OMA'AMA'A HOU 'ANA AKU

A.   'Ōlelo kuhikuhi 'ia.

1. a.   Ask Kealoha where his book is.
   b.   He says his book is some distance away.
   a.   Ask Kealoha is he has read the book.
   b.   He says he hasn't read it.

a.   Suggest that Kalā bring his book to you.

b.   Kalā hands over the book with an appropriate remark.

2. a.   Ask someone where his pencil is.

b.   Your pencil is here (where you are).

a.   Ask if it's a long pencil.

b.   It is not.

a.   Ask Keoki to bring you his pencil and some paper.

b.   He hands over the pencil and paper with an appropriate remark.

B.   Change the following from positive to negative. E ho'ololi i keia ma lalo
iho mai ka 'ike loa ā i ka hō'ole.

1.   Ua heluhelu au i ka puke ā ke kumu.

2.   Ua 'ike au i ka puke ā ke kumu.

3.   Ua kākau ka haumāna i kāna ha'awina.

4.   He penikala lō'ihi kā Manu.

5.   E heluhelu ana au i keia leka.

6.   Ua ho'okala 'ia keia penikala.

7.   He penikala ka'u.

8.   He mea 'ai kā ke keiki.

9.   Ua 'ai au.

10.   He penikala kā Lono.

C.   Change each utterance structurally without changing its meaning.
Ho'ololi pilina 'ōlelo me ka ho'ololi 'ole i ka mana'o.

1.   Ua 'ike au i kā Kealoha puke.

2.   E lawe mai i kā ke kumu penikala.

3.   Eia ko Lono ka'a ma ke alanui nei.

4.   'A'ole au i heluhelu i kā ke kumu puke.

5.   E heluhelu ana au i kā Lono mo'olelo.

6.   E kōkua ana au i ko Kalā makuahine.

7.   E ki'i 'oe i kā ke kauka puke, ke 'olu'olu 'oe.

8.   E heluhelu 'oe i kā ke kumu leka.

9.   E hele 'oe i ko Lono mā wahi i ka lā 'apōpō.

10.   E ki'i 'oe i kā ke keiki mea 'ai.

D.   Indicate which utterances below use the verb "to have" in English.

1.   E lawe mai i kā Manu penikala lō'ihi, ke 'olu'olu 'oe.

2.   He penikala pōkole wale nō kā Manu.

3. He penikala 'oi maoli kā Lehua.
4. 'A'ohe ā Manu penikala lō'ihi.
5. Eia kā Manu penikala lō'ihi me ona pepa.
6. He penikala lō'ihi nō kā Manu?
7. Aia i hea kāu penikala lō'ihi?
8. 'A'ohe a'u penikala lō'ihi.
9. He penikala lō'ihi nō kāu?
10. 'A'ohe ka'u he penikala lō'ihi.

E. **Single out the utterances that require "to be" in English.**

1. He mahi'ai ko Keoni makuakāne.
2. Ua 'ike au i ko Keoni makuakāne.
3. 'A'ole au i hele i ka hālāwai i ka pō nei.
4. He hālāwai ko ka pō nei?
5. He hālāwai aha?
6. He ka'a maika'i ko Manu.
7. He ka'a nui anei?
8. He ka'a nui 'u'uku a'e keia.
9. 'O ka lā hea keia o ka pule?
10. I ka hola 'ehia kāu papa mua?

VII. NO KA PILINA 'ŌLELO A ME KA PAPA 'ŌLELO

1. *Kā* is a possessive form used as verb "to have."
   Manu has a long pencil.
   He penikala lō'ihi kā Manu.
2. *Kā* may sometimes indicate possession without being a verb "to have" indicator.
   'A'ohe kā Manu he penikala lō'ihi.
   Manu's pencil is not a long one.
3. *Aha*, the interrogative pronoun "what," appeared for the first time in Unit Two. In Unit Thirteen *aha* was separated from the article *he* by the noun *puke*. In some situations *aha* is used with *no ke* before it.
   No ke aha.
This makes the meaning "why" instead of "what."

4. *Ā ke kumu* ("of the teacher") is a noun phrase which is used
   sometimes (where the "of" possessive construction is used in
   English) to provide the rhythmic flow so essential in spoken
   Hawaiian.
   > Where is the teacher's book?
   > Aia i hea ka puke ā ke kumu?
   The same question can be posed by asking a k-class possessive
   form question.
   > Aia i hea kā ke kumu puke?
   If the student reads aloud the two Hawaiian utterances shown
   above he should notice that the first pattern flows more smoothly
   than the second. Here are a few other examples to compare.
   > kā ka haumāna puke / ka puke ā ka haumāna
   > kā ka wahine penikala / ka penikala ā ka wahine
   > kā koʻu makuakāne puke / ka ouke ā koʻu makuakāne
   > ko koʻu makuahine kaʻa / ke kaʻa o koʻu makuahine

5. *ʻOiaʻiʻo kā hoʻi* is an idiomatic exclamatory expression meaning:
   > So that's it!
   > You don't say!
   > So! (in anger or surprise)

6. Observe the inclusion and omission of *aku*.
   > E kiʻi ʻoe i ka puke ā ke kumu.
   > E kiʻi aku ʻoe i ka puke ā ke kumu.
   Even though the action is to be performed in a direction away
   from the speaker, it is not necessary to include *aku*. However,
   here it is not wrong to include *aku*.

7. *Ka mea nāna i kākau* is a relative clause.
   > the one who wrote (it) . . .
   > ʻAʻole au i ʻike i ka inoa o ka mea nāna i kākau.

I have not seen	the name of the person who wrote
I did not see	(it—the book).

8. *Maʻaneʻi* and *maʻō* are adverbs which indicate location.
   Maʻaneʻi, "over here," takes *eia* in initial position; and *maʻō*,
   "over there," takes *aia* in initial position.
   > Eia maʻaneʻi kāu puke.
   > Eia kāu puke maʻaneʻi.

   > Aia maʻō ko Lono kaʻa.
   > Aia ko Lono kaʻa maʻō.

9. Observe the distribution of noun and pronoun subjects in the questions and positive and negative utterances.

> Ua heluhelu 'oe i ka puke?
>
> Ua heluhelu au i ka puke.
>
> 'A'ole au i heluhelu i ka puke.
>
> Ua heluhelu 'o Keoni i ka puke?
>
> Ua heluhelu 'o Keoni i ka puke.
>
> 'A'ole i heluhelu 'o Keoni i ka puke.
>
> 'A'ole 'oia i heluhelu i ka puke.

10. *Iā, na,* and *nāna* mean "to," "for," and "for him." *Nāna* may also mean "for her" but Ka'ohe is the name used in the pattern practice. In IV C 4 *nāna* represents the noun "doctor" so *nāna* may mean "for him/her."

11. *Haukeuke* (now written *hā'uke'uke*) is a type of sea urchin with blunt, rounded spine tips. In the days when slates were used in schools, some children used the *hā'uke'uke* spines as slate pencils so that this type of sea urchin was referred to as the slate-pencil sea urchin. In some localities the *hā'uke'uke* is called *haueue* (also written *hā'ue'ue*).

12. *Ua 'ike ho'i 'oe* indicates slight annoyance on the part of the person addressed. The expression is equivalent to saying "I thought you said you saw it."

Huina 'Umi Kūmālima

I. NĀ 'ŌLELO KUMU

1. Aia ka'u penikala ma lalo o ka nūpepa.
2. Nāu keia mau puke, 'a'ole anei?
3. Aia ka'u mau puke ma luna o ka pākaukau kākau.
4. Aia kā Lono kālana kākau iā Manu.
5. E kāhea aku iā ia.
6. E Keli'i, 'auhea 'oe?
7. I ke aha la.
8. Eia au mawaho nei.
9. Makemake 'o Kapule iā 'oe.
10. E kali iki.
11. E ho'i mai 'ānō.
12. E 'olu'olu e 'ae mai i kāu penikala.
13. Mai poina i ka ho'iho'i mai.
14. E nānā a'e au.
15. 'A'ohe inoa o loko.
16. 'O kāua pū.

Unit Fifteen

II. BASIC UTTERANCES

1. My pencil is under the newspaper.
2. These books are yours, isn't that so?
3. My books are on the desk.
4. Manu has Lono's writing tablet.

5. Call him/her.
6. Keli'i, where are you?
7. What for?
8. I'm outside here.
9. Kapule wants you.
10. Wait a moment.
11. Come back immediately.

12. Please let me have (borrow) your pencil.
13. Don't forget to return it.

14. Let me look it over. (I'll look it over.)
15. There's no name in it.
16. Both you and I.

III. KA HO'OHUI HUA'ŌLELO 'ANA

Ke kākau 'ana	Ka 'ōlelo 'ana
ma lalo o	malalōø
'a'ole anei?	'a'oleanei?
ma luna o	malunao
kālana kākau iā Manu	kālanakākauiyā Manu
kāhea aku	kāheaøku

176

eia au	eiāáu
kali iki	kalīki
nānā aʻe au	nānāáʻeau
iā Manu	iāManu
kākau iā Manu	kākauiāManu
kālana kākau iā Manu	kālanakākauiāManu
nānā aʻe	nānāáʻe
nānā aʻe au	nānāáʻeau

IV. HOʻOMAʻAMAʻA KUMU HOʻOHĀLIKE

A. Simple substitution

1. Questions and answers about location.

    a. Aia i hea kāu | penikala?
                            puke hou?
                            peni (pen)?

        1) Eia kaʻu | penikala | maʻaneʻi, ma lalo o
                           puke hou | keia nūpepa.
                           peni |

        2) Aia kaʻu | penikala | maʻō, ma lalo o
                           puke hou | kēlā nūpepa.
                           peni |

    b. Aia i hea kāu mau | puke kāhiko? | Aia iā kaina?
                            penikala ʻoi?
                            peni ʻulaʻula?

        1) Aia kaʻu mau | puke kāhiko | maʻō, ma luna o
                            penikala ʻoi | ka pākaukau
                            peni ʻulaʻula | kākau.

        2) Eia kaʻu mau | puke kāhiko | maʻaneʻi,
                            penikala ʻoi | ma luna o
                            peni ʻulaʻula | keia pākaukau
                                            kākau.

3)   Aia kaʻu mau | puke kāhiko | maʻō, ma luna
penikala ʻoi | o kēlā pākaukau
peni ʻulaʻula | kākau.

c.   Aia i hea | kā Lono | mau penikala/puke/peni?
kāna

1)   Aia | kā Lono | mau penikala (puke/peni)
kāna | ma loko o ka pākaukau
kākau.

2)   Repeat: Use *eia* in the *aia* slot and *keia* before
pākaukau kākau, in the *ka* slot.

d.   Aia i hea nā | penikala | ā ke keiki?
puke
peni

1)   Aia kāna mau | penikala | kāna ma luna o
puke | pākaukau
peni | kākau.

2)   Aia nā | penikala | ā ke keiki ma luna o
puke | kāna . . .
peni

3)   Aia nā | penikala | ā ke keiki iā Manu.
puke
peni

4)   Aia nā | penikala | ā ke keiki i ke kumu.
puke
peni

e.   Aia i hea | kā Lono | mau puke?
kaʻu
kāu
kāna

1)   Aia | kā Lono | mau puke iā Manu.
kāu
kaʻu
kāna

2) Aia | kā Lono | mau puke i ke kumu.
       | kāu |
       | ka'u |
       | kāna |

2. Questions and replies about possessions

a. Nāu keia mau | puke, | 'a'ole anei?
                | penikala, |
                | peni, |

    1) Na'u kēnā mau | puke.
                       | penikala.
                       | peni.

    2) 'A'ole na'u kēnā mau | puke.
                             | penikala.
                             | peni.

b. Nā wai kēnā mau kālana kākau?

    1) Nā | Keli'i | keia mau kālana kākau,
           | ke kumu | 'a'ole anei?
           | ko'u kaikaina |
           | nā haumāna |

    2) Repeat: Use *keia* in the question. Use the appropriate word in the replies.

3. Where someone is

a. Aia i hea | 'o Keli'i?
             | 'o kaina?
             | ke kumu?
             | nā haumāna?
             | 'o kaina mā?

    1) Aia | 'o Keli'i | mawaho.
           | 'o kaina |
           | ke kumu |
           | nā haumāna |
           | 'o kaina mā |

    2) Aia | 'oia | mawaho.
           | lāua |
           | lākou |

b.   E │ Keliʻi │ ʻauhea ʻoe? Eia au mawaho nei.
        │ ke keiki│

c.   ʻAuhea ʻoe │ e Keliʻi?
                │ e ke keiki?

d.   E │ Keliʻi mā   │ ʻauhea
        │ nā keiki   │ ʻolua/ʻoukou?
        │ nā haumāna   │
        │ nā hoa hana (fellow workers)│

     1)   Eia maua/makou │ mawaho│ nei.
                          │ maloko │

4.   Miscellaneous. ʻO kēlā me keia

     a.   Makemake │ ʻo Kapule│ iā ʻoe. E hoʻi mai ʻanō.
                   │ ke keiki │
                   │ nā keiki │
                   │ lāua nei │
                   │ ʻo kaina │

     b.   E │ hoʻi │ mai ʻanō.
             │ hele │
             │ haʻi │
             │ lawe │
             │ kiʻi │

     c.   E │ hoʻi │ aku ʻanō.
             │ hele │
             │ haʻi │
             │ lawe │
             │ kiʻi │

     d.   Repeat b and c: Add *koke* (quickly, soon) before *mai*
          and *aku*, and delete *ānō*.

     e.   E ʻoluʻolu ʻoe e ʻae mai i kāu │ penikala lōʻihi.
                                          │ puke haʻawina.
                                          │ peni hou.
                                          │ kālana kākau.

          E ʻae mai i kāu │ penikala lōʻihi │ ke ʻoluʻolu ʻoe.
                           │ puke haʻawina │
                           │ peni hou   │
                           │ kālana kākau   │

1)   Eia ka'u | penikala lō'ihi. | Mai poina i ka
              | puke ha'awina. | ho'iho'i mai.
              | peni hou. |
              | kālana kākau. |

2)   Mai poina i ka
      ho'iho'i mai i ka'u | penikala lō'ihi | ia'u, ke
                          | puke ha'awina | pau 'oe.
                          | peni hou |
                          | kālana kākau |

f.   E | nānā | aku 'oe iā ia.
        | kākau |
        | nīnau |
        | kāhea |

g.   E | nānā | a'e au iā ia.
        | kākau |
        | nīnau |
        | kāhea |

h.   E   ho'i | mai | i ka | hale | 'anō.
                 | aku | | |
           lawe | mai | | puke |
                 | aku | | |
           ki'i | mai | | lole |
                 | aku | | |
           ha'i | mai | i ke | kumu (reason) |
                 | aku | | |

B.   Variable substitution

1.   Nāu keia mau puke, 'a'ole anei?   (na'u)
      Na'u keia mau puke, 'a'ole anei?   (penikala)
      Na'u keia mau penikala, 'a'ole anei?   (Lono)
      Nā Lono keia mau penikala, 'a'ole anei?   (kumu)
      Nā ke kumu keia mau penikala, 'a'ole anei?   (puke)
      Nā ke kumu keia mau puke, 'a'ole anei?   (kēlā)
      Nā ke kumu kēlā mau puke, 'a'ole anei?   (kou
                                                    makuakāne)

      Nā kou makuakāne kēlā mau puke,
         'a'ole anei?

2. *Ho'omau aku*
   a. haumāna   b. peni   c. nāu
   d. nā 'olua   e. Lehua   f. kālana kākau
   g. kunāne

V. HE MAU PĀPĀ'ŌLELO

'O Kapela: E Pā'aniani, aia i hea kāu penikala?

'O Pā'aniani: Aia ka'u penikala ma'ō.

'O Kapela: Ma'ō, ma hea?

'O Pā'aniani: Ma luna o ka'u pākaukau kākau.

'O Kapela: E 'olu'olu, e 'ae mai i kāu penikala.

'O Pā'aniani: Eia ka'u penikala.

'O Kapela: Mahalo.

'O Pā'aniani: Mai poina i ka ho'iho'i mai.

'O Kapela: 'A'ole au e poina.

'O Nāwa'a: E Nāpela, nāu keia mau puke?

'O Nāpela: 'A'ole na'u kēnā mau puke.

'O Nāwa'a: Inā 'a'ole nāu, nā wai?

'O Nāpela: 'A'ohe inoa o loko?

'O Nāwa'a: E nānā a'e au.

'O Nāpela: A pehea?

'O Nāwa'a: Nā Ki'ihele keia mau puke.

'O Kaleohana: E Leleo, he peni kāu?

'O Leleo: 'Ae. I ke aha la.

'O Kaleohana: E 'ae mai i kāu peni, ea.

'O Leleo: Eia ka'u peni.

'O Kaleohana: Mahalo.

'O Leleo: Mai poina i ka ho'iho'i mai.

'O Kaleohana: 'A'ole au e poina.

'O Kaleo: E Keli'i, e ho'i mai i loko.

'O Keli'i: No ke aha mai?

'O Kaleo: Makemake ke kumu iā 'oe.

'O Keli'i: He aha kona makemake?

'O Kaleo: Koe aku ia. E ho'i mai 'oe i loko.

'O Keli'i: E kali iki.

'O Kaleo: 'A'ole. E ho'i mai 'ānō.

'O Ka'ili: Aia ka'u puke ma luna o ka pākaukau.

'O Kekoa: Aia i hea kā Manu mau puke?

'O Ka'ili: Aia kāna mau puke i kona kaikua'ana.

'O Kekoa: 'O wai ka inoa o kona kaikua'ana?

'O Ka'ili: 'O Kanamu kona inoa.

'O Kekoa: He haumāna 'oia?

'O Ka'ili: 'Ae. Ke a'o nei 'oia i ka 'oihana wilikī.

'O Kekoa: A 'o ia kā!

'O Kalaiwa'a: E Pakalana, he kālana kākau kāu?

'O Pakalana: No ke aha la?

'O Kalaiwa'a: E 'ae mai i pepa na'u, ke 'olu'olu 'oe.

'O Pakalana: 'A'ohe a'u kālana kākau. He pepa na'e ka'u. Eia.

'O Kalaiwa'a: Mahalo.

'O Pakalana: 'Apōpō e lawe mai i ona pepa, ea.

'O Kapua: Aia i hea kāu puke, e Kalā?

'O Kalā: Aia ka'u puke ma lalo o ka nūpepa.

'O Kapua: Nāu keia puke, 'a'ole anei?

'O Kalā: 'Ae, na'u kēnā puke, a na'u ka puke ma lalo o ka nūpepa.

'O Kapua: He penikala kāu?

'O Kalā: 'Ae. Eia ka'u penikala.

'O Kapua: 'A'ohe 'oi o kāu penikala.

'O Kalā: Hiki no iā 'oe ke ho'okala aku, 'a'ole anei?

'O Kaneali'i: E Keli'i mā, 'auhea 'olua?

'O Keli'i: Eia māua maloko nei.

'O Kaneali'i: E hele mai i waho nei.

'O Keli'i: E aha ai?

'O Kaneali'i: E hele mai e nānā i kēlā po'e.

'O Keli'i: I ka po'e hea?

'O Kaneali'i: I kēlā po'e ma'ō.

'O Keli'i: 'O wai lākou?

'O Kaneali'i: 'A'ole maopopo ia'u.

'O Keli'i: 'O kāua pū.

'O Kanoa: E Keli'i mā, e ho'i mai kākou i loko nei.

'O Keli'i: E aha ai?

'O Kanoa: E ho'i mai i loko nei e ho'olohe mo'olelo.

'O Keli'i: No wai ka mo'olelo?

'O Kanoa: No 'Umi-a-Liloa, ali'i kaulana o ka mokupuni o Hawai'i.

'O Keli'i: 'O wai ka mea ha'i mo'olelo?

'O Kanoa: 'O Keli'i'aimoku.

'O Keli'i: 'Ae, e ho'i aku ⎪māua ⎪ i loko.
⎪mākou⎪

VI. NO KA HO'OMA'AMA'A HOU 'ANA AKU

A.   'Ōlelo kuhikuhi 'ia

1. a.   Ask Lani where she is.
   b.   Lani says she's outside.
   a.   Ask Lani to come in.
   b.   She wants to know why.
   a.   Tell her the teacher wants her.
   b.   She wants to know why.
   a.   Say you don't know why.
   b.   Lani says to wait a moment.
   a.   Tell her to come immediately.

2. a.   Greet Kalani in the afternoon.
   b.   Return the greeting.
   a.   Ask Kalani where his books are.
   b.   They are on the table.
   a.   Ask Kalani where Manu's books are.
   b.   Lono has Manu's books.
   a.   Ask Lono where Manu's books are.
   b.   Manu's books are under the table.
   a.   Ask Lono to bring Manu's books.
   b.   Hand Manu's books over.

3. a.   Ask Pā'aniani where his pencil is.
   b.   Say it's over there.
   a.   Ask if you may borrow his pencil.
   b.   Hand the pencil to him.
   a.   Thank him.
   b.   Tell him not to forget to return it.

4. a.   Ask La'eha to loan you his pen.
   b.   Ask him if he doesn't have a pen.
   a.   Answer in the negative.
   b.   Ask what about a pencil.

a.   Say you have a pencil. It hasn't been sharpened.

b.   Say you will sharpen it.

a.   Hand him the pencil, with an appropriate comment.

b.   Thank him.

B.   Answer or make a rejoinder as suggested.

1.   Aia i hea kāu penikala?
     Show the pencil, with the proper comment.
     Ua hoʻokala ʻia kāu penikala?
     Answer in a complete statement.
     Nā wai i hoʻokala?
     You sharpened it.

2.   ʻAuhea ʻoe, e Lanikū?
     You are outside.

3.   ʻAuhea ʻolua, e Kalani mā?
     You two are inside.

4.   ʻO Kaleo kou inoa, ʻaʻole anei?
     Answer in the negative.

5.   ʻO wai ka inoa o kou hoaloha?
     Answer.

6.   ʻO ʻoe anei ko Lani kaikuaʻana?
     Answer in the negative.

VII. NO KA PILINA ʻŌLELO A ME KA PAPA ʻŌLELO

1.   *Ma lalo o* and *ma luna o* are referred to as double prepositions.
     The first means "under" or "underneath." The latter means "on"
     or "on top of."
           . . . under the newspaper.
           . . . ma lalo o ka nūpepa.
           . . . on the desk.
           . . . ma luna o ka pākaukau kākau.

2.   *Ma waho* meaning "outside."
           I am outside (here).
           Eia au ma waho nei.

3.   *ʻAuhea* ("where") has a rather restricted use.
     a.   When one approaches a place or house, he may call out to
          the residents—especially if no one is in sight:
                ʻAuhea ke poʻe o keia hale?
                Where are the residents of this house?

b.   When someone wishes to engage another in very serious conversation, he may say:

    'Auhea 'oe!   Listen!

To a child one may say:

    'Auhea 'oe e ke keiki!

Listen my child.

c.   In the days when some non-Hawaiian political candidates spoke Hawaiian, they often said:

    'Auhea 'oukou, e nā maka'ainana!

Listen, citizens!

4.   The verb *makemake* indicates present tense or incompleted action. Notice that it is used here in initial position. Let us point out however that sometimes the verb by itself in initial position may be used to indicate completed action or past tense.

5.   *'Ae* is used to ask permission.

    E 'olu'olu e 'ae mai i kāu penikala.

    Please lend me your pencil.

6.   *'A'ohe inoa o loko*—"(There is) no name inside"—is an utterance with the earmarks of a verb "to have" expression.

7.   *A'e,* the oblique motion directional, may be used to indicate a situation in which a person moves only a part of his body, for example, his eyes.

    E nānā a'e au.

    I'll look it over.

    Let me look it over.

8.   *I ke aha la* is an idiomatic expression meaning "What about it?" or "Why do you ask?" Observe its use in the conversation in which it appears.

    E Kalōio, e nānā mai i keia ka'a.

    I ke aha la.

9.   *'A'ole anei* in final position serves to affirm a declarative statement.

    He/She is the only teacher you have, isn't that so?

    'Oia wale no kāu kumu, 'a'ole anei?

'A'ole anei in initial position poses a question.

    Isn't he/she the only teacher you have?

    'A 'ole anei 'oia wale nō kāu kumu?

10.   *A 'o ia kā!* (idiomatic)—So that's it!

Ho'i Hope 'Ekolu
Review Three

A. **Supply the Hawaiian for the following words.**

Use the italic words in sentences.

place (two words)	*that* (near person addressed)
above (toward the uplands	write
from the speaker)	color
street	bring
hear	*take*
understand	not
know	over here
where	over there
door	call
listen	desk
window	under
time	want
book	*on top of*
pencil	forget
sharpened	*return* (something)
sharp	sit
don't forget	return (go back)
shut	is open

B. **E ho'opihapiha i nā hakahaka.**

1. He aha ka helu o _____ wahi?
2. He aha ka helu o _____ kelepona?
3. Aia i hea _____ o ke kumu? (place)
4. Aia _____ o ke kumu _____ mai o ko'u wahi.
   (toward the sea)

5. _____ _____ o ke kumu i _____ o ka'u kauka.
6. Aia _____ o ke kauka _____ ke alanui Keoniana.
7. Aia ke alanui Keoniana _____ Waikīkī.
8. Aia i hea _____ Kanamu mā wahi?
9. Aia _____ wahi _____ Manoa, _____ ke alanui Kaaipu.
10. _____ Manu, e 'olu'olu 'oe e _____ i nā pukaaniani. (to open)
11. Ua _____ nā pukaaniani. (are open)
12. _____ Hoapili wahine, ua _____ 'oe i nā haumāna? (to see)
13. Nā _____ kēnā puke?
14. _____ Kalā _____ puke.
15. He penikala maika'i _____ kēnā?
16. Nā Lono _____ kēnā penikala?
17. Inā 'a'ole _____ Lono, _____?
18. _____ kā Lono penikala ma'ane'i.
19. Aia kā Lono penikala _____ ka pākaukau. (under)
20. Aia _____ Manu kālana kākau _____ Ka'ohe.

C. **E haku i mau nīnau a i 'ole i mau pane no nā 'ōlelo ma lalo nei. (Pane here may mean "answer" or "rejoinder.")**

1. E lawe mai i ka'u penikala me ona pepa, ke 'olu'olu 'oe.
2. E 'olu'olu e wehe i nā pukaaniani.
3. E ho'olohe a e ho'opili mai.
4. 'A'ole maopopo ia'u kāna helu kelepona.
5. Aia ka ha'awina ma ka 'ao'ao iwakālua.
6. 'A'ohe kā Manu he penikala lō'ihi.
7. 'A'ole na'u keia penikala pōkole.
8. 'A'ole au i 'ike i ka puke a ke kumu.
9. E 'olu'olu e 'ae mai i kāu puke ha'awina.
10. Eia au mawaho nei.

D. **E haku i 'ekolu hopuna'ōlelo 'oko'a me kēlā me keia hua'ōlelo ha'ina ma lalo nei.**

1. nīnau
2. wehe
3. heluhelu
4. kākau
5. ho'okala

6. 'ike
7. ki'i
8. pani
9. noho (sit)
10. ho'omaka

E.   **Use a form of "not."**

1. He penikala maika'i _____ keia.
2. Nā Manu paha keia penikala maika'i _____ .
3. _____ maika'i o kēnā penikala.
4. He penikala maika'i loa kā Lono _____ anei?
5. _____ 'oi 'o ka'u penikala.
6. 'Eha loa kona lima no kona mālama pono _____ .
7. 'Ōlelo mai 'o kaina _____ maopopo iā ia kāhi o ke kauka.
8. E mālie ana paha keia pō _____ paha.
9. _____ ā kākou wai liliko'i?
10. _____ i hiki mai ke kumu kula.

F.   **E ha'i mai i keia ma ka 'ōlelo Hawai'i. 'Ōlelo kuhikuhi 'ia**

1. Ask Manu where he lives.
    He says he lives in Kane'ohe.
2. Ask Kealoha on what street he lives.
    On Keoniana Street.
3. Ask Kealoha what his telephone number is.
    947-5321 is his telephone number.
4. Ask Lehua (politely) to open the doors.
    She says the doors are open.
5. Ask the students if they understand.
    The students (plural) say they understand.
6. Ask Mrs. Keli'i if she has seen the students.
    She has not seen them (plural).
7. Lehua says she has a sharp pencil.
    Lani says hers is sharper.
8. Ask Kama to take a pencil and some paper for his friend.
    He says he has taken a pencil and some paper for his friend.
9. Ask Kaleo if he has Manu's telephone number.
    Heavens no, he doesn't have it.
10. Ask Nalei where his books are.
    His books are in his desk. (He is not near his desk.)

G. **He mau mana'oha'i. E heluhelu a ho'akāka pōkole ma ka 'ōlelo haole.**

1. Makemake au e hele i kāhi o Kaleo i nehinei. Nui no na'e ka ua a me ka makani. 'Ōlelo mai ko'u makuahine ia'u: "Mai hele 'oe. Nui 'ino ka ua a me ka makani. He lā 'ino loa keia. Inā 'oe e hele ana e anuanu ana 'oe a e pūnia ana 'oe. E noho 'oe i kauhale nei." 'A'ole au i hele.

2. He puke hou keia. Nā Kanamu paha keia puke hou. He puke 'ōlelo Hawai'i. Nā Kamakau i kākau. He kanaka na'auao 'o Kamakau. I Lahainaluna 'oia i hele ai i ke kula. Aia ke kula o Lahainaluna ma Maui. Eia kekahi 'ōlelo ā ka po'e kāhiko no Lahainaluna. "Ka pu'u pā noa i ka lā." (A hill lying bare in the sun.)

   E nānā a'e au ma loko o keia puke. 'Ae, nā Kanamu 'i'o nō keia puke. Eia kona inoa ma loko o ka puke. 'O kāna pākaukau kākau keia. Aia la i hea 'o Kanamu.

3. 'O Ka'imiloa ka inoa o ko'u hoaloha. Aia 'oia ke noho nei me kona mau mākua. Aia ko lākou wahi i Makiki ma ke alanui Kewalo mauka aku o ke alanui Beretania. He wahi maika'i a he wahi 'olu'olu ko lākou. Pā mau ka makani ma laila.

   Nīnau mai 'o Kealoha i kā Ka'imiloa helu kelepona. 'Ōlelo aku au ua ha'awi mai 'o Ka'imiloa ia'u ua poina na'e au i ka helu. Ua kākau wau ma loko o ka'u kālana kākau. Aia ka'u kālana kākau i ka hale. 'Apōpō ha'i aku au i ka helu iā Kealoha.

H. **Write the proper possessive form in each blank.**

1. Aia _____ ke kumu wahi i 'Āina Haina.
2. Aia i hea _____ Manu penikala?
3. Aia _____ Manu penikala ma luna o _____ puke.
4. Aia _____ penikala ma'ō. (my)
5. Aia _____ kaina kālana kākau ma'ō.
6. 'A'ole _____ Kanamu kēlā ka'a, _____ kona kaikua'ana kēlā ka'a.
7. Eia _____ Lono puke hou. _____ Kalōio i kākau.
8. _____ _____ Manu makuakāne kēlā hale hou.
9. Aia _____ Lono hale makai iki aku o ka hale o _____ Manu makuakāne.
10. Aia _____ (my) hale makai iki aku o _____ Lono hale.

Huina 'Umi Kumāono

I. NĀ 'ŌLELO KUMU

1. 'Eha maoli ku'u kua.
2. E lomi aku paha au.
3. He kīkala hāne'ene'e paha kēnā.
4. E moe 'oe ma'ane'i.
5. E huli i ke alo i lalo.
6. Weliweli ka 'eha.
7. Mai kaomi ikaika loa.
8. E lomi akahele aku au.
9. Ua 'eha 'ia ko'u manamana lima.
10. Ua wela i ke ahi. (Ua wela 'ia i ke ahi.)
11. Ua ku 'ia i ke kui.
12. Ua moku 'ia i ka pahi.
13. E kāpala aku me ka poi.
14. E mālama pono.
15. 'A'ole au e ho'ohemahema.
16. E wahī me ka wahī 'eha.
17. Āhea 'oe e hele ai i ke ke'ena o ke kauka?
18. Ināhea 'oe i hele ai?

Unit Sixteen

II. BASIC UTTERANCES

1. My back hurts terribly.
2. Maybe I should massage (it).
3. Maybe it is a sacroiliac strain.

4. Lie down here.
5. Turn your face downward.

6. It's terribly painful.
7. Don't press too hard.
8. I'll massage carefully.

9. My finger is injured.
10. It is/was burned by fire.
11. It is/was pierced by a nail.
12. It is/was cut with a knife.

13. Smear (it) with poi.
14. Take good care (of it).
15. I won't neglect it.
16. Bandage (it) with a bandage.

17. When will you go to the doctor's office?
18. When did you go?

III. KA HOʻOHUI HUAʻŌLELO ʻANA

Ke kākau ʻana	Ka ʻōlelo ʻana
lomi aku	lomiaku
paha au	pahāⱥu
lomi aku paha au	lomiaku pahāⱥu

alo i lalo	ʻaloilalo
lomi akahele	lomiakahele
aku au	akuau
lomi akahele aku au	lomiakaheleakuau
kāpala aku	kāpalaʻaku
keʻena o	keʻenao

IV. HOʻOMAʻAMAʻA KUMU HOʻOHĀLIKE

A.   Simple substitution

1.   ʻEha maoli kuʻu | poʻo
                      | lima.
                      | wāwae.
                      | kua.

2.   E moe | ʻoe | maʻaneʻi.
            | ʻolua |
            | ʻoukou |

3.   E huli i ke alo | i lalo.
                      | i luna.
                      | i ʻō.
                      | i aneʻi.

4.   Weliweli   ka ʻeha (pain/painful).
                  ka huhū (anger/angry).
                  ka makaʻu (fear/frightened).
                  ke ʻino (bad/stormy).
                  ke kaumaha (heavy).

5.   Weliweli   ka ʻeha o kuʻu poʻo.
                  ka huhū o koʻu makuahine.
                  ka makaʻu o ke keiki.
                  ka ʻino o ke kai.
                  ke kaumaha o keia noho.

6. E | lomi | akahele aku 'oe.
     | hāpai (lift)
     | lālau (grasp/take hold)
     | holoi
     | pūlumi (sweep)

7. 'Eha ku'u | lima.
             | wāwae (foot).
             | kua.
             | maka.

8. Ua 'eha 'ia ku'u | lima.
                    | wāwae.
                    | kua.
                    | maka.

9. Repeat 7 and 8: Use *kona, ko kaina,* and *ko Lono* in the *ku'u* slot.

10. Moku ku'u | wāwae | i ka pahi i nehinei.
              | lima
              | manamana wāwae (toe)
              | manamana lima

11. Moku ko Lono wāwae (etc.) i ka pahi i nehinei.

12. Moku ka | wāwae | o ko'u makuahine i ka pahi
            | lima | i nehinei.
            | manamana wāwae
            | manamana lima

13. Repeat: Use *o ke keiki* and *o ko kaina* in the *o ku'u makuahine* slot.

14. Ua hele | 'oe | i ke kauka?
            | 'oia
            | 'o kaina
            | ko kaina

    a.   'A'ole | au | i hele i ke kauka.
                | 'oia
                | 'oia
                | 'oia

    b.   Ua hele | au | i ke kauka i ke kakahiaka nei.
                 | 'oia

15. Nā wai i lawe | ʻiā ʻoe | i ke kauka?
                   | ʻiā ia |

Nā koʻu makuahine i lawe | iaʻu | i ke kauka.
                          | iā ia |

16.   E hele ana | au | i ke kauka i ka lā ʻapōpō.
                  | ʻoia |

a.   Nā wai e lawe ana | iā ʻoe | i ke kauka?
                         | iā ia |

1)   Nā koʻu makuakāne e lawe

     ana | iaʻu | i ke kauka.
          | iā ia |

B.   He mau nīnau a he mau pane

1.   ʻO Pila: Pehea ʻoe?
      ʻO Nani: ʻEha maoli kuʻu kua.

2.   ʻO Mālia: Pehea kou lima ʻeha e Kalā?
      ʻO Kalā: Weliweli ka ʻeha i keia lā.

3.   ʻO Nākī: Ua ʻeha ʻia kou lima?
      ʻO Kila: ʻAe. Ua moku ʻia i ka pahi.

4.   ʻO Moku: Ua wela ʻia kou lima?
      ʻO Lei: E. E ʻoluʻolu e kāpala mai me ka poi.

5.   ʻO Lani: Ua wahī ʻoe i kou lima ʻeha?
      ʻO Pali: ʻAʻohe aʻu wahī ʻeha.

6.   ʻO Keoki: Ua hele ʻoe i ke kauka?
      ʻO Lehua: ʻAʻole au i hele. E hele ana au i keia lā.

7.   ʻO Keao: Aia i hea ke keʻena o ke kauka?
      ʻO Kalā: Aia kona keʻena ma ke alanui Nuʻuanu.

8.   ʻO Keola: Nā wai i wahī i kou lima ʻeha?
      ʻO Keoni: Nā koʻu makuahine i wahī i nehinei.

9.   ʻO Pano: Pehea ko Lono lima ʻeha?
      ʻO Kaʻeo: Ua maikaʻi kona lima ʻeha.

10.   ʻO Wehi: Aia i hea kāhi i ʻeha, e Manu?
      ʻO Manu: Eia kāhi i ʻeha.

V. HE MAU PĀPĀ'ŌLELO

'O Kalehua

1. Ua 'eha 'ia ko 'Ailā lima.
2. Ua ku 'ia i ke kui.
3. 'O wai kekahi kauka maika'i?

4. Aia i hea kona ke'ena?
5. Ma ke alanui hea?
6. He aha ka helu hale o kona wahi?

7. 'Ae. E nānā a'e au.

'O Leina'ala

1. Pehea i 'eha ai (ehāli)?
2. E lawe 'oe iā ia i ke kauka.
3. 'O kauka Wini (Whitney) kekahi kauka maika'i.
4. Aia kona ke'ena ma Waikīkī.
5. Ma ke alanui Kuhiō.
6. Koe aku ia. E nānā aku ma loko o ka puke kelepona.

'O Kapili

1. 'Eha maoli ku'u kua.

2. Mai lomi 'oe.

3. He weliweli ka 'eha.

4. 'O wai ke kauka maika'i?

5. E hele ana au i kona ke'ena.
6. Mahalo.

'O Kanoa

1. He kīkala hāne'ene'e paha kēnā. E lomi aku au.
2. 'O ka lomilomi ka mea e 'olu'olu ai.
3. Inā he weliweli ka 'eha, e hele i ke kauka.
4. 'O kauka Pāleka kekāhi kauka maika'i.
5. Na'u e lawe aku iā 'oe.
6. He mea iki ia.

'O Kekai

1. E 'olu'olu e lomi mai i ku'u kua.
2. Mai kaomi ikaika loa.
3. Maika'i kēnā.

'O Mauna

1. Hiki. E moe 'oe ma'ane'i. Huli i ke alo i lalo.
2. E lomi akahele aku au.

'O Keoni

1. Ua 'eha 'ia ko Kaluna manamana lima.
2. Ua wela 'ia i ke ahi.
3. Maika'i ka poi?
4. 'Olu'olu maoli keia.

'O Kana'e

1. Pehea i 'eha ai?

2. E kāpala aku me ka poi.
3. 'Ae, maika'i ka poi. E kāpala aku au.

'O Kamaka

1. He aha kou pilikia?
2. Pehea i 'eha ai?
3. E mālama pono. Mai ho'ohemahema.
4. Nā wai i lawe iā 'oe?
5. 'O wai ke kauka?

'O Keohohou

1. Aloha e Nalimu.
2. Pehea 'oe?

3. Pehea i 'eha ai?
4. Ua hele 'oe i ke kauka?
5. Mai ho'ohemahema.

'O Ka'imi

1. Weliweli ka huhū o ku'u makuakāne.
2. No ku'u hele 'ole i ke kauka.
3. Ua ku 'ia ku'u wāwae i ke kui.
4. Ke mālama pono nei au.

'O Lehua

1. Weliweli ka maka'u o kā Lono mo'opuna.
2. No ka ikaika loa o ka makani a no ka nui loa o ka ua.
3. Aia lākou ke noho nei i Kahalu'u.
4. 'Ae. Nui 'ino ka wai.

'O Kanuha

1. Ua 'eha 'ia ko'u lima.
2. Ua moku i ka pahi.
3. Ua hele au i ke kauka.
4. Nā Kaleo (i lawe ia'u).
5. 'O kauka Limaikaika ke kauka.

'O Nalimu

1. Aloha nō.
2. Ua 'eha 'ia ko'u manamana lima.
3. Ua moku i ka pahi.
4. 'A'ole, na'u nō i hana.
5. 'A'ole au e ho'ohemahema.

'O Ka'ahea

1. No ke aha mai?
2. He aha kou pilikia?
3. E mālama pono.

'O Lokelani

1. No ke aha mai?
2. Aia i hea lākou e noho nei?
3. He 'aina nui kēlā o ka wai.

VI. NO KA HO'OMA'AMA'A HOU 'ANA AKU.

A. Make these statements negative.

1. He penikala 'oi keia.
2. Na'u kēlā puke hou.
3. He kauka 'oia.
4. Ua hele 'o Lakana i ke kauka.
5. Ua lawe 'o Lono ia'u i ke kula.
6. Nā Ka'ohe i lawe iā Manu i ke kauka.
7. Ua ala nā keiki.
8. E hele ana māua i ke kauka.
9. Ua ala 'o Hau'oli.
10. Ua kahi au i ko'u lauoho.

B. Make these questions negative.

1. He wai hua 'ai nō kā kākou?
2. Ua ala ko'u makuahine?
3. Nā Keaka anei kēnā penikala?
4. He kumu kula anei 'o Lakana?
5. Ua mākaukau 'olua?
6. Ua hele 'oe i ke kauka?
7. He kauka maika'i 'oia?
8. Nā Kaleo i lawe iā 'oe?
9. Ua 'ike 'oe i ko kaina?
10. He kumu kula 'oia?

C. Make the following sentences negative. Notice that some are imperative.

1. E ninini mai i kope na'u.
2. E ho'omākaukau i ka mea 'ai.
3. E ho'olohe a e ho'opili.
4. E komo mai i loko.
5. E lawe mai i noho.
6. Maopopo iā 'oukou ka 'ao'ao?
7. Maopopo ka ha'awina 'elima iā lākou.
8. E noho i lalo, e Kekoa kāne.
9. E lawe iā Manu i ke kauka.
10. E ho'ala 'oe i kou makuahine, ke 'olu'olu 'oe.

D. Use *nāu, nāna, nā, nona,* or *na'u* in each blank.

1. 'O ka'u kahi kēlā. _____ kēlā kahi.
2. 'O kāna mea 'ai kēlā. _____ kēlā mea 'ai.
3. 'O kā Lono hua moa keia. _____ Lono keia hua moa.
4. 'O kāu palaki hou keia. _____ keia palaki hou.
5. 'O kona hale kēlā. _____ kēlā hale.

E. Fill in each blank with one of the words or expressions in parentheses

1. _____ kou noho. (no wai, aia i hea, nona)
2. _____ kāu mea 'ai. (eia, nā wai, nāna)
3. _____ kēlā hua moa? (aia i hea, nā wai, he aha)
4. _____ kēnā kope? (he aha, aia i hea, nā wai)
5. _____ kou hale? (he aha, aia i hea, nā wai)

F. He mau mana'oha'i.

1. Ua moku ko'u lima i nehinei a ia lā aku. Ua moku no ka 'oi loa o ka pahi. Hele au i ke kauka. Holoi ke kauka i kāhi i moku. Kau 'oia i ka lā'au ma luna o kāhi i moku. Wahī 'oia i ku'u lima me ka wahī 'eha. Ua pau ka 'eha o ku'u lima. Ua maika'i loa ku'u lima.

2. Ua wela 'ia ko Manu lima i ke ahi. E kāpala aku 'oe i kāhi i wela me ka poi. Eia ka poi. He mea keia e 'olu'olu ai kona lima.

3. Ua ku ko'u manamana lima i ke kui i nehinei. 'A'ole au i hele i ke kauka. Holoi au a kau au i ka lā'au. He lā'au maika'i ka'u. Nā ke kauka i ha'awi mai i ka lā'au. Ua mālama au i keia lā'au no ka mea he lā'au maika'i loa.

4. 'Auwē! Ua wela 'ia ka wāwae o ke keiki i ka 'aila. E Lani, e ki'i aku 'oe i poi, ea. Ua 'ōlelo mai 'o Keola inā e wela i ke ahi a i ka 'aila paha, e kāpala i kāhi i wela me ka poi. Inā kāpala 'ia me ka poi 'a'ole e 'eha loa.

G. Ha'ina kuhikuhi 'ia.

1. Say you have a chair.
2. Say Lani has a chair.
3. Ask Lani to take Manu's comb to Kalā.
4. Say Lono has Manu's comb.

5. Ask Lono where Lani is.
6. Lono says he doesn't know.
7. Tell Manu the uplands are getting cloudy.
8. Ask Lono to ask Lani to come in.
9. Tell Lani the sun is shining.
10. Ask Lani where she lives.

H. **Word study. Use the following expressions in sentences.**

e moe   e kāpala
mai moe   mai kāpala
e huli   e wahī
mai huli   mai wahī
e kaomi
mai kaomi

I. **Use a correct word in each blank.**

1. Ua _____ 'ia i ka 'aila.
2. E _____ me ka poi.
3. Ua _____ 'ia ku'u lima i ke kui.
4. Ua _____ 'ia me ka wahī 'eha.
5. He lā'au _____ loa ka'u.
6. _____ ke kauka i ha'awi mai.
7. _____ ho'ohemahema 'oe.
8. 'A'ole au _____ ho'ohemahema.
9. E _____ i ke alo i lalo.
10. Mai _____ me ka poi.

J. **Practice in tense forms. E heluhelu a ho'omaopopo i ka mana'o**

1. 'A'ole au e kāpala me ka poi.   will not
2. 'A'ole au i kapala me ka poi.   did not
3. Ua hele au i ke kauka.   went/have been
4. E hele ana au i ke kauka.   am going/will go
5. 'A'ole au e hele ana i ke kauka.   will not go/will not
                                          be going

6. 'A'ole au i hele i ke kauka.   did not go
7. Hele au i ke kauka i nehinei.   went
8. Hele au i ke kauka.   go

9. E 'ike mai 'oe iā Manu.   meet
10. Ua 'ike au iā Manu.   have met/have seen

K. **He mau 'ōlelo a he mau pane**

1. Nui ka 'ino o ke kai i keia lā.
    He weliweli ka 'ino.
2. Ua ku 'ia ko'u wāwae i ke kui.
    He mea 'ino ia. Mai ho'ohemahema.
3. Ua wela 'ia ko Kalua lima i ka 'aila.
    E kāpala aku me ka poi.
4. Wela kēnā 'aila.
    E hāpai akahele aku au.
5. Kaumaha maoli keia noho.
    E 'ae mai ia'u e kōkua iā 'oe.
6. Nui ke anuanu o ka pō nei.
    No ka pā o ka makani hau none.
7. 'A'ole i hiki mai ke kumu i keia kakahiaka
    Ua 'ōma'ima'i paha 'oia.
8. Aia no 'o Lono ke hiamoe ala.
    No ke ala ā aumoe loa.
9. E lawe aku iā Lehua i ke kauka.
    'A'ohe o'u ka'a.
10. E kelepona aku i ko kaina.
    'A'ohe āna kelepona.

VII. NO KA PILINA 'ŌLELO A ME KA PAPA 'ŌLELO

1. *Huli* generally means "to turn." In this unit the meaning is "to
    face." This is determined by the phrase *i ke alo. Alo* means "the
    face" or "the front" of a person.
2. *I ke kakahiaka nei* and *i keia kakahiaka* are different in meaning.
    When something happens in the morning and you tell about it
    after noon, you should say: *i ke kakahiaka nei,* but if you tell
    about it before noon you should say: *i keia kakahiaka.* In English
    you say merely, "This morning."

3. *Ua* indicates completed action and changed condition.

(It)   (is/was/got) burned.

My hand   cut.

4. *Pono* as used here means "good." Note that *pono* comes after *mālama*, "to take care."

E mālama pono.

Take good care (of it).

5. *E . . . ana* indicates future tense but sometimes *ana* is not expressed.

'A'ole au e ho'ohemahema.

I shall not neglect (it).

6. *Āhea* and *ināhea* are Hawaiian expressions for *when*. The first is *when* denoting incomplete or future action. The second is *when* denoting completed action or past tense. Notice the nature and distribution of the verb phrase in the two questions below.

Āhea 'oe e hele ai i ke ke'ena o ke kauka?

When will you go to the doctor's office?

Ināhea 'oe i hele ai (i ke ke'ena o ke kauka)?

When did you go (to the doctor's office)?

In both instances the verb phrase occurs after the adverb *when* and the pronoun subject *'oe*. The future verb phrase is *e hele ai*. The past tense verb phrase is *i hele ai*. *E* marks future tense, *i* marks past tense.

7. Observe the distribution of the proper noun and pronoun subject in the following utterances.

Āhea 'oe e hele ai?

When will you go?

'Apōpō a iā lā aku (lā<s>ku) **au** e hele ai.

I'll go day after tomorrow.

Āhea e hele ai | **'o Lono?**
              | **kou makuahine?**

When will | Lono go?
          | your mother go?

'Apōpō a iā lā aku **'oia** e hele ai.

He/she will go the day after tomorrow.

'Apōpō e hele ai | 'o Lono.
| ko'u makuahine.

Lono | will go tomorrow.
My mother |

When the subject is a pronoun—'oe; 'oia—the subject precedes the verb phrase. When the subject is a noun—Lono; makuahine—the subject comes after the verb phrase.

8. a. Observe the distribution of the "time" expression and the use of the e . . . ai pattern.

1. Hele au i ke kauka i nehinei.
2. I nehinei au i hele ai i ke kauka.

With the time expression in final position, the verb is merely hele, whereas with the time expression in initial position, we use a verb phrase—i hele ai. Notice that when the time word is in final position, the predicate—hele—is used without "helpers," but when the time word is in initial position the predicate needs helpers, in this case i and ai. In the situation described here hele and i hele ai both indicate past tense—"went."

b. The position of the time phrase.

1. Hele au i ke kauka i nehinei.
2. I nehinei, hele au i ke kauka.
3. I nehinei au i hele ai i ke kauka.

In English we have only one statement for the second and third examples, but in Hawaiian there is a subtle difference between the two. When we tell someone what we did yesterday, the first of the two forms is the better one to use. If we are asked when we went to see the doctor, the question should be:

Ināhea 'oe i hele ai i ke kauka?

and the proper form to use in the reply would be the second of the two forms, with the time phrase in initial position.

9. Note the untranslated aia—"there"—in the following:

Aia kona ke'ena ma Waikīkī.

His/her office is in Waikīkī.

A where expression with aia is a present tense utterance.

10. *Weliweli* may mean "very," "terribly," or "awfully"; so we may
     say:
    Weliweli ka 'eha.
    It (is) very painful.
But this and other utterances in the pattern practice are really
incomplete. However a conversation can give meaning to each
incomplete utterance. Also we may complete each utterance by
adding a phrase.
    Weliweli ka 'eha o ku'u po'o.
    My head aches terribly.

    Weliweli ka huhū o ko'u makuahine.
    My mother is/was terribly angry.

    Weliweli ka maka'u o ke keiki.
    The child is/was terribly frightened.

    Weliweli ke 'ino o ke kai.
    The sea is/was very rough/stormy.

    Weliweli ke kaumaha o keia noho.
    This chair is very heavy.
The last is stated only in present tense because *keia* indicates the
person speaking is near the chair.

Huina ʻUmi Kūmāhiku

I. NĀ ʻŌLELO KUMU

1. Ua maʻi ʻia ʻo Kānepuʻu.
2. Ua maikaʻi iki hoʻi ʻo Kaleohana.
3. Ikaika nā iwi.
4. E lilo ana ʻo kuaʻana i wilikī.
5. Pehea i maopopo ai iā ʻoe?
6. No ke aha ʻoia i lohe ʻole ai?
7. No ke aha i lohe ʻole ai ʻoia?
8. Ua lilo loa ka noʻonoʻo i kāhi ʻe.
9. Ua lilo ka mea ʻai ā ka pōpoki.
10. Ua lilo ka pale wāwae i ka ʻilio.
11. Ua lilo mua iā Lehua.
12. E pāpale i kou pāpale lau hala.
13. I wela ʻole ke poʻo i ka lā.
14. Ua maʻa kuʻu poʻo i ka hele wale.
15. Hele pinepine au me ka pāpale ʻole.
16. Hele mau au me ka pāpale ʻole.
17. ʻAʻole │o kana│ mai ka wela o ka lā.
           │i kana│

Unit Seventeen

II. BASIC UTTERANCES

1. Kānepuʻu is ill.
2. Kaleohana is a little better.
3. I am in good health. (The bones are strong.)
4. (My) elder sibling will become an engineer.
5. How did/do you know?
6. Why didn't he/she hear?
7. Why didn't he/she hear?
8. The mind was busy (lost) elsewhere.
9. The cat's food is gone.
10. The dog took the slipper.
11. Lehua got it first.
12. Put on your pandanus hat.
13. So the head won't get hot.
14. My head is accustomed to going without (a hat).
15. I often go without a hat.
16. I always go without a hat.
17. The sun is terribly hot.

III. KA HOʻOHUI HUAʻŌLELO ʻANA

Ke kākau ʻana	Ka ʻōlelo ʻana
maikaʻi iki	maikaʻiʻiki
nā iwi	nāiwi
lilo ana	liloana
kuaʻana i wilikī	kuaʻanai wilikī

'ole ai	'oleai
pale wāwae i	palewāwaei
mua iā	muaiyā
pāpale i kou	pāpaleikou
po'o i ka	po'oika
pinepine au	pinepineau
mau au	mauau
'a'ole o kana	'a'oleokana
'a'ole i kana	'a'oleikana

Final *u* and final *o*

au (I)	ao (cloud)
'au (swim, handle of utensil)	'ao (a bud)
'au'au (to bathe)	'ao'ao (side, page)
hau (tree of the hibiscus family)	hao (to scoop, iron)
kau (place on something)	kao (goat)
mau (always)	mao (to clear, as rain)
nāu (for you)	nao (to thrust the hand into an opening)
naunau (to munch)	naonao (ants)

IV.   HO'OMA'AMA'A KUMU HO'OHĀLIKE

A.   Simple substitution

1.   Statements about illness

a.   Ua ma'i 'ia | 'o Kānepu'u.
ke keiki.
ko'u makuahine.
nā haumāna.

b.   Ua maika'i iki | 'o Kaleohana | i keia lā.
'oia
ko'u makuahine
lāua/lākou

Reminder: Nā haumāna may be dual or plural, so we substitute both the dual and plural forms of the pronoun.

c. Ua maikaʻi iki | koʻu | ola kino.
                   | kona |
                   | ko lāua |
                   | ko Lono |
                   | ko ke keiki |
                   | ko kaina |

d. Ua maikaʻi iki ke ola kino o | ke keiki.
                                 | nā haumāna.
                                 | koʻu makuakāne.
                                 | koʻu mau mākua.
                                 | kuaʻana.

e. Ua maikaʻi iki ka | lima | o ke keiki.
                      | wāwae |
                      | maka |

f. Repeat. Use *koʻu makuakāne*, and *kaina* in the *ke keiki* slot.

2. *Lilo* (become)
    a. Is going to become: future tense
        1) E lilo ana | ʻo Kaleo | i | kākau ʻōlelo.
                       | ʻo kaina | | kumu kula.
                       | ka hiapo | | lawaiʻa.
                       | ʻo kuaʻana | | lōio.

    b. Has become/became: Use *ua lilo* in the *e lilo ana* slot in 1) and 2) above.
    c. Became
        Lilo ʻo Kaleo i
            kākau ʻōlelo | i nehinei.
                         | i nehinei a ia lā aku (lāʻaku).
                         | i kēlā lā aku nei.
                         | i kēlā mahina aku nei.

3. *Lilo* (absorbed in/lost in/busy/very busy)
    a. Ua lilo | au | i ka heluhelu moʻolelo.
               | ʻoia |
               | ʻo Lono |
               | ka haumāna |

b. Repeat: Use *nānā kiʻi, hoʻolohe radio (pahu
    ʻapo leo)*, and *hoʻolohe iā Manu* in the *heluhelu
    moʻolelo* slot.

c. Ua lilo loa | au | i ka heluhelu moʻolelo.
    | ʻoia | A pēlā aku.

d. Ua lilo loa ka noʻonoʻo i | kāna | hana.
    | kaʻu |
    | kā lāua |

4. *Lilo* (lost to/taken by someone)

a. Ua lilo ka mea ʻai i ka | ʻilio.
    | pōpoki.
    | ʻaihue (thief).

b. Ua lilo | kaʻu | kālā i ka ʻaihue.
    | kā māua |
    | kāna |
    | kā Manu |

c. Ua lilo mua | iaʻu, | mai lawe ʻoe.
    | iā lāua, |
    | iā Lehua, |
    | iā kaina, |
    | i ke kauka, |

d. Use *e* in the *mua* slot. This is another way of
    saying "taken first by/lost first to."

e. Ua lilo mua
    kēnā wahi | iā Lehua, | mai noho ʻoe
    | i ke kauka, | malaila.
    | iā kaina, |
    | i ko kuaʻana, |

f. Ua lilo ka mea ʻai ā | ka pōpoki.
    | ke keiki.
    | ka pēpē (baby).
    | ka luahine (old lady).

g. Ua lilo | kā pēpē | mea ʻai i ka pōpoki.
    | kā kaina |
    | kā Manu |

h.   Ua lilo ka mea 'ai ā | ka pēpē | i ka 'ilio.
                                 | pēpē |
                                 | ke keiki |

i.   Ua lilo | ke kuka o ke keiki | i ka 'aihue.
                | ke ka'a o ke kauka |
                | ka puke ā ka haumāna |

5. Statements about putting on one's hat

a.   E pāpale | 'oe | i | kou | pāpale.
                 | 'olua | | ko 'olua |
                 | 'oukou | | ko 'oukou |

b.   E | pāpale | 'oe i kou | pāpale i wela 'ole kou po'o.
        | komo | | kāma'a i 'eha 'ole kou wāwae.
        | 'a'ahu | | kuka i anuanu 'ole 'oe.

c.   Ua ma'a ko'u | po'o | i ka hele me | ka pāpale 'ole.
                    | wāwae | | ke kāma'a 'ole.

d.   Ua ma'a ko'u | po'o | i ka hele wale.
                    | wāwae |

e.   Ua ma'a au i ka hele me | ka pāpale | 'ole.
                           | ke kāma'a |
                           | ke kuka |
                           | ka pale wāwae |

f.   Repeat: Use 'oia, 'o Lono, 'o kaina, and māua in the
      au slot.

g.   Hele mau wau me | ka pāpale | 'ole.
                      | ke kāma'a |
                      | ke kuka |
                      | ka pale wāwae |

h.   Repeat: Use pinepine for mau and for au use 'oia,
      'o Lono, 'o kua'ana, and lāua.

6. Questions and answers about not hearing, etc.

a.   No ke aha i | lohe | 'ole ai 'oe i | ke kumu?
                  | hele | | ke kula?
                  | hana | | ka hana?
                  | 'ike | | iā Manu?
                  | ki'i | | ke ka'a?

No koʻu lilo loa i ka | heluhelu moʻolelo.
hana.
kamaʻilio me Lono.
hiamoe.
pāʻani.

b. Repeat the questions in 4a using *ʻolua, ʻoukou, lāua,*
and *lākou* in the *ʻoe* slot.
In the replies use the correct word in the *koʻu* slot.

c. No ke aha i
lohe ʻole ai | ka haumāna | i ka haʻiʻōlelo?
kāu poʻe haumāna
ʻo Lono
ko kaina

No ka lilo loa i | ka heluhelu nūpepa.
ke kākau haʻawina.
ke kamaʻilio.
ka nānā kiʻi.

d. No ke aha i lohe ʻole ai | kou makuahine?
ko Lono makuakāne?

1) No ka nui loa o | ka ua.
ke kulikuli (noise).

2) No ka lilo loa paha | i ka hana.
i ka hoʻolohe moʻolelo.
i ke kamaʻilio me ke kumu.
i ka nānā i nā kaʻa hou.

7. An incredible amount

a. ʻAʻole o kana mai ka | ʻeha o kuʻu | lima.
wāwae.

wela o kona | poʻo.
kua.
wāwae.
maka.

wela o | ka lā.
ke alanui.

b.   'A'ole i kaṅa mai ka nui o ka | hana.
                                   | wai.
                                   | mea 'ai.
                                   | i'a (fish).
                                   | laiki (rice).

V.   HE MAU PĀPĀ'ŌLELO

1.   Pehea 'o māmā?   1.   Ua ma'i 'ia 'oia.
2.   He aha kona pilikia?   2.   He pīwa kona. Ikaika ka
                                        pīwa.
3.   Ua hele 'oia i ke kauka?   3.   'A'ole. Ua hele a'e ke
                                        kauka i kauhale.
4.   A pehea?   4.   Ua maika'i iki 'o māmā.
5.   Aloha aku iā ia.   5.   Mahalo.

1.   Pehea 'o pāpā?   1.   Ikaika nā iwi. A 'o 'oe?
2.   Maika'i ko'u ola kino.   2.   'Ano 'ōma'ima'i au.
     A pehea kou ola kino?
3.   E hele ana 'oe i ke kauka?   3.   E hele ana au i keia lā.
4.   Maika'i kēlā.

1.   E lilo ana 'o kaina i kumu   1.   Nā wai i 'ōlelo iā 'oe?
     kula.
2.   Nāna nō.   2.   Aia 'oia ma ke kula hea?
3.   Aia 'oia ma ke kula nui   3.   Āhea 'oia e puka ai?
     'o Hawai'i.
4.   I keia makahiki a'e.

1.   Aia i hea ka mea 'ai ā ka   1.   Ua lilo aku nei paha i ka
     pōpoki?   'ilio.
2.   E ki'i hou aku i mea 'ai nā   2.   Aia i hea ka mea 'ai?
     ka pōpoki.
3.   Aia i loko o kēlā pahu (box). 3.   E ki'i a'e au.

1.   Ua 'ike mai nei 'o Lono iā   1.   'A'ole 'oia i 'ike mai nei
     'oe?   ia'u.
2.   No ke aha mai?   2.   Ua lilo loa 'oia i ke kākau
                                        leka.

3. Ua 'ike mai nei kona makuahine iā 'oe?

3. 'A'ole. Ua lilo loa 'oia i heluhelu nūpepa.

1. Ua lilo ka'u puke ha'awina.
2. Lilo paha i ka 'aihue.

1. Lilo iā wai?
2. Ua nīnau 'oe i kekahi o nā haumāna?

3. 'A'ole wau i nīnau.

3. Ua lawe paha kekāhi o lākou no ka manawa wale nō.

4. E nīnau aku wau i ka lā 'apōpō.
5. 'A'ole au e poina.

4. Mai poina i ka nīnau aku.

1. He ka'a maika'i kēlā.
2. 'A'ole.
3. Ua lilo mua i ke kauka.

1. E kū'ai ana 'oe?
2. No ke aha mai?

1. E pāpale i kou pāpale.
2. I wela 'ole ke po'o.

1. No ke aha mai?
2. Hele pinepine au me ka pāpale 'ole.

3. 'A'ole i kana mai ka wela o ka lā i keia lā.
4. Mai wahapa'a mai 'oe ia'u.

3. Ua ma'a ku'u po'o i ka hele wale.

1. E komo i kou kāma'a.
2. Aia i hea kou kāma'a?
3. E komo i pale wāwae.
4. Wela ke alanui.

1. 'A'ohe o'u kāma'a.
2. Ua lilo i ka 'aihue.
3. No ke aha mai?
4. Ua ma'a ko'u mau wāwae i ka hele wale.

VI. NO KA HO'OMA'AMA'A HOU 'ANA AKU.

A. He mau nīnau a he mau pane

1. Pehea 'o Kaleo?
   Ua maika'i iki ho'i.
2. Pehea ko kaina?
   Ua ma'i 'ia 'oia.
3. E lilo ana ko kaina i aha?
   E lilo ana paha 'oia i wilikī.

4. No ke aha i pane 'ole ai 'oe i ke kelepona?

No ku'u lilo loa i ka hiamoe. 'A'ole au i lohe.

5. Aia i hea ka mea 'ai ā pēpē?

a. Aia i luna o kēlā pākaukau.

b. Ua lilo paha i ka pōpoki.

6. No ke aha 'oe i nānā pono 'ole ai?

No ku'u lilo i ka ho'olohe iā Manu.

7. Aia i hea kou pāpale lau hala?

Ua lilo i ka makani.

8. Aia i hea kou papale lau niu?

Ua ha'awi 'ia e a'u i kekahi malihini.

9. E kū'ai ana 'oe i kēnā lole?

'A'ole, ua lilo mua iā Lani.

10. 'A'ole 'oe e pāpale ana i kou pāpale?

Hele pinepine au me ka pāpale 'ole.

B. No ka hua 'ōlelo i — "so"

1. E mālama pono i lilo 'ole kāu kālā.

2. E mālama pono i ma'i 'ole 'oe.

3. E ho'olohe pono i maopopo pono iā 'oe.

4. Ua hele au me Lehua i 'ike au i kona hoaloha.

5. E kali 'oe ma'ane'i i 'ike mai 'o Lono iā 'oe.

C. No nā wā (tense) like 'ole

1. Ka hua 'ōlelo "lilo"

a. Wā mahope: E lilo ana 'o Kanoe i kākau 'ōlelo.

E lilo ana 'o Kanoe i kākau 'ōlelo i keia pule a'e.

b. Wā hala: Lilo 'o kua'ana i lōio i kēlā mahina aku nei.

Lilo ku'u kuka i ka 'aihue i nehinei.

'A'ole i lilo ku'u kuka i ka aihue i nehinei.

c. Wā hala 'anō: Ua lilo 'o Kanoe i kauka.

Ua lilo 'o kaina i kumu kula.

2. Ka hua 'ōlelo "noho"—to sit, to live, to stay

a. Wā 'anō: Eia au ke noho nei ma Makiki.

Ke noho nei au ma Makiki i keia manawa.

Noho au ma'ane'i no ko'u makemake i keia wahi.

Mai noho 'oe malaila; | he wahi lepo kēnā.
| lepo kēnā wahi.

  b. Wā mahope: E noho ana au me Lehua i ka lā ʻapōpō.

         E noho ana ʻo kuaʻana me kaina i keia pō.

         E noho ana ka hiapo me ka muli loa.

  c. Wā hala: Ua noho au me Lono mamua.

         Noho au me Kaleo i kēlā makahiki aku nei.

         Noho au ma Waikīkī i ka Pōʻakahi aku nei.

  d. Wā hala ʻanō: Ua noho au ma Hilo.

         Ua noho mau au maʻaneʻi.

         Maʻaneʻi au i noho mau ai.

         Ua noho au maʻaneʻi mai koʻu wā kamaliʻi mai.

         ʻAʻole au i noho mau ma keia wahi.

3. Ka huaʻōlelo "hele"

  a. Wā ʻanō: Hele mau au me Lehua (always go).

         Hele pinepine au i ko Lono wahi (often go/ go frequently).

         I kekahi manawa ke hele au ilaila, pāʻani kinipōpō wāwae māua.

  b. Wā mahope: E hele ana au me Lehua i keia ahiahi.

         E hele ana māua i ke kūʻai emi (sale).

         E hele ʻe ana (going ahead) ʻo Kaleo.

         I keia pō au e hele ai.

         I ka pō ʻapōpō e hele ai ʻo Lehua.

  c. Wā hala: Hele au ilaila i nehinei (went).

         Ua hele au ilaila i nehinei (went).

         Hele au i ke kūʻai emi i ke ahiahi nei.

         Hele au i ke kauka i ke kakahiaka nei.

  d. Wā hala ʻanō: Ua hele au i Maui (have been).

         Ua hele au i Maui me kuʻu makuahine.

         Ua hele ke keiki i Oʻahu i ke kula (has gone).

D. **E haku i nīnau no kēlā me keia pane ma lalo nei.**

1. Nā Kealoha i lawe iaʻu i ke kula.

2. Aia kāhi o ke kumu ma ke alanui Liliha.

3. Ua lilo loa au i ka heluhelu moʻolelo.

4. Ua lilo koʻu kāmaʻa i ka ʻilio.

5. Eia au ma waho nei.

6. Maopopo iaʻu ka helu kelepona.

7. Aia iā Manu ka helu kelepona.

8. Ikaika nā iwi.
9. Koe aku ia.
10. 'A'ole na'u kēnā penikala.

E. **He mau 'ōlelo kuhikuhi 'ia**

1. Say your back hurts a lot.
2. Ask Lehua (politely) to massage your back.
3. Tell the person to face downward.
4. Tell Ka'ohe to take care of his injured hand.
5. Ka'ohe says he will not neglect it.
6. Tell Kealoha the teacher wants him.
7. Kealoha does not quite believe it and indicates so in his response.
8. Say Kala is going to become a teacher.
9. Say the cat took the child's food.
10. Say Lono's place is near your place.

F. **In another unit nouns were listed with the proper definite article, singular number—*ka* before some and *ke* before others.**

Make a list of the nouns in this unit and place before each the proper definite article, single number. Remember that "ke" is sometimes used in verb forms.

G. **No Hawai'i i ke au kahiko**

He nui nā 'ano hana e hana 'ia nei i keia manawa i hana 'ole 'ia e ka Hawai'i o ke au kahiko (olden times) a o kekahi 'ano hana i hana 'ia ai 'a'ohe hana 'ia i keia manawa.

I ke au kahiko he mahi'ai kekahi 'ano hana ā ka Hawai'i. He lawai'a kekahi 'ano hana. He kālai wa'a kekahi 'ano hana. He kāpili manu kekahi 'ano hana. Nā nā kāne keia mau hana.

Eia kekahi mau hana ā nā wāhine: 'O ka nala moena a pāpale paha; 'o ka hana kapa pa'upa'ū; 'o ka hele i kahakai e hana limu ai a e lawai'a ai maloko mai o ka pūko'a.

'O nā 'li'i 'a'ohe o lākou hana i nā hana i hō'ike 'ia ma luna a'e. Ho'oma'ama'a lākou no ka 'oihana kaua—'o ka pahu ihe, 'o ke a'o 'ana i nā hāuna lā'au no ke kaua 'ana me ka lā'au pālau; 'o ka hākōkō; 'o ka lua a pēlā aku.

Ma mua o ka hele ʻana o ka lawaiʻa e lawaiʻa, pule ʻoia i kona kūʻula. Mālama kūʻula kēlā lawaiʻa, keia lawaiʻa i nona kōkua ke hele ʻoia e lawaiʻa. ʻO ka mahiʻai, pule no hoʻi ʻoia i ke akua mahiʻai. Pule no hoʻi ke kāpili manu i kona akua.

H.   **Pule a ke Kapili Manu**   **The Birdhunter's Prayer**

Na aumakua i ka Po,	Spirits of the Darkness primeval,
Na aumakua i ke Ao,	Spirits of Light,
Ia Kane i ka Po,	To Kane, the eternal,
Ia Kanaloa i ka Po,	To Kanaloa the eternal,
Ia Hoʻomeha i ka Po,	To Hoʻomeha the eternal,
I kuʻu mau kupuna a pau loa i ka Po,	To all my ancestors from eternity,
Ia Ku-huluhulumanu i ka Po:	To Ku-huluhulumanu, the eternal:
Pale ka Po,	That you may banish the Darkness,
A puka i ke Ao.	That we may enter the Light.
Owau, o Eleele, ka mea iaia ka mana,	To me, Eleele, give divine power,
Homai he ike,	Give intelligence,
Homai he loaa nui,	Give great success,
Pii oukou a ke kuahiwi,	Climb to the wooded mountain,
A ke kualono,	To the mountain ridges,
Hoʻa mai oukou i ka manu a pau,	Gather all the birds,
Hooili oukou iluna o ke kepau kahi e pili ai.	Bring them to my gum to be fast.
Amama! Ua noa!	Amen! The way is open!

[Emerson 1894:104]

(Prayer once used by an old bird-hunter of Hilo, according to a form that has come down from ancient times.)

I.   **No ka hala**

He nui nā 'ano mea ā ka Hawai'i i hana ai me ka hala. Hana lei
ka Hawai'i me ka hua o ka hala. 'Ai no ho'i 'oia i ka 'ano'ano
(seed, kernel) o ka hala. Hana 'oia i pahu nala pāpale (hat block)
me ke kumu (trunk) o ka hala.

Hana moena ka Hawai'i me ka lau hala. Nā 'ano moena like
'ole. Moena 'aina; moena hāli'i papahele (floor) ma luna o ka
'ili'ili ai'ole ma luna o ka lepo; moena e moe ai; moena no ka
hālau wa'a (canoe shed) a moena 'a'ahu, 'oia ho'i i kapa e hele ai
i ka lā me ka ua. Nala pāpale nō ho'i ka Hawai'i me ka lau hala a
i kekahi manawa ke loa'a 'ole ka mau'u pili, 'o ka lau hala nō
ke pili.

Eia kekahi (Here's something else). Nala hīna'i (basket) ka
Hawai'i me ka lau hala—hīna'i lole, hīna'i lawai'a 'ōpae, hīna'i
'u'uku me ke po'i (cover) i kapa 'ia "poho paka" ai'ole "kā paka."

'O Puna ka 'āina nui o ka hala nolaila kapa 'ia ia 'āina 'o Puna
paia 'ala i ka hala. He 'āina i ho'okaulana 'ia ma nā mele a me nā
leo mele.

VII. NO KA PILINA 'ŌLELO A ME KA PAPA 'ŌLELO

1. Distribution of noun and pronoun subject in sentences about improved health.

    a.   Ua maika'i iki | 'o Kaleohana.
    | | 'oia.
    | | 'o kaina.

    b.   Ua maika'i iki | ko'u | ola kino.
    | | ko Lono |
    | | ko ke keiki |

    c.   Ua maika'i iki ke ola kino o | ke keiki.
    | | ko'u makuahine.
    | | nā haumāna.

    Observe that in "a" we have both noun and pronoun subjects.
    > The person is better.

    In "b" and "c" the noun *health* is the subject.

2. *Lilo* essentially means "lost." It is used also to mean "taken away" and "become." When used in positive statements to indicate completed action or past tense, *lilo* is generally used with *ua*. When used to indicate incomplete action or future tense, *lilo* is generally used with *e* . . . ana. The various ways in which *lilo* may be used are given in some detail in the pattern practice material.

3. *I* meaning "so." The particle *i* is used in so many different ways that it is important to observe its proper usage. Check the basic utterances again to see how *i* is used to mean "so."

4. *Mua* meaning "first" or "beforehand." *'E* may be substituted for *mua*.

    Ua lilo mua/'e | iā Lehua.
    | | iā lāua.
    | | i ke kauka.

5. *Pāpale*, like many Hawaiian words, may be a verb as well as a noun. In this unit it is used as both.

    > E pāpale 'oe i kou pāpale.

    The first "pāpale" is a verb, the second a noun. Of course the use of one word as more than one part of speech is not unique to the Hawaiian language.

6. *O kana* and *i kana* are superlative degree expressions. The utterance

'A'ole o kana/i kana mai . . .

may literally mean "terrible/awful" or "terribly/awfully" or "immeasureable/unbelievable" or "immeasureably/unbelievably," depending on what one prefers to say, or the nature of an utterance.

'A'ole i kana mai ka wela o ka lā.

The sun is/was terribly/awfully hot.

The heat of the sun is/was terrible/awful/unbelievable.

Some of the utterances such as

'A'ole i kana mai ka nui o ka | hana.
| wai.
| mea 'ai.

may be translated:

There is/was an unbelievable amount of | work.
| water.
| food.

A rarely used expression which has the same meaning is *i kae*.

7. Notice these special vocabulary items.

hele wale—go without or bare

Hele wale ke po'o. Go bareheaded.

hele mau—always go

Hele mau wau i laila. I always go there.

hele pinepine—go frequently or often

Hele pinepine wau i kahakai. I go to the beach frequently.

8. Observe the verb phrase *i . . . ai* with the negative *'ole* before *ai*. The utterance is in past tense, as indicated by the past tense marker *i*. It is followed by *ai* because the question involves "reason" (why) which occurs at the beginning of the utterance. Notice where the negative is placed.

9. *Ku'u*, which is a neutral possessive sometimes used to replace *ko'u*, especially in songs, has now been used in several units.

Huina 'Umi Kūmāwalu

I. NA 'ŌLELO KUMU

1. Ua lohe 'oe i ka nūhou?
2. 'A'ohe o'u ho'olohe i ke kūkala nūhou.
3. Inā 'oe i ho'olohe inā ua lohe 'oe.
4. Ua pōwā 'ia ka hale kula.
5. Ināhea i pōwā 'ia ai?
6. Ua loa'a nā | lawehala?
             | pōwā?
7. Mai loa'a lākou.
8. Ke 'imi 'ia ala no e nā māka'i.
9. Ua loa'a ho'i ke ki'i manamana lima.
10. He loa'a mai koe.
11. Ke loa'a, e ha'i mai.
12. Ke hiki ho'i.
13. Ua lilo anei kekahi mau mea?
14. Āhea e maopopo ai?
15. Āhea la.

He 'ōlelo no'eau

Aia i kula i ka 'ala'alapūloa. [Sheldon:52]

Unit Eighteen

II. BASIC UTTERANCES

1. Have you heard the news?
2. I don't listen to newscasts.
3. If you had listened, you would have heard.
4. The school | was / has been | burglarized.[1]
5. When was it burglarized?
6. Have the | culprits / robbers | been found?
7. They were almost/nearly caught.
8. They are being sought by the police.
9. Fingerprints were obtained.
10. Oh, they'll be found!
11. If they are found let me know.
12. If I can.

13. Were some things taken?
14. When will (it) be known?
15. I don't know when.

A proverb

Gone to the fields after the 'ala'alapūloa.[2]
(Gone on a fool's errand.) [Sheldon:52]

---

[1] Where both past and perfect forms are given, the rest of the sentence would determine exactly which tense is being used.
[2] More commonly known as *'uha-loa*, a medicinal herb.

III. KA HOʻOHUI HUAʻŌLELO ʻANA

Ke kākau ʻana	Ka ʻōlelo ʻana
ʻoe i lohe	ʻoei lohe
hoʻolohe i	hoʻolohei
ināhea i	ināheai
ʻia ai	ʻiaʻai
ʻia ala e nā	ʻiaʻalaenā
loaʻa e haʻi mai	loaʻae haʻi mai
āhea e	aheae
maopopo ai	maopopoai
inā ua	ināua

IV. HOʻOMAʻAMAʻA KUMU HOʻOHĀLIKE

A. Simple substitution

1. Ua lohe | ʻoe | i ka nūhou?
        | ʻolua |
        | ʻoukou |
        | ke kumu |
        | kou makuakāne |

    a. Ua lohe | au | i ka nūhou.
            | māua |
            | mākou |
            | ke kumu/ʻoia |
            | koʻu makuakāne/ʻoia |

    b. ʻAʻole | au | i lohe i ka nūhou.
            | māua |

    c. ʻAʻole i lohe | ʻo Lono | i ka nūhou.
                | ke kumu |
                | koʻu makuakāne |

2. ʻAʻohe | oʻu | hoʻolohe i ke kūkala nūhou.
        | o lāua |
        | ona |

3. 'A'ohe ho'olohe │ 'o Lono ‖ i ke kūkala nūhou.
ko'u makuakāne
ke kumu

4. Ua pōwā 'ia │ ka hale kula.
ko Kalā hale.
ko'u hale.
ka hale o ke kumu.

5. Ināhea i pōwā 'ia ai │ ka hale kula?
ko Kalā hale?
kou hale?
ka hale o ke kumu?

       Pōwā 'ia │ ka hale kula ‖ i ka pō nei.
ko Kalā hale
ko'u hale
ka hale o ke kumu

6. Ua loa'a │ nā lawehala │ i ka māka'i?
lāua
lākou
ka 'aihue

  a. Mai loa'a │ nā lawehala │ i ka māka'i.
lāua
lākou
ka 'aihue

  b. He │ loa'a │ mai koe.
'eha
'uwē
kākau

  c. 'Ae, e │ loa'a │ ana nō!
'eha
'uwē
kākau mai

  d. Ke loa'a, e │ ha'i │ mai/a'e/aku.
hele
kelepona
kākau

7. E ho'olohe i │ ke kūkala nūhou.
                 ke kumu a'o.
                 ke kauka.
                 kou mau mākua.

8. Ua lilo anei │ kekahi mau mea?
                 kekahi mau puke?
                 ke kālā?
                 kāu puke?

9. Ua lilo paha, 'a'ole
   paha, 'a'ohe maopopo │ ia'u.
                          iā māua.
                          iā Lono.
                          i ko'u makuakāne.
                          i ke kumu.

B.   Double substitution

1. Ināhea i │ pōwa │ 'ia ai │ ka hale kula?
             lawe   ke kālā?
             ki'i   ke ka'a?
             lawe   ka puke?

   Pōwā │ 'ia │ ka hale kula │ i │ ke ahiahi o nehinei.
   Lawe   ke kālā   ka pō nei.
   Ki'i   ke ka'a   ka 'auinalā o nehinei.
   Lawe   ka puke   keia kakahiaka nui.

2. Ua loa'a │ nā lawehala │ i ka māka'i │ i nehinei.
             nā pōwā   i ke kakahiaka nei.
             ka 'aihue   i keia kakahiaka.

3. Ua loa'a │ lākou │ i ka māka'i │ i ke ahiahi nei.
             lāua   i keia ahiahi.
             'oia

4. Āhea e │ maopopo │ ai kāu │ kaha?   'Apōpō paha.
            pau   hana?   I ka hola
                                          'elima.
            loa'a   kālā?   I keia 'auinalā.
            ho'omaka   papa?   I ka hapalua
                                          hola 'ehiku.
            mākaukau   ha'awina? 'Apōpō a iā lā
                                          aku.

5. Inā | 'oe | i ho'olohe i ke kūkala nūhou, inā ua lohe | 'oe.
      | 'olua | | 'olua.
      | 'oukou | | 'oukou.
      | 'oia | | 'oia.

V. HE MAU PĀPĀ'ŌLELO

1. E Lono, ua lohe 'oe i ka nūhou?
2. Ua pōwā 'ia ka hale kula.
3. I ka pō nei.
4. Ua lohe au ma ke kūkala nūhou.

1. He aha ka nūhou?
2. 'Oia! Ināhea?
3. Pehea 'oe i lohe ai?

---

1. Ua pōwā 'ia ko Manu mā hale.
2. 'A'ole i loa'a akā ua loa'a ke ki'i manamana lima.
3. 'A'ole maopopo ia'u.
4. Āhea la. E ho'olohe i ke kūkala nūhou.

1. Ua loa'a nā pōwā?
2. He loa'a mai koe. Ua lilo kekahi mau mea?
3. Āhea e maopopo ai?
4. 'A'ohe o'u ho'olohe i ke kūkala nūhou.

---

1. Ua 'aihue 'ia kā Manu kālā.
2. Mai loa'a oia i ka māka'i.
3. 'A'ole i hiki koke mai ka māka'i.
4. I ke ahiahi nei.

1. Ua loa'a ka 'aihue?
2. Pehea i loa'a 'ole ai?
3. Ināhea i 'aihue 'ia ai ke kālā?

---

1. Ua pōwā 'ia ka hale o ke kumu.
2. 'A'ole maopopo ia'u.
3. Pēlā paha.
4. Ke 'imi 'ia ala e ka māka'i.
5. 'Ae, no ka mea ua loa'a ke ki'i manamana lima.

1. Ināhea?
2. Ua lilo kekahi mau mea?
3. Ua loa'a ka pōwā?
4. He loa'a mai koe.

---

1. E ho'olohe i ke kūkala nūhou i keia pō.
2. E pono e ho'olohe.
3. I lohe 'oe i ka lilo 'ana o kā Manu kālā.

1. Ke hiki ho'i.
2. I ke aha la?
3. Lilo iā wai?

4. Lilo i kekahi ʻaihue.

5. I ka pō nei paha.

6. He loaʻa mai koe.

4. Ināhea (i lilo ai)?

5. Ua loaʻa ka ʻaihue?

6. Maikaʻi loa inā e loaʻa oia.

1. Āhea e loaʻa ai kāu kaha?

2. Ua nīnau ʻoe i ke kumu?

3. E nīnau aku.

4. ʻAe, i nehinei.

1. ʻAʻole maopopo iaʻu.

2. ʻAʻole (au i nīnau).

3. Ua loaʻa kāu kaha?

4. ʻApōpō au e nīnau ai.

1. Hoʻolohe nō kou makuahine i ke kūkala nūhou?

2. E ʻōlelo aku iā ia e hoʻolohe i keia pō.

3. Inā ʻoia e hoʻolohe e lohe ana ʻoia i kaʻu kumu.

4. ʻE. E kōkua ana nō keia pō wale nō.

1. I kekahi manawa (hoʻolohe nō ʻoia).

2. No ke aha mai?

3. E kūkala nūhou ana kāu kumu?

4. Inā pēlā e hoʻolohe aku mākou.

VI.   NO KA HOʻOMAʻAMAʻA HOU ʻANA AKU.

A.   He mau nīnau a he mau pane.

1. Ināhea i pōwā ʻia ai ka hale kula?
   Pōwā ʻia ka hale kula i ke ahiahi nei.

2. Ināhea i lawe ʻia ai ke kaʻa o ke kumu?
   Lawe ʻia ke kaʻa o ke kumu i ka pō nei.

3. Nā wai i lawe i ke kaʻa o ke kumu?
   a. ʻAʻole maopopo iaʻu.
   b. Nā wai la.

4. Ua loaʻa nā lawehala i ka mākaʻi?
   He loaʻa mai koe.

5. Ua loaʻa ka ʻaihue i ka mākaʻi?
   Ke ʻimi ʻia ala nō e ka mākaʻi.

6. Ua loaʻa lāua?
   a. Ua loaʻa lāua i ke kumu.
   b. ʻAʻole lāua i loaʻa i ke kumu.

7. Ua lohe ʻo Manu i ka nūhou?
   a. Ua lohe ʻoia i ka nūhou.
   b. ʻAʻole ʻoia i lohe i ka nūhou.

8. Ho'olohe nō 'oe i ke kūkala nūhou?

    a.   I kekāhi manawa ho'olohe nō wau.

    b.   'A'ohe o'u ho'olohe (i ke kūkala nūhou).

9. Pehea, e loa'a ana ka 'aihue?

    a.   'Ae, e loa'a ana nō.

    b.   'A'ole paha 'oia e loa'a ana.

10. Ua ha'i aku 'o Lehua i ka nūhou iā 'oe?

    a.   Ua ha'i mai 'oia (i ka nūhou ia'u) i nehinei.

    b.   'A'ole 'oia i ha'i mai (i ka nūhou ia'u).

11. Ua loa'a ka puke iā 'oe?

    a.   Pane 'ike loa.

    b.   Pane hō'ole. (Nā ka haumāna e haku.)

12. Ua 'ike aku nei 'oe iā Manu?

    a.   Pane 'ike loa.

    b.   Pane hō'ole.

13. Ua loa'a kāu hana?

    a.   Pane 'ike loa.

    b.   Pane hō'ole.

B.   He mana'oha'i

1. Pōwā 'ia ke kula i ka pō nei. Kāhea 'ia ka māka'i. Hele ka māka'i i ka hale kula. Ua 'ano lōhi lākou. 'A'ole i loa'a nā lawehala iā lākou. Aia nō ke 'imi 'ia ala. Ua loa'a ke ki'i manamana lima.

    Lohe 'o Kaleo i ke kūkala nūhou. Lohe 'oia ua pōwā 'ia ke kula. Kelepona 'oia i kona hoaloha e ha'i aku i ka nūhou iā ia. Nīnau kona hoaloha inā ua loa'a nā lawehala. 'Ōlelo aku 'o Kaleo 'a'ole i loa'a. Nīnau ka hoaloha no ke aha la i loa'a 'ole ai. 'Ōlelo aku 'o Kaleo 'a'ole i maopopo iā ia.

    a.   He mau nīnau no ka mana'oha'i.

        1)   Pehea i lohe ai 'o Kaleo ua pōwā 'ia ka hale kula?

        2)   No ke aha i loa'a 'ole ai nā lawehala?

        3)   He aha ka nīnau ā ko Kaleo hoaloha iā Kaleo?

        4)   He aha ka pane ā Kaleo?

C.   Ha'awina heluhelu wale no. No 'Umi-ā-Liloa.

He ali'i 'o Liloa ma ka mokupuni o Hawai'i i ke au kahiko. He ali'i nui 'oia no ka mokupuni o Hawai'i. Ma Waipi'o 'oia i noho ai.

    'O 'Umi kekahi o nā keiki ā Liloa. He kaikua'ana ko 'Umi. 'O Hakau kona inoa.

'O Akahiakuleana ka makuahine o 'Umi a 'o Piena ka
makuahine o Hakau. 'O Piena ka wahine hō'āo ā Liloa.

'A'ole i 'ike 'o 'Umi iā Liloa a 'ano nui 'oia. Ha'i aku kona
makuahine aia kona makuakāne pono'ī i Waipi'o. Hele 'o 'Umi i
Waipi'o. Hele pū 'o Omaokamau me ia. Ma ke alanui hui lāua me
kekahi 'ōpio. 'O Pumaiwa'a kona inoa. Hele pū lākou i Waipi'o.

D.   E pane i keia mau nīnau. Pane piha pono.

1.   Ua heluhelu 'oe i ka mo'olelo o 'Umi-a-Liloa?
2.   Ua 'ike 'oe i ke awaawa (valley) o Waipi'o ma ka mokupuni o
     Hawai'i?
3.   Ua hele 'oe i Haleakalā?
4.   Inā ua hele 'oe i laila, ināhea 'oe i hele ai?
5.   'O wai ka i hele me 'oe?
6.   I hea | 'olua | i noho ai?
         | 'oukou |
7.   Pehea | 'olua | i pi'i ai i Haleakalā?
          | 'oukou |
8.   Ua hele | 'olua | e māka'ika'i iā Lahainaluna?
            | 'oukou |
9.   He kula 'ano nui kēlā. No ke aha mai? Maopopo nō iā 'oe?
10. Nā wai i ho'okumu i kēlā kula?

E.   E heluhelu i keia mau hopuna'ōlelo a e nānā pono i ke 'ano o
     ka wā.

1.   Ua lohe 'oe i ka nūhou?   have . . . heard
2.   Ua lohe au i ka nūhou.   have . . . heard
3.   'A'ole au i lohe i ka nūhou.   have not heard
4.   Ua 'ike 'oe iā Kalā i nehinei?   did . . . see
5.   'A'ole au i 'ike iā ia i nehinei.   did not see
6.   Ua pōwā 'ia ke kula.   has been burglarized
                                          was burglarized
7.   Ua pōwā 'ia ke kula i ka pō nei.   was burglarized
8.   Ua loa'a nā lawehala?   have . . . been found?
                                          were (noun) caught?
9.   Ua loa'a nā lawehala i nehinei.   were found/caught
10. E loa'a ana | lāua.   will be found
                 | lākou.

11. Ua loaʻa ke kiʻi manamana lima.   have been obtained
                                                          were obtained
12. ʻAʻole i loaʻa nā pōwā.   have not been found
                                                          were not found

VII. NO KA PILINA ʻŌLELO A ME KA PAPA ʻŌLELO

1. *Oʻu* and *ona* are zero-class possessives used in expressions in present tense after *ʻaʻohe*.

    I don't listen to newscasts.

    ʻAʻohe oʻu hoʻolohe i ke kūkala nūhou.

    She/he does not read the newspapers.

    ʻAʻohe ona heluhelu i ka nūpepa.

2. *Loaʻa* is used here to mean "catch," "find," or "obtain." The use of *ua* makes the utterances present perfect tense.

    Have the culprits been found?

    Ua loaʻa nā lawehala?

    The fingerprints have been obtained.

    Ua loaʻa ke kiʻi manamana lima.

3. *Mai* as used in *mai loaʻa lākou* means "almost" or "nearly." Other meanings of *mai* were learned in earlier units.

    Directional *mai*: Units 7, 8, 9, 10, 14.

    Imperative *mai*: Units 6, 8, 15, 16.

4. *Koe* in this unit indicates that one believes something will be accomplished.

    (Wait and see) they'll be found.

    He loaʻa mai koe.

5. *Ke* is used in declarative statements, future tense, to mean "when."

    When (they're) found │ tell me.
                                       │ let me know.

    Ke loaʻa e haʻi mai.

    When your work is done, come.

    Ke pau kāu hana, hele mai.

6. *Ke,* used to mean "if."

    If (I) can.

    Ke hiki hoʻi.

7. *Ke* in a variation of the "ke . . . nei" pattern referring to an ongoing activity.

> (They are) being sought by the police.
> Ke 'imi 'ia ala e ka māka'i.

Ala replaces *nei* because the searchers are some distance away. *'Ia* is passive voice marker. "Police," *māka'i*, is the agent.

8. *Ai* is part of verb utterances in expressions containing reference to time, place, manner, instrument, or cause when any of these precedes the predicate.

> When was it burglarized?
> Ināhea i pōwā 'ia ai?

> When will it be known?
> Āhea e maopopo ai?

> How will you go?
> Pehea 'oe e hele ai?

9. *Ua*, as has been pointed out elsewhere, sometimes indicates completed action and generally includes a changed condition. Completed action may range from now to different past actions such as past tense, perfect tense, or past perfect tense. The tense is determined by content.

> The schoolhouse has been burglarized.
> Ua pōwā 'ia ka hale kula.

> Have the police caught the culprits?
> Ua loa'a nā lawehala i ka māka'i?

> The culprits have been found by the police.
> Ua loa'a nā lawehala i ka māka'i.

> The culprits were found yesterday by the police.
> Ua loa'a nā lawehala i ka māka'i i nehinei.

The foregoing serves to illustrate further the somewhat complex nature of *ua*.

10. *Inā* . . . inā is a double subjunctive construction.

> If you had listened you would have heard.
> Inā 'oe i ho'olohe, inā ua lohe 'oe.

11. *'A'ole i hiki koke mai* means "did not arrive or come quickly."

Huina ʻUmi Kumāiwa

I. NĀ ʻŌLELO KUMU

1. ʻOia wale nō kāu kumu, ʻaʻole anei?
2. He kumu kaʻu no kēlā haʻawina keia haʻawina.
3. Ma ke kula hea?
4. He kamanā koʻu makuakāne.
5. He ana ʻāina kaʻu hana.
6. He mahiʻai paha kēlā poʻe.
7. Hilahila au.
8. ʻAno hemahema kaʻu kamaʻilio ʻana.
9. ʻOi aku koʻu hemahema i kou.
10. ʻAʻohe oʻu mākaukau i ka ʻōlelo Hawaiʻi.
11. E namu haole aku nō hoʻi.
12. Cha (tsa). ʻOi aku ka hilahila.
13. ʻAʻole ia he mea │ e hilahila ai.
    │ hewa.
14. Pēlā nō paha, akā hilahila nō wau.
15. E kamaʻilio ʻoe │ iā ia.
    │ me ia.
16. Hiki nō iā ʻoe ke haʻi mai?

He mau ʻōlelo nane

Kuu wahi ia, ke moku ke poo, ola no i ka huli. [Judd:71]
He ia kaʻu, aia i ka hohonu. [Judd:74]

Unit Nineteen

II. BASIC UTTERANCES

1. He/she is your only teacher, isn't that so?
2. I have a teacher for each subject (lesson).
3. At what school?
4. My father is a carpenter.
5. Surveying is my job.
6. Perhaps those people are farmers.
7. I feel embarrassed.
8. I speak somewhat ineptly.
9. My ineptness is greater than yours.
10. I'm not competent in speaking Hawaiian.
11. Speak English then.
12. Goodness, that's more embarrassing.
13. That's not a thing to be | embarrassed about.
    | ashamed of.
14. Perhaps not, but still I'm embarrassed.
15. Speak | to him/her.
    | with him/her.
16. Can you tell (me)?

Some riddles

My fish, if the head is cut off, it continues to live in the sprout.
Answer: Taro plant. (The fish is the main stem; when the taro is cut, it lives by the sprout.) [Judd:71]
I have a fish, it lives in the deep. Answer: The *akule*. (A deep sea fish.) [Judd:74]

III.   KA HOʻOHUI HUAʻŌLELO ʻANA.

Ke kākau ʻana	Ka ʻōlelo ʻana
ʻaʻ ole anei?	ʻaʻoleanei?
hilahila au	hilahilāḍu
ʻoi aku	ʻoiaku
ʻaʻole ia	ʻaʻoleia
hilahila ai	hilahilāḍi
ʻoe iā ia	ʻoeiyāiya
me ia	meia
he ana	heana

IV.   HOʻOMAʻAMAʻA KUMU HOʻOHĀLIKE

A.   Simple substitution

1.   Ma | ke kula | hea? Hiki iā ʻoe ke haʻi mai?
	alanui
	ka ʻaoʻao
	hale ʻaina
	puke
	haʻawina

2.   Hiki iā ʻoe ke haʻi mai ma | ke kula hea?
   | | alanui hea?
   | | ka ʻaoʻao hea?

3.   He haumāna | koʻu makuakāne.
   | | kaikuaʻana.
   | | kaikaina.
   | | kaikunāne.
   | | kaʻu mau keikikāne.

4.   He | kumu kula | koʻu makuakāne/ ko mākou makuakān
	mahiʻai
	kamanā
	lōio
	kauka
	ana ʻāina
	lawaiʻa

5. He ana ʻāina ʻo | pāpā.
    kuaʻana.
    kaina.
    kunāne.
    Lono.

6. ʻAno hemahema | kaʻu | kamaʻilio ʻana.
    kāna
    kā ʻolua
    kā lākou
    kā māua
    kā Paʻikuli

7. ʻAno hemahema ke kamaʻilio ʻana ā | ke keiki.
    ka mahiʻai (farmer).
    nā haumāna.
    koʻu kaikaina.

8. ʻAʻohe | oʻu | mākaukau i ke kamaʻilio Hawaiʻi.
    ona
    o ʻoukou
    o lāua

9. ʻAʻohe mākaukau | o Lono | i ke kamaʻilio Hawaiʻi.
    o kaina
    o ke keiki

10. Hiki nō iā | ʻoe | ke haʻi mai/aku?
    lāua
    Lono

    Hiki nō | iā ia | ke haʻi aku/mai.
    iā lāua
    iā Lono

11. Repeat the question and replies: Use *nānā, hele, uku* (pay) instead of the verb *haʻi.*

12. Hiki nō iā ʻoe ke | kākau | mai? Formulate positive replies.
    lawe
    kiʻi

13. Hiki nō i | ke kumu | ke kākau mai/aku?
nā keiki
kou makuakāne

Haku i pane 'ike loa.

14. 'Oia wale nō   'Oia wale
     kāu | kumu?   nō ka'u | kumu.
        | keiki? | keiki.
        | kaikamahine? | kaikamahine.

15. 'Oia wale nō   'A'ole 'oia wale
     kāu | puke?   no ka'u | puke.
        | hana? | hana.
        | mea 'ai? | mea 'ai.
        | papa? | papa.

B. Variable substitution. E ho'olohe pono a e ho'opili i ke kumu.

Kumu ho'ohālike: He mahi'ai ka hana ā ko'u | makuakāne.
kaikaina | kaikaina.

         kamanā   He kamanā ka hana ā | ko'u kaikaina.
         nā kānaka | nā kānaka.

E ho'omau aku:

1. lawai'a   He lawai'a ka hana ā nā kānaka.
2. ko'u kaikua'ana   7.   Manu
3. ana 'āina   8.   kanu kō (cane planting)
4. kaina   9.   Kaleo
5. a'o kula   10.   wilikī (engineer)
6. lawe leka (carrying mail) 11.   kua'ana
              12.   mahi kō (cultivating cane)

C. Additional variable substitution. E ho'olohe peno a e ho'opili i ke kumu.

Kumu ho'ohālike: He lawe leka (mailman) | au.
     Manu | 'o Manu.
     kaina | 'o kaina.

     ko'u makuakāne   He lawe leka | ko'u makuakāne.
     keiki | ke keiki.

E ho'omau aku:

1. Kā'eo
2. kākau 'ōlelo
3. ko Lono makuakāne
4. ko'u kaikunāne
5. Kanamu
6. kahuna pule
7. kia'āina
8. ko Nākoa kaikua'ana
9. kāpena moku (ship's captain)

D.   Double substitution.

1. He kumu ka'u no kēlā

	ha'awina	keia	ha'awina.
	papa		papa.
	lā		lā.
	hana		hana.

2. He 'oi aku

	ko'u	hemahema i	kou.
	kona		ko'u.
	ko Kalā		ko'u.
	ko Kalā		kou.
	kou		ko Kalā.
	ko'u		ko Kalā.

V. HE MAU PĀPĀ'ŌLELO

1. He haumāna au.

1. He haumāna 'oe ma ke kula hea?

2. Ma ke kula nui o Hawai'i.
2. Aia i hea iā kula?

3. Aia iā kula ma Mānoa.
3. 'O wai kāu kumu?

4. 'O Kamika kāne ka'u kumu.
4. 'Oia wale nō kāu kumu?

5. 'A'ole. He kumu ka'u no kēlā ha'awina keia ha'awina.

1. He ana 'āina ka'u hana.
1. A pehea ko kaina?

2. He lawai'a 'oia.
2. A pehea kona hoaloha?

3. He kamanā 'oia.

4. Aia 'oia ke hana nei ma Pu'uloa.

3. Aia i hea 'oia e hana nei?

1. 'O wai la kēlā po'e ma'ō?

2. E hele 'oe e nīnau.

3. No ke aha mai?

4. E namu haole aku nō ho'i.

1. He po'e mahi'ai paha lākou.

2. Hilahila au.

3. 'Ano hemahema ka'u kama'ilio 'ana.

4. 'Auwē! 'Oi aku ka hilahila.

1. E kama'ilio 'oe me ka'u kumu 'ōlelo Hawai'i.

2. No ke aha mai?

3. 'A'ole ia he mea e hilahila ai.

4. Mai hilahila 'oe. He kanaka 'olu'olu 'oia.

1. Tsa! Hilahila au.

2. Hemahema ka'u kama'ilio 'ana.

3. Pēlā nō paha, akā hilahila nō wau.

1. E kama'ilio Hawai'i 'oe me Kaleo.

2. 'Ano hemahema nō kā Kaleo kama'ilio 'ana.

3. 'A'ole paha.

4. Ua kama'ilio au me ia.

1. 'A'ohe o'u mākaukau i ka 'ōlelo Hawai'i.

2. Pēlā nō paha, akā 'oi aku paha ko'u hemahema i kona.

3. Pehea i maopopo ai iā 'oe?

4. 'Oia!

'O Hulu: Aloha, e polopeka Kauwē.

Ka polopeka: Aloha, e Hulu.

'O Hulu: E 'ike mai 'oe iā Lono, ko'u hoaloha.

Ka polopeka: Aloha, e Lono.

'O Lono: Aloha, e polopeka Kauwē.

Ka polopeka: Pehea 'oe?

'O Lono: Maika'i nō, mahalo.

Ka polopeka: He haumāna 'oe ma ke kula nui nei?

'O Lono: 'A'ole, he hoaloha au no Hulu.

'O Hulu: He hana kā Lono.

Ka polopeka: He aha kāu hana, e Lono?

'O Lono: He ana 'āina ka'u hana.

Ka polopeka: Maika'i kēlā.

'O Lono: Mahalo. E hele paha au. He hana ka'u. A hui hou.

Ka polopeka: 'Ae. A hui hou aku nō.

VI.   NO KA HO'OMA'AMA'A HOU 'ANA AKU

A.   He mau nīnau a he mau pane

1.   'Oia wale nō kāu kumu?

    'A'ole 'oia wale nō ka'u kumu.

2.   He kamanā paha kou makuakāne 'a'ole paha?

    He kamanā 'oia.

3.   He aha kou kaikua'ana?

    He mahi'ai | ko'u kaikua'ana.
            | 'oia.

4.   Pehea kāu kama'ilio 'ana i ka 'ōlelo Hawai'i?

    'Ano hemahema ka'u kama'ilio 'ana.

5.   Hilahila paha 'oe i ke kama'ilio Hawai'i 'a'ole paha?

    'Ano hilahila au.

6.   No ke aha mai?

    No ka hemahema o ka'u kama'ilio 'ana.

7.   Mākaukau paha 'oe i ke kama'ilio Hawai'i 'a'ole paha?

    'A'ohe o'u mākaukau loa.

8.   He ana 'āina paha a i 'ole he kamanā paha kāu hana?

    He ana 'āina ka'u hana.

9.   'O wai kāu kumu ana 'āina?

    'O polopeka Kakina ka'u kumu.

10.   Aia 'oia ma ke kula hea e a'o nei?

    Aia 'oia ke a'o nei ma ke kula nui o Hawai'i.

B.   E pane i keia mau nīnau ma lalo iho ma ka 'ōlelo Hawai'i.

1.   Aia i hea 'oe e noho nei?

2.   He aha ka helu o kou wahi?

3.   He kelepona nō kāu? (Pane 'ike loa.)

4.   He aha ka helu o kāu kelepona?

5.   'O wai kou mau mākua?

6.   'Ehia ou kaikaina?

7.   'O wai kona/ko lāua/ko lākou inoa?

8. Nā wai i kākau i kā 'oukou puke 'ōlelo Hawai'i?
9. 'O wai kāu kumu 'ōlelo Hawai'i?
10. Aia i hea 'oia e noho nei?

C. **Give the negative of each of the following utterances.**

1. He kaikaina ko'u.
2. 'Oia wale nō kāu kumu?
3. 'Oia wale nō kāu puke?
4. He mahi'ai paha lākou.
5. Mākaukau au i ke kama'ilio Hawai'i.
6. Hemahema 'oia i ke kama'ilio Hawai'i.
7. Mākaukau nā haumāna i ke kama'ilio Hawai'i.
8. Ua 'ike au i kā Lono puke.
9. 'O ka'u penikala keia.
10. Ua mākaukau 'o Lani.

D. **He pāpā 'ōlelo. Ho'okahi wale nō 'ao'ao. E ho'opiha i ka 'ao'ao hakahaka.**

1. 'O wai ka inoa o kāu kumu?
2. Aia i hea kāhi o ke kumu?
3. Ua 'ike 'oe i kāhi o ke kumu?
4. Aia kona wahi ma ke alanui hea?
5. Pehea 'oia e hele ai i ke kula?
6. Aia i hea ke kula?

E. **'Ōlelo kuhikuhi 'ia**

1. Ask Lono what he does.
    Say you survey land.
2. Ask Lehua what she does.
    Say you teach school.
3. Ask Manu what his father does.
    Say he raises crops.
4. Ask Kalani if his father is a teacher.
    Say he is a carpenter.
5. Ask Lani what her mother does.
    Say your mother teaches school.
6. Ask Lono if he has only one class today.
    Say you have six classes.

7. Ask Manu if he can speak Hawaiian.
    Say you speak it somewhat incompetently.
8. Ask Manu if he has a Hawaiian language book.
    Answer in the negative.
9. Ask Manu how many classes he has today.
    Say you have four classes.
10. Ask Keli'i where his book is.
    Say your book is at home.
11. Ask Kepano if he has seen the teacher's book.
    Answer in the negative.
12. Say you are going to Hilo next week.
    Make a remark indicating disbelief.

F. Ho'oma'ama'a i ka ho'olō'ihi 'ana

1. a. E hele 'oe e nīnau. (i kēlā po'e)
    b. E hele 'oe e nīnau i kēlā po'e. (ma kēlā 'ao'ao)
    c. E hele 'oe e nīnau i kēlā po'e ma kēlā 'ao'ao.
2. a. Pēlā nō paha. (akā hilahila nō wau)
    b. Pēlā nō paha, akā hilahila nō wau. (i ke kama'ilio)
    c. Pēlā nō paha, akā hilahila nō
        wau i ke kama'ilio. | (me lākou)
                            | (iā lākou)
    d. Pēlā nō paha, akā hilahila nō wau
        i ke kama'ilio | me lākou.
                       | iā lākou. (i keia manawa)
    e. Pēlā nō paha, akā hilahila nō wau
        i ke kama'ilio | me lākou|
                       | iā lākou | i keia manawa.

VII. NO KA PILINA 'ŌLELO A ME KA PAPA 'ŌLELO

1. *I kēlā* + noun + *keia* + noun is a way of saying "each."
2. *'Ana* after a verb is the equivalent of the gerund; however, the
    English expression may not contain the gerund form.
    I speak somewhat ineptly.
    'Ano hemahema ka'u kama'ilio 'ana.

3. *'Oi* is a comparative degree expression meaning "more" or
    "greater."

    > (That is/it is) more embarrassing.
    > 'Oi aku ka hilahila.

4. *'Oi* followed by *i* in the latter part of an utterance is a
    comparative degree expression in some utterances in which
    than is used.

    > My | awkwardness | (is) greater than yours.
    > | ineptness |
    >
    > 'Oi aku ko'u hemahema i kou.

5. *Nō ho'i* is often used for emphasis.

    > Then speak (to him/her) in English.
    > E namu haole aku nō ho'i.

    The nonemphasized statement would be:

    > Speak to him/her in English.
    > E namu haole aku.

6. *Ai* was discussed in Unit Eighteen. In this unit *ai* is used in the
    predicate *e hilahila ai* because reference to reason, *he mea*, precedes
    the predicate.

7. *Pēlā* is used here to mean "that."

    > That may be so.
    > Pēlā nō paha.

8. *Iā ia* and *me ia* are both prepositional expressions. The first means
    "to him/her" and the second means "with him/her."

9. *Hiki* is used in utterances in which the auxiliary word *can*
    is used; however, *hiki* is better expressed as "possible." In
    the *hiki* pattern we have what is known as "situation 'it' as subject."

    > Is it possible for you to tell (me)?
    > Hiki nō iā 'oe ke ha'i mai?

    > It is possible for me to tell (you).
    > Hiki nō ia'u ke ha'i aku.

    > Can Lono tell me?
    > Hiki nō iā Lono ke ha'i mai?

In the *hiki* pattern the infinitive marker is *ke*. Thus in Hawaiian we have
two infinitive markers, *e* and *ke*. Since the *hiki* pattern is so unlike the
English the student would do well to practice it until he can use the
pattern properly.

Notice that pronoun and proper noun objects take *iā* as object marker. Common noun objects take *i* as object marker and an article stands between the object and the object marker.

Can the teacher write (to me)?

Hiki nō i ke kumu ke kākau mai?

Huina Iwakālua

I. NĀ ʻŌLELO KUMU

1. ʻAʻohe āu papa i keia lā?
2. Hoʻokahi wale nō āu papa i keia lā?
3. I ka hola ʻehia?
4. Awakea maoli nō!
5. I ka Pōʻakahi, Pōʻakolu a i ka Pōʻalima, awakea nō.
6. Keu kona akamai!
7. ʻAʻohe ʻemo paʻa ka haʻawina.
8. E hele kāua i ke kiʻiʻoniʻoni.
9. Pehea kāua e hele ai?
10. Ma koʻu kaʻa kāua e hele ai.
11. E kali au iā ʻoe i kauhale nei.
12. He hoʻopaʻa haʻawina kaʻu.
13. ʻAʻole ʻano maikaʻi loa kaʻu kaha.
14. I hea aku nei ʻolua?
15. Ua kani ka hapalua hola ʻumi kūmākahi.

He ʻōlelo noʻeau

Pua ke ko ku mai ka hee. [Judd:8]

He ʻōlelo nane

Po iuka, po iwaena, po ikai. [Judd:66]

Unit Twenty

1. Don't you have a class today?
2. Have you only one class today?
3. At what time?
4. So late!
5. On Monday, Wednesday, and Friday, it is late.

6. He/She is so smart!
7. In no time at all the lesson is learned.

8. Let's go to the movies.
9. How shall we go?
10. We'll go in my car.
11. I'll wait for you here at the house.

12. I have studying to do.
13. My grade isn't very good.

14. Where have you (two) been?
15. It's eleven thirty.

A proverb

When the sugarcane is in bloom, the squids are plentiful. (Sugarcane bloom is the sign of the time to go squidding.) [Judd:8]

A riddle

Night in the upland, night in between, night in the lowland. (The *popoulu* banana, the *popolo* shrub, the *pohuehue* vine. Play on the word *po*—night.) [Judd:66]

III. KA HOʻOHUI HUAʻŌLELO ʻANA

Ke kākau ʻana	Ka ʻolelo ʻana
no āu	noāu
kona akamai	konāɟkamai
kāua e hele ai	kāuaeheleai
iā ʻoe	iyāʻoe
kali au iā ʻoe	kaliauiyāʻoe
i hea aku nei	i heāɟku nei

IV. HOʻOMAʻAMAʻA KUMU HOʻOHĀLIKE

A. Simple substitution using the adverb modifier *maoli*

1. Awakea   maoli nō!
    Lohi
    Makani
    Molowā (lazy)
    ʻOno
    Akamai
    Hūpō (ignorant)
    Pipiʻi (expensive)
    Makepono (reasonable)

B. Statements about time. He mau ʻōlelo e pili ana i ka manawa

1. Ua kani ka hola   ʻumi.
                         ʻumi kūmālua.
                         ʻumi kūmākahi.

2. Repeat 1:   Add *hapalua* before *hola*.
                Ua kani ka hapalua hola ʻumi.

3. Hola   ʻekolu   keia, ʻaʻole anei?
            ʻelima
            ʻehā
            ʻehiku

4. Repeat 3:   Use *hapalua* in initial position, before *hola*.

C.   Questions and answers about manner of coming and going

1.   Pehea | 'oe | e hele (aku) ai?
       | 'olua |
       | lāua |
       | lākou |
       | māua |
       | mākou |

a.   E hele wāwae (aku) | au.
        | māua.
        | lāua.
        | lākou.
        | 'olua.
        | 'oukou.

b.   Ma ke ka'a 'ōhua (bus) | au | e hele (aku) ai.
        | māua |
        | lāua |
        | lākou |
        | 'olua |
        | 'oukou |

2.   Pehea e hele ai | ke kumu?
        | 'o Lono?
        | kou mau mākua?
        | ko kua'ana?
        | 'o kua'ana?

a.   Ma ke ka'a ho'olimalima (taxi)
           e hele ai | ke kumu.
              | 'o Lono.
              | ko'u mau mākua.
              | 'o kua'ana.
              | 'o kua'ana.

b.   Repeat: Substitute *'oia* for each of the nouns in a, except *mau mākua.*

3.   Pehea | 'oukou | e ho'i mai (aku) ai?
           | 'olua |
           | lāua |

a.   Ma ko Lono ka'a | mākou | e ho'i mai ai.
                     | māua |
                     | lāua |

b.   Ma ke ka'a o ke kumu | mākou | e ho'i aku ai.
                          | māua |
                          | lāua |

4.   Pehea e ho'i ai | ke kumu?
                     | kou makuahine?
                     | ko kua'ana?
                     | 'o kua'ana?
                     | nā haumāna?

a.   Ma ka moku (ship) e ho'i ai | ke kumu.
                                 | ku'u makuahine.
                                 | 'o kua'ana.
                                 | 'o kua'ana.
                                 | nā haumāna.

b.   Substitute *'oia* for each singular noun: *lāua* and *lākou* for *nā haumāna.*

5.   Pehea e hele ai nā | kumu?
                        | haumāna?

a.   Ma ko | lāua | ka'a e hele ai nā kumu/haumāna.
           | lākou |

b.   Ma ko | lāua | ka'a | lāua | e hele ai.
           | lākou | | lākou |

D.   'O kēlā me keia (miscellaneous)

1.   I hea aku nei | 'olua?
                   | 'oukou?
                   | 'oia?
                   | 'o Keoni?
                   | ke kākau 'ōlelo (secretary)?
                   | nā keiki?

I ke kiʻiʻoniʻoni aku nei | māua.
| mākou.
| ʻoia.
| ʻo Keoni/ʻoia.
| ke kākau ʻōlelo/ʻoia.
| nā keiki/lāua/lākou.

2. Keu no hoʻi | kou | akamai!/molowā!
| kona |
| ko ʻolua |
| ko ia ala |

3. Keu no hoʻi ke akamai o | ke keiki!
| kēlā haumāna!
| kā Keliʻi mā hiapo!
| ke keiki ā Keola mā!

4. ʻAʻohe ʻemo | paʻa ka haʻawina.
| maopopo ka manaʻo o ka ʻōlelo.
| pau ka haʻawina i ke kākau ʻia.
| mākaukau ke pane.

E. Simple substitution using *hiki* in negative and positive utterances.

1. (ʻAʻole) hiki | iaʻu | ke hele i ke kiʻiʻoniʻoni.
| iā ia |
| iā Lono |
| i ke kumu |
| i ka haumāna |
| i koʻu makuakāne |

2. (ʻAʻole) hiki iaʻu ke hele i | ke kiʻiʻoniʻoni | i keia lā.
| ka hana |
| ke kula |
| ka hālāwai (meeting) |
| ka hale kūʻai |
| ka makeke (market) |

3. (ʻAʻole) hiki i | ke kumu | ke hele i ka hana
| ke kauka | ʻapōpō.
| ka haku (supervisor) |
| ka haumāna |
| koʻu makuakāne |

4. ('A'ole) hiki ia'u ke hele i ke
        ki'i'oni'oni me 'oe i | keia pō.
                               | ka pō 'apōpō.
                               | ka 'auinalā 'apōpō.
                               | ka lā 'apōpō.

F.   He mau nīnau, he mau pane; pane 'ike loa, pane hō'ole

1. Ua 'ike 'oe iā Keoni?
    a.   Ua 'ike au iā Keoni.
    b.   Ua 'ike au iā ia.
    c.   'A'ole au i 'ike iā Keoni / iā ia.
2. He papa paha kā Keoni i keia lā 'a'ole paha.
    a.   'A'ohe papa ā Keoni i keia lā.
    b.   'A'ohe āna papa i keia lā.
    c.   He papa kā Keoni / kāna i keia lā.
3. 'A'ohe papa ā kua'ana i keia ahiahi?
    a.   'A'ohe papa ā kua'ana i keia ahiahi.
    b.   'A'ohe āna papa i keia ahiahi.
    c.   He papa kā kua'ana i keia ahiahi.
    d.   He papa kāna i keia ahiahi.
4. 'A'ohe ā 'olua kula i keia lā?
    a.   Haku i 'elua pane hō'ole.
    b.   Haku e 'elua pane 'ike loa.
5. 'A'ohe papa ā kou makuakāne i keia pō?
    a.   Haku i 'elua pane hō'ole.
    b.   Haku i 'elua pane 'ike loa.

G.   He mau nīnau a he mau pane o kēlā me keia 'ano. Miscellaneous questions and replies

1. I hea aku nei nā kaikamāhine?
    a.   I ke kū'ai emi (sale) aku nei lāua / lākou.
    b.   I ke kū'ai emi aku nei nā kaikamāhine.
2. Pehea lāua / lākou i hele aku nei?
    a.   Ma ke ka'a 'ōhua lāua / lākou i hele aku nei.
    b.   Hele wāwae aku nei lāua / lākou.
    c.   Ma ke ka'a aku nei lāua / lākou o ke kaikunāne.
    d.   Ma ko Lono ka'a lāua / lākou i hele aku nei.
3. Pehea 'oe e hele nei i ka hana?
        Ma ko Kaleo ka'a au e hele nei.

4. I ka hola 'ehia 'olua e hele nei / ai i ka hana?
   a.   Hele māua i ka hana i ka hola 'ehiku.
   b.   I ka hola 'ehiku māua e hele nei / ai i ka hana.
5. Me wai 'oe e hele nei i ke kula?
   a.   Ke hele nei au i ke kula me Kaleo.
   b.   Me Kaleo au e hele nei i ke kula.
   c.   Hele au i ke kula me Kaleo.

V. HE MAU PĀPĀʻŌLELO

Ka makuahine

1. 'Aʻohe āu papa i keia lā?
2. I ka hola 'ehia?
3. Awakea maoli no!

ʻO Kaliko

1. He papa nō kaʻu (i keia lā).
2. I ka hola 'umi kūmākahi.
3. I ka Pōʻakahi, Pōʻakolu a i ka Pōʻalima, awakea nō.

Ka makuahine

1. Hoʻokahi wale nō āu papa i keia lā?
2. I ka hola 'ehia ka lua a i ka hola 'ehia ke kolu?
3. He kula kāu i ka Pōʻalua, Pōʻahā a me ka Poʻaono?
4. Laki maoli 'oe.

ʻO Kealoha

1. 'Aʻole, 'ekolu aʻu papa.
2. I ka hola 'ekahi a i ka hola 'ekolu.
3. 'Aʻole.

ʻO Lanikū

1. Aloha, e Lahapa. 'O Lanikū keia.
2. E hele kāua i ke kiʻiʻoniʻoni.
3. I keia ahiahi.
4. I ka hapalua hola 'ehiku.
5. Ma koʻu kaʻa (kāua e hele ai).
6. A hui aku kāua i keia ahiahi.

ʻO Lahapa

1. Aloha, e Lanikū.
2. I ka manawa hea?
3. I ka hola 'ehia?
4. Hiki. Pehea kāua e hele ai?
5. E kali au iā 'oe i kauhale nei.
6. 'Ae.

'O Kalā

1. Aloha, e Lanikū.
2. I hea aku nei 'olua?
3. I ka hale ki'i'oni'oni hea?

4. Pehea 'olua i hele aku nei?
   'O Lahapa: Ma ko Lanikū ka'a (aku nei māua).
5. He ka'a kou, e Lanikū?

'O Laniku

1. Aloha, e Kalā.
2. I ke ki'i'oni'oni aku nei māua.
3. I ka hale ki'i'oni'oni Kuhiō
   (aku nei māua).

4. 'Ae. 'A'ole na'e he ka'a hou.

'O Laenui

1. E hele kāua i ke ki'i'oni'oni.

2. No ke aha mai?

3. E kāpae i ka ho'opa'a
   ha'awina ā 'apōpō.
4. No ke aha mai?

5. Aloha 'ino.

6. Hiki ia'u ke kali.

'O Laeiki

1. 'A'ole hiki ia'u ke hele (i ke
   ki'i'oni'oni).
2. He ho'opa'a ha'awina ka'u i
   keia pō.
3. 'A'ole hiki ia'u ke kāpae ā
   'apōpō.
4. 'A'ole 'ano maika'i loa ku'u
   kaha a he papa ka'u i ka lā
   'apōpō.
5. E kali ā Po'aono. Hiki ia'u ke
   hele i ka Po'aono.
6. A hui aku i ka Po'aono.

'O Aholo

1. Ua hele 'o Manu i ke kula
   i keia lā?

2. Ua ho'i mai nei 'oia?

3. Aia 'oia i hea?

4. Hiki nō inā e hele aku au
   i loko?
5. Mahalo.

'O Nāpua

1. 'Ae. Hele 'oia i ka hola
   'ehiku o ke kakahiaka nei.
2. 'Ae. 'O kona ho'i 'ana mai
   nei nō ia.
3. Aia 'oia i loko. E ho'opa'a
   ha'awina ana 'oia.
4. 'Ae. Aia 'oia i loko o kona
   lumi.
5. He mea iki ia.

'O Kepo'o

1. He penikala lō'ihi nō kāu?

'O Kahi'u

1. 'Ae, akā 'a'ole i ho'okala 'ia.

2. Naʻu e hoʻokala aku. E
   ʻoluʻolu e ʻae mai.
3. No ke aha mai?
4. ʻAuwē! Pilikia maoli au.
5. ʻAʻohe aʻu penikala a
   ʻaʻohe aʻu peni.

2. ʻAuwē! ʻAʻole hiki iaʻu ke ʻae
   aku.
3. ʻO keia wale nō kaʻu penikala.
4. I ke aha la.
5. Pilikia maoli nō ʻoe.

ʻO Kama

1. Aia i hea ʻo Kamanā?

2. Pehea ʻoia i hele aku nei?

3. No ke aha mai?

4. Me wai ʻoia i hele aku nei?
5. I ka hale kūʻai hea ʻoia i
   hele aku nei?

ʻO Kalī

1. Ua hele aku nei ʻoia i ka hale
   kūʻai.
2. Hele wāwae aku nei ʻoia.
3. Ua lawe aku nei ʻo Keliʻi i ke
   kaʻa.
4. Hele hoʻokahi aku nei ʻoia.
5. ʻAʻole maopopo iaʻu. ʻAʻole
   au i nīnau aku nei.

VI.   NO KA HOʻOMAʻAMAʻA HOU ʻANA AKU

A.   ʻŌlelo kuhikuhi ʻia

1. a. Greet someone over the phone and announce who you
      are.
   b. Return the greeting.
   a. Suggest that you two go to the movies.
   b. Ask at what time.
   a. Suggest that you go at 6:30 P. M.
   b. Agree.
2. a. Suggest to someone that you two go to the movies.
   b. Ask at what time.
   a. Suggest a time.
   b. Ask how you two will go.
   a. In your car.
   b. Agree.
3. a. Suggest to someone that you two go to the movies.
   b. Say you can't go.
   a. Ask why.
   b. You have studying to do.

    a.   Tell him to wait till tomorrow to study.

    b.   You have a class tomorrow morning.

4. a.   Ask someone if he does not have a class.

    b.   You have a class today.

    a.   Ask if he has only one class.

    b.   You have three classes.

    a.   Ask at what time the second class is and at what time the third.

    b.   Say at 11:30 and 2:30.

5. a.   Ask Lehua if she is awake.

    b.   Answer in the affirmative.

    a.   Tell her breakfast is ready and ask if she's ready.

    b.   You are almost ready.

    a.   Suggest she hurry.

    b.   Say you are coming.

    a.   Say there are fresh eggs.

    b.   Ask for toast and milk.

B.   **He mau nīnau. E pane ma ka ʻōlelo Hawaiʻi.**

1. a.   ʻEhia āu papa i keia lā?

    b.   I ka hola ʻehia ka mua? (8:00 A.M.)

    c.   I ka hola ʻehia ʻoe e hele ai i ke kula? (7:00 A.M.)

    d.   Pehea ʻoe e hele ai i ke kula?

    e.   I ka hola ʻehia e pau ai ke kula? (4:30 P.M.)

    f.   Pehea ʻoe e hoʻi ai i kauhale?

    g.   Me wai ʻoe e hoʻi ai?

2. a.   ʻEhia ā Kama papa i keia lā?

    b.   I ka hola ʻehia kāna papa mua? (7:30 A.M.)

    c.   I ka hola ʻehia e pau ai kāna kula? (3:00 P.M.)

    d.   ʻO wai kāna kumu ʻōlelo Hawaiʻi?

    e.   Mākaukau nō ʻoia i ke kamaʻilio Hawaiʻi ʻaʻole paha?

    f.   Pehea ʻoia e hele ai i ke kula? (in Keliʻi's car)

    g.   Me wai ʻoia e hele ai i ke kula? (Keliʻi and Kalā)

    h.   I ka hola ʻehia lākou e hele ai i ke kula? (9:00 A.M.)

C.   Formulate a question for each of the utterances below.

    E haku i nīnau no kēlā ʻōlelo keia ʻōlelo ma lalo nei.

1.   Ua ʻike ʻo Lehua i ke kumu.

2.   Aia kaʻu penikala iā Kanoe.

3. Ua hele 'o Kanoe i ke kula.
4. Ua kani ka hapalua hola 'umi kūmālua.
5. Hele au i ke kula i ka hola 'ewalu.
6. Nā Kekoa keia puke.
7. Nā Keli'i i kākau i keia puke.
8. Aia ka puke ā ke kumu ma luna o ka pākaukau kākau.
9. E hele kāua i ke kula ma ko Manu ka'a.
10. Ke pau ke kula e ho'i wāwae mai kāua.

D.   E heluhelu i keia mau mana'oha'i.

1. 'Ekolu ā Manu papa i keia lā. Aia ka papa mua i ka hapalua
   hola 'ewalu. Aia ka lua o ka papa i ka hola 'umi kūmākahi
   a aia ke kolu i ka hola 'ekahi. 'A'ohe ā Manu papa i ka
   Pō'alua, ka Pō'ahā a me ka Po'aono.

   Hele wāwae 'o Manu i ke kula. Kokoke kona wahi i ke
   kula. Aia kona wahi ma ke alanui Ho'onānea.

2. E hele ana 'o Lanikū lāua 'o Lahapa i ke ki'i'oni'oni.
   E hele ana lāua ma ko Lanikū ka'a. 'A'ohe ko Lanikū he
   ka'a hou.

   E ki'i ana 'o Lanikū iā Lahapa. E kali ana 'o Lahapa iā
   Lanikū ma kauhale.

3. 'A'ole hiki iā Lahapa ke hele i ke ki'i'oni'oni. Nīnau 'o
   Lanikū no ke aha mai. 'Ōlelo aku 'o Lahapa e ho'opa'a
   ha'awina ana 'oia. 'Ōlelo 'o Lanikū iā ia e ho'opa'a ha'awina
   i ke kakahiaka. 'Ōlelo aku 'o Lahapa 'a'ole hiki. Pōkole loa
   ka manawa. He papa kā Lahapa i ke kakahiaka a 'a'ohe
   'ano maika'i loa kāna kaha. Ua 'ōlelo aku 'o Lahapa e kali
   ā Po'aono a ua 'ae mai 'o Lanikū.

4. He malihini ke kōlea (plover). He kupa (native born) kēlā
   manu no kekahi 'āina wī (land of famine). Malaila pōloli
   nō ke kōlea. Ua lele a ua pae keia manu ma ke one o Hawai'i
   nei. Hiki mai i Hawai'i he mea ikaika 'ole no ka mea he loa
   ke ala. No ka ikaika 'ole, ke pā ke kai nui, hina wale.

   No ka pōloli o ke kōlea, 'ai pākela (eat greedily) 'oia. 'Ai,
   'ai, 'ai, 'ai ā hiki i ka manawa kūpono alaila ho'i ke kōlea
   i kona one hānau. I ka wā e ho'i ai ua hele ā momona loa
   no ka nui o ka mea 'ai maika'i ma Hawai'i nei. [Charlot:8]

E.   Nā lā o ka mahina

	1.	Hilo
The Ku tabu	2.	Hoaka
	3.	Kukahi

4.	Ku-lua
5.	Ku-kolu
6.	Ku-pau
7.	Ole-ku-kahi
8.	Ole-ku-lua
9.	Ole-ku-kolu
10.	Ole-pau
11.	Huna

	12.	Mohalu
The Hua tabu	13.	Hua

14.	Akua
15.	Hoku
16.	Mahea-lani
17.	Ku-lua
18.	Laau-ku-kahi
19.	Laau-ku-lua
20.	Laau-pau
21.	Ole-ku-kahi
22.	Ole-ku-lua

The Kanaloa or	23.	Ole-pau
Kaloa tabu	24.	Kaloa-ku-kahi

25.	Kaloa-ku-lua
26.	Kaloa-pau

The Kane tabu	27.	Kane
	28.	Lono

29.	Mauli
30.	Muku [Malo:35]

Mahope o ka hiki ʻana mai o ka poʻe mikionali i Hawaiʻi nei, ua hoʻololi ʻia (was changed) ka helu ʻana o nā lā mai ka mahina a i ka pule e like me ka helu ʻana a ka poʻe haole. Eia nā inoa Hawaiʻi o nā lā o ka pule.

Pōʻakahi   Pōʻahā
Pōʻalua   Pōʻalima
Pōʻakolu   Poʻāono

Lāpule

I keia manawa kākaʻikahi loa (very few) ka poʻe hoʻomaopopo
i nā inoa o nā lā o ka mahina. He poʻe nō paha ma kekahi mau
wahi o nā kuaʻāina i kamaʻāina i nā inoa o ke au kahiko akā ʻaʻole
maopopo ʻo wai la lākou.

VII. NO KA PILINA ʻŌLELO A ME KA PAPA ʻŌLELO

1. Both *ʻaʻohe* and *ʻaʻole* can be used in initial position.
   Occasionally *ʻaʻole* may be used in final position. *ʻAʻohe* is used in
   negative possessive utterances which require *to have* in English.

   I don't have a class today.
   ʻAʻohe aʻu papa i keia lā.
   ʻAʻole is used in all other utterances.
   I cannot go.
   ʻAʻole hiki iaʻu ke hele.

   My grade is not very good.
   ʻAʻole ʻano maikaʻi loa kaʻu kaha.

2. *Keu* may mean "so" but it is used also to indicate "excess" or
   "more than."
   He/she is so smart.
   Keu kona akamai.

   more than a hundred
   hanele ā keu

3. *ʻEmo* is defined as "delay" but may also be interpreted as
   "time." It is generally used with the negative *ʻaʻohe*.
   ʻAohe ʻemo paʻa ka haʻawina.

   In no time | the lesson is learned.
   Without delay |

4. I hea aku nei ʻolua?
   Where (have) you (two) (been)?
   This is a verbless utterance. In Unit One we learned that there is no
   verb *to be* in Hawaiian. A question such as the foregoing usually
   elicits a verbless reply.

I ke ki'i'oni'oni aku nei māua.

We (two) (have been) to the movies.

We may use the same expression to say:

We went to the movies.

Nei indicates elapsed time of a short duration. In the above utterance *nei* indicates that the two people have just returned from the movies.

5. Notice the use of *a* for "and."

I ka Pō'akahi, Pō'akolu, a i ka Pō'alima awakea nō.

6. *E* before a verb sometimes indicates "let us."

Let's go to the movies.

E hele | kāua | i ke ki'i'oni'oni.
       | kākou|

E before a verb may also indicate future tense.

I'll wait here at home for you.

E kali au iā 'oe i kauhale nei.

7. Telling time. It is 10 o'clock.

Hola 'umi keia.

Ua kani ka hola 'umi.

The second way of expressing time probably dates from the introduction of wall clocks. During the early post-European period many Hawaiian homes had clocks which struck on the hour and half hour.

8. *Ma* is sometimes used as the preposition "in."

Ma ko'u ka'a kāua e hele ai.

We'll go in my car.

9. The directionals *mai* and *aku* were discussed in Unit Seven. In this unit we provide further help in the proper use of these directionals.

Pehea 'oe e ho'i mai ai?

Ma ko Lono ka'a au e ho'i aku ai.

The speaker is at home; the person addressed is elsewhere. They may be communicating by telephone.

Pehea 'oe e ho'i (aku) ai?

Ma ko Lono ka'a au e ho'i (aku) ai.

Neither of the speakers is at the place to which the person addressed is to return. They may be together but this is not a necessary condition for the form of the reply. In the foregoing examples *aku* is not necessary but it is not wrong to use it. In the following we must not use *aku* even though the utterances all indicate direction away from the person addressed.

Hele au i ka hale kū'ai.

Hele au i ka hana i ka hola 'ewalu.

Ho'i au i ka hale i ka hola 'ehā.

Hele au i ke kula i ke kakahiaka nui.

However, if one has just returned (from the store for example) and has occasion to tell someone where he has been then he should use *aku.*

Hele aku nei au i ka hale kū'ai.

He may use the short form.

I ka hale kū'ai aku nei au.

10.   Observe where the macron is placed in Saturday—*Po'āono.* This differs from the marking in the Hawaiian dictionary, but it coincides with the manner in which most Hawaiians pronounce the word. The macron is placed only on *u* and *a* in *kūmākahi.* Again, this is slightly different from the marking in the dictionary.

11.   *'O kona ho'i 'ana mai nei nō ia.* The speaker is telling about one who returned only a short time before.

Ho'i Hope 'Ehā
Review Four

A. Use the correct tense in each blank.

1. Ināhea 'oe _____ i ke kauka?
2. Pehea kāua _____ i ke kula?
3. _____ mau au me ka pāpale 'ole.
4. _____ au ma ke alanui Nehoa.
5. _____ 'oe i ke kauka?
6. 'A'ole au _____ i ke kauka.
7. _____ au i ke kauka 'apōpō.
8. Pehea 'olua _____ i ke kauka?
9. _____ aku _____ māua ma ko Lono ka'a.
10. Āhea 'olua _____ e 'ike iā Manu mā?

B. Give negative replies in the past or perfect tense.

1. Ua 'ike anei 'oe i nā haumāna 'a'ole paha?
2. Ua loa'a kā Mānu puke iā 'oe 'a'ole paha?
3. Ua ala 'o Kalā mā? (Use dual pronoun in the reply.)
4. Ua ho'āla paha 'o 'Iwalani iā Puanani 'a'ole paha?
5. Ua kama'ilio paha 'o Manu me Kamika kāne 'a'ole paha?

C. Use "always" and "frequently" with suggested verbs.

1. _____ au i ke kula me Lehua. (always go)
2. _____ nō 'oe i ka nūpepa? (read often or frequently)
3. _____ 'oe me Kealoha? (always live)
4. 'A'ohe o'u _____ ma ka hale 'aina. (eat often)
5. 'A'ohe o'u _____ i ke kūkala nūhou. (listen frequently)

D. **Complete each of the following with a form of the suggested verb.**

1. _____ au ma Mānoa. (live)
2. E _____ au i ke kauka. (go)
3. E _____ leka _____ au. (write)
4. E _____ ki'i (picture) _____ au. (look)
5. Eia au _____ ma ka hale leka. (work)
6. _____ au i ka mo'olelo o 'Umi. (read)
7. _____ au i ke kula. (return/go back)
8. _____ ke kumu ma ke alanui Liliha. (live)
9. _____ ke kumu i ke kula me kona makuakāne. (go)
10. _____ 'o'ili _____ ka lā. (appear)

E. **Complete column 1 by finding the matching half of each sentence in column 2.**

	1		2
a.	I hea 'olua	k.	'o Manu i wilikī.
b.	Ke 'imi 'ia ala	l.	i Maui.
c.	E lilo ana	m.	iā Manu.
d.	Ua lilo ka mea 'ai	n.	'ai au i ka poi.
e.	Āhea 'oe e 'ike ai	o.	i ka hele wale.
f.	Ua 'eha 'ia	p.	a ke keiki.
g.	'A'ohe āu	q.	e ke kumu.
h.	I kekahi manawa	r.	penikala?
i.	E hele ana 'oia	s.	ko'u wāwae.
j.	Ua ma'a ku'u po'o	t.	i ka pō nei?

F. **Change these sentences to future tense by using the proper verb form. Use "tomorrow" and make other changes as necessary.**

1. Ala au i ka hola 'eono i keia kakahiaka.
2. 'Ai mākou ma kauhale i ka pō nei.
3. I ke kakahiaka nei komo koke au i ku'u lole.
4. Pā ka makani 'olu'olu i ka pō nei.
5. Ua 'o nehinei a pō ka lā.
6. Hele au i Hilo i kēlā lā aku nei.
7. Mālie 'o nehinei.
8. Ua anei 'o nehinei?
9. Ala ko'u kaikaina i ka hapalua hola 'eono.
10. I nehinei pau ka'u hana i ka hola 'elima.

G. Write statements or questions to elicit the following responses.

1. 'Oia!
2. Āhea la.
3. Ke hiki ho'i.
4. Hilahila au.
5. Awakea maoli.

6. Koe aku ia.
7. Mai poina i ka ho'iho'i mai.
8. Aloha 'ino.
9. Ikaika nā iwi.
10. I ke aha la!

H. Complete the following by using the correct word in each blank.

1. Aia kona wahi _____ ke alanui Nehoa.
2. Aia ka'u penikala _____ ka pākaukau. (on)
3. E lawe aku i keia penikala _____ Manu.
4. Aia _____ Ka'ohe ka'u puke ha'awina.
5. Aia _____ ke kumu ka'u mo'olelo.
6. E ha'awi i keia puke _____ ke kumu.
7. E kelepona aku 'oe _____ ke kauka.
8. E kelepona aku 'oe _____ Manu.
9. Aia ko Lehua kāma'a _____ 'ka pākaukau. (under)

I. Replace each italic noun with a pronoun.

1. Hele *'o Manu* i Hilo i nehinei.
2. Ki'i *'o Lono mā* i ke ka'a i ke kakahiaka nei.
3. Heluhelu *nā haumāna* i ka mo'olelo.
4. Kākau leka *'o Lehua* i nehinei.
5. Kelepona *ko'u makuakāne* i ke kumu.
6. Nīnau *ke kumu* i ko'u inoa.
7. Aia i hea *nā keiki*?
8. Aia *nā kumu* ma ka hale kula.
9. Nui ka hau'oli *'o nā kumu*.
10. Nui *kā Lono mā* hana.

J. Carry on the conversation suggested below.

1. Greet Moku in the morning.
2. Ask how his parents are.
3. Ask if Lono has heard the news.
4. You folks have a new teacher.

1. Return the greeting.
2. They are well.
3. About what?
4. Is that so! Ask where Mrs. Hoapili is.

5. She's gone to Hilo.   5. Ask why.
6. Her daughter is ill.   6. Too bad!

K. Make up a conversation about going surfing (*he'e nalu*) and
    include something about surfboards or your surfboard
    (*papa he'e nalu*). Or make up a conversation about going
    to a movie.

L. Write ten verbless sentences. Avoid repetition of content.

Huina Iwakālua Kūmākahi

I.   NĀ 'ŌLELO KUMU

1. 'A'ohe po'e o kauhale.
2. Ua ne'e lākou.
3. Ua ha'awi mai na'e i ka helu kelepona.
4. He po'e nō ko kauhale.
5. Aia lākou ma hope o ka hale.
6. He aha ke kumu i lilo ai?
7. Kū'ai 'ia no ke alaloa hou.
8. Kipa mai i kauhale nei.
9. Ke loa'a ka manawa ka'awale (e kipa aku nō wau).
10. E ho'oponopono ana lākou i ka hale.
11. He nui a'e ma mua o ka hale mua.
12. He hale nui 'i'o nō.
13. He lumi moe ko Leilehua nona iho.
14. 'O 'oe nō kā ia!
15. 'O wai anei?
16. Ho'ohewahewa au i ko leo.
17. He aha no ho'i kou 'ano.

Unit Twenty-one

II. BASIC UTTERANCES

1. There is no one at home.
2. They've moved.
3. But they gave (me) the telephone number.

4. There is someone at home.
5. They are behind the house.

6. Why was it taken?
7. It was bought for the new highway.

8. Stop at the house.
9. When I have spare time (I'll stop at the house).
10. They are fixing (up) the house (setting it in order).
11. It is larger than the former house.
12. It is really a large house.
13. Leilehua has a bedroom for herself.

14. Oh it's you!
15. Who else?
16. I did not recognize your voice.
17. What's the matter with you?

III. KA HOʻOHUI HUAʻŌLELO ʻANA

Ke kākau ʻana	Ka ʻōlelo ʻana
poʻe o	poʻeo
naʻe i ka	naʻeika
ma hope o	mahopeo
hoʻoponopono ana	hoʻoponoponoana

lākou i	lākoui
nui iki a'e	nuīīkia'e
ma mua o	mamuao
nona iho	nonaiho
'o wai anei	'owaianei
ho'ohewahewa au	ho'ohewahewāau

IV. HO'OMA'AMA'A KUMU HO'OHĀLIKE

A.   Simple substitution

1. Ua ne'e | lākou.
   | lāua.
   | 'oia.
   | 'o Keoki.

2. Ua ne'e | ke kauka | i kēlā pule aku nei.
   | kumu
   | nā kauka
   | kumu
   | 'o Kamaka mā
   | ko'u mau mākua

3. Ua ha'awi mai na'e i | ka helu o ka hale.
   | ke kī o ka hale.
   | ke kī o ke ke'ena (office).
   | ke kī o ka lumi.

4. Ua lawe mai na'e i/i ka | mea 'ai.
   | lole.
   | puke.
   | penikala.
   | noho.
   | mea inu.

5. Aia | lākou | ma hope o ka hale.
   | ke kumu
   | ko'u makuakāne
   | 'o Lono
   | ko Lono makuakāne
   | nā haumāna

Continue; substitute *ke ka'a, ka hale kula* for *hale.*

6. He | hale | nui 'i'o nō!
       | ka'a |
       | kanaka |
       | lumi |

7. He | hale | kona nona iho.
       | ka'a |
       | lumi |
       | wahi |

8. He | hale | ko'u no'u iho.
       | ka'a |
       | lumi |
       | wahi |

9. He hale | ko māua . . .
           | ko mākou . . .   Complete, using
           | ko lāua . . .   reflexive pronouns.
           | ko lākou . . .

10. Repeat 9: Use *ka'a, lumi, wahi* in the *hale* slot.

11. He | hale | ko Manu nona iho.
       | ka'a |
       | lumi |
       | wahi |

12. Repeat 11: Use *kaina, haumāna, kauka, keiki,* in the *Manu* slot. Remember that some of the foregoing need an article in addition to the possessive marker.

13. He | puke | kā ke keiki nāna iho.
       | penikala |

14. 'O | 'oe | nō kā ia.
       | 'olua |
       | 'oukou |

15. He aha no ho'i | kou | 'ano.
                   | kona |
                   | ko lāua |
                   | ko Lono |

16. He aha no hoʻi ke ʻano o | nā | haumāna.
kēlā poʻe
kāu poʻe
kā Lono mau

17. Ke loaʻa ka
manawa kaʻawale, e | hele mai.
heluhelu i ka moʻolelo.
holoi i nā pukaaniani.
hoʻopaʻa i kāu haʻawina.
hana i mea ʻono nā kākou.

18. a. ʻAʻohe   b. He poʻe
poʻe | o kauhale.   nō | ko kauhale.
o loko.   ko loko.
o waho.   ko waho.
o laila.   ko laila.
o uka.   ko uka.
o kai.   ko kai.

19. a. ʻAʻohe poʻe o loko   b. He poʻe nō ko loko o
o ka hale.   ka hale.
ʻAʻohe poʻe o uka o   He poʻe nō ko uka o
laila.   laila.
ʻAʻohe poʻe o waho   He poʻe nō ko waho o
o ka hale.   kaʻhale.
ʻAʻohe mea o loko o   He mea nō ko loko o
ka pahu.   ka pahu.
ʻAʻohe pale o luna o ka   He pale nō ko luna o ka
pākaukau ʻaina.   pākaukau ʻaina.

B. **Variable substitution. (Transformation)**

1. Ua neʻe *lākou*. (ʻoia)   Ua ʻai mākou. (Keoni)
Ua neʻe *ʻoia*. (lāua)   Ua ʻai ʻo *Keoni*. (au)
Ua neʻe *lāua*. (hele)   Ua ʻai *au*. (ʻaʻole)
Ua *hele* laua. (lākou)   *ʻAʻole* au i ʻai. (Lono)
Ua hele *lākou*. (ʻaʻole)   ʻAʻole i ʻai ʻo *Lono*. (ua)
ʻAʻole lākou i hele. (ʻai)   *Ua* ʻai ʻo Lono. (hoʻi)
ʻAʻole lakou i *ʻai*. (ua)   Ua *hoʻi* ʻo Lono. (keiki)
Ua ʻai lākou. (mākou)   Ua hoʻi ke *keiki*. (lāua)

Ua hoʻi *lāua*. (ʻauʻau)   Ua *ʻai* lāua. (hiamoe)
Ua *ʻauʻau* lāua. (ʻai)   Ua *hiamoe* lāua.

2. He poʻe nō ko kauhale.   (ʻaʻohe)
    Aʻohe poʻe o kauhale.   (loko)
    ʻAʻohe poʻe o *loko*.   (he)
    He poʻe nō ko loko.   (waho)
    He poʻe nō ko *waho*.   (ʻaʻohe)
    Aʻohe poʻe o waho.   (mea)
    ʻAʻohe *mea* o waho.   (he)
    He mea nō ko waho.   (kānaka)
    He *kānaka* nō ko waho.   (laila)
    He *kānaka* nō ko laila.   (ʻaʻohe)
    ʻAʻohe *kānaka* o laila.

3. He poʻe nō ko loko o ka hale kula.   (ʻaʻohe)
    Aʻohe poʻe o loko o ka hale kula.   (waho)
    ʻAʻohe poʻe o *waho* o ka hale kula.   (hale pule)
    ʻAʻohe poʻe o waho o ka *hale pule*.   (kaʻa)
    ʻAʻohe *kaʻa* o waho o ka hale pule.   (he)
    He kaʻa nō ko waho o ka hale pule.   (kānaka)
    He *kānaka* nō ko waho o ka hale pule.   (hale kūʻai)
    He kānaka nō ko waho o ka *hale kūʻai*.   (loko)
    He kānaka nō ko *loko* o ka hale kūʻai.   (hale ʻaina)
    He kānaka nō ko loko o ka *hale ʻaina*.   (poʻe)
    He *poʻe* nō ko loko o ka hale ʻaina.   (ʻaʻohe)
    Aʻohe poʻe o loko o ka hale ʻaina.

V. HE MAU PĀPĀ ʻŌLELO

ʻO Lahapa: ʻAuhea ʻoukou, e Leilehua mā?
ʻO Lakana: ʻAʻohe poʻe o kauhale. Ua neʻe lākou.
ʻO Lahapa: Ināhea lākou i neʻe ai?
ʻO Lakana: Ua neʻe lākou i kēlā lā aku nei.
ʻO Lahapa: I hea lākou i neʻe ai?
ʻO Lakana: ʻAʻole maopopo iaʻu. Ua haʻawi mai naʻe i ka helu kelepona.
ʻO Lahapa: He aha ka helu o kā lākou kelepona?
ʻO Lakana: Helu 345-7962.
ʻO Lahapa: Mahalo.
ʻO Lakana: He mea iki ia.

'O Lahapa: E Leilehua, i ko 'oukou hale aku nei au.

'O Leilehua: 'Oia!

'O Lahapa: 'Ōlelo mai nei 'o Lakana ua ne'e 'oukou.

'O Leilehua: 'Ae. Ua ne'e mai mākou i kēlā lā aku nei.

'O Lahapa: No ke aha 'oukou i ne'e ai?

'O Leilehua: Ne'e mākou no ka lilo 'ana o kēlā wahi i ke aupuni.

'O Lahapa: Pehea kēnā hale?

'O Leilehua: Maika'i nō. E kipa mai i kauhale nei.

'O Lahapa: Ke loa'a ka manawa ka'awale e kipa aku nō wau.

'O Lahapa: E Lani, ua ne'e 'o Leilehua mā.

'O Lani: Ināhea lākou i ne'e ai?

'O Lahapa: Ne'e lākou i kēlā lā aku nei.

'O Lani: No ke aha lākou i ne'e ai?

'O Lahapa: Ne'e lākou no ka lilo o ko lākou wahi i ke aupuni.

'O Lani: He aha ke kumu i lilo ai ko lākou wahi i ke aupuni?

'O Lahapa: Ua kū'ai 'ia no ke alaloa hou.

'O Lani: Aloha 'ino.

'O Lahapa: I ko Leilehua mā wahi aku nei au.

'O Leialoha: E aha ana lākou?

'O Lahapa: E ho'oponopono ana lākou i ka hale.

'O Leialoha: He hale nui anei ko lākou?

'O Lahapa: He nui a'e ma mua o ka hale mua.

'O Leialoha: 'Ehia lumi moe?

'O Lahapa: 'Ehā lumi moe.

'O Leialoha: He hale nui 'i'o nō.

'O Lahapa: He lumi moe ko Leilehua nona iho.

'O Leialoha: Laki maoli nō 'oia.

'O Manu: He aha no ho'i ke 'ano o ko Lono hoaloha.

'O Keoni: I ke aha la.

'O Manu: 'A'ole 'oia i pane mai i ka'u leka.

'O Keoni: Nui loa paha kāna hana.

'O Manu: Pēlā paha. Ua kākau mai na'e iā Lono.

'O Keoni: He hoaloha ho'i 'oia no Lono.

'O Manu: Mana'o wau ke loa'a ka manawa ka'awale e kākau mai
              ana nō 'oia.

'O Keoni: E kali iki no ho'i.

VI. E HOʻOMAU AKU I KA HOʻOMAʻAMAʻA ʻANA

A. He mau manaʻohaʻi

1. *No ka hele ʻana i ko Leilehua mā wahi*

   Hele au i ko Leilehua mā wahi i ke kakahiaka nei. ʻAʻohe poʻe o kauhale, ʻŌlelo mai ʻo Lakana ua neʻe ʻo Leilehua mā. Nīnau aku wau i hea lākou i neʻe ai. ʻŌlelo mai ʻo Lakana ʻaʻole maopopo iā ia. Ua maopopo naʻe ka helu kelepona no ka mea ua haʻawi ʻo Leilehua mā i ka helu kelepona iā ia. Haʻi mai ʻo Lakana i ka helu iaʻu. Mahalo au iā ia no kona haʻawi ʻana mai i ka helu kelepona iaʻu.

   Kelepona wau iā Leilehua i keia ʻauinalā. Haʻi aku au ua hele au i ko lākou wahi i noho ai mamua a ua haʻawi mai ʻo Lakana i ka helu kelepona iaʻu. Hauʻoli ʻo Leilehua i ka loaʻa ʻana iaʻu ka helu kelepona.

   Kono mai ʻo Leilehua e hele aku e ʻike i ko lākou wahi e noho nei i keia manawa. ʻŌlelo aku au ke loaʻa ka manawa kaʻawale e hele aku ana nō wau e ʻike iā lākou. Nīnau mai ʻoia āhea la au e hele aku ai; ʻōlelo aku au " ʻapōpō paha."

2. *No ke kamaʻilio ʻana ʻo Lahapa lāua ʻo Lani*

   Kelepona ʻo Lahapa iā Lani. ʻŌlelo aku ʻoia ua neʻe ʻo Leilehua mā. Nīnau mai ʻo Lani ināhea i neʻe ai ʻo Leilehua mā. ʻŌlelo aku ʻo Lahapa ua neʻe lākou i nehinei, i Kailua. Nīnau ʻo Lani i ke kumu i neʻe ai ʻo Leilehua mā. ʻŌlelo aku ʻo Lahapa ua kūʻai ʻia ko lākou wahi mua e ke aupuni no ke alaloa hou.

3. *Hele ʻo Lahapa e ʻike iā Leilehua mā.*

   Hele ʻo Lahapa e ʻike iā Leilehua mā. I kona hiki ʻana aku e hoʻolohe moʻolelo ana lākou ma hope o ka hale. ʻO Leialoha ka mea haʻi moʻolelo.

   He hale nui iki aʻe keia hale ʻo Leilehua mā ma mua o ko lākou hale i noho ai mamua. He ʻehā lumi moe ko keia hale. He lumi moe ko Leilehua nona iho. Hauʻoli loa ʻo Leilehua.

   #### a. He mau nīnau e pili ana i nā manaʻohaʻi

   1) He aha ke kumu i neʻe ai ʻo Leilehua mā?
   2) I hea lākou i neʻe ai?
   3) ʻO wai ka mea i hele e ʻike iā lākou ma ko lākou wahi i noho mua ai?

4)   Pehea i hiki ai iā ia ke kelepona iā Leilehua mā?

5)   E haʻi mai i kekahi mau mea e pili ana i ko Leilehua
mā hale hou.

B.   **Expansion practice**

1.   He aha ke kumu i lilo ai?

He aha ke kumu i lilo ai ka hale?

He aha ke kumu i lilo ai ka hale i ke aupuni?

He aha ke kumu i lilo ai ka hale o Leilehua mā i ke aupuni?

2.   He aha ke kumu i lilo ai kā Lono penikala hou?

He aha ke kumu i lilo ai kā Lono penikala hou iā Keliʻi?

He aha ke kumu i lilo ai kā Lono penikala hou iā Keliʻi
i nehinei?

He aha ke kumu i lilo ai kā Lono penikala hou iā Keliʻi
i nehinei iā lāua e pāʻani ana?

3.   Ua neʻe lākou.

Ua neʻe lākou i Kailua.

Ua neʻe lākou i Kailua i kēlā lā aku nei.

Ua neʻe lākou i Kailua i kēlā lā aku nei me nā mākua.

4.   Ua hele aku nei ʻoia i ke kiʻiʻoniʻoni.

Ua hele aku nei ʻoia i ke kiʻiʻoniʻoni me Lahapa.

Ua hele aku nei ʻoia i ke kiʻiʻoniʻoni me Lahapa ma ko
Kanamu kaʻa.

5.   Ua ʻai lāua.

Ua ʻai poi lāua.

Ua ʻai poi lāua me mākou.

Ua ʻai poi lāua me mākou i ke awakea o nehinei.

Ua ʻai poi lāua me mākou i ke awakea o nehinei ma ko
Lahela mā wahi.

6.   I ko ʻoukou hale aku nei au.

I ko ʻoukou hale hou aku nei au i keia lā.

I ko ʻoukou hale hou aku nei au i keia lā me Kanani.

I ko ʻoukou hale hou aku nei au i keia lā me Kanani ma
kona kaʻa.

I ko ʻoukou hale hou aku nei au i keia lā me Kanani ma
kona kaʻa hou.

C.   **Compound sentences using** *naʻe.*

1.   ʻAʻole ʻoia i haʻawi mai i ka helu o ka hale, ua haʻawi mai
naʻe i ka helu kelepona.

2. 'A'ole 'oia i ha'awi mai i ka inoa o ka haumāna, ua ha'awi mai na'e i ka inoa o ke kumu.

3. 'A'ole 'oia i ha'awi mai i ka inoa o ke keiki, ua ha'awi mai na'e i ka inoa o nā mākua.

4. 'A'ole i ha'awi mai 'o Lono i ke kī o ka hale, ua ha'awi mai na'e i ke kī o ke ka'a.

5. 'A'ole i hiki mai ke keiki, ua hiki mai na'e kona hoa kula.

6. 'A'ole i hiki mai ka pelekikena, ua hiki mai na'e ka hope pelekikena.

7. 'A'ole 'oia i hiki mai, ua hiki mai na'e kona hope.

D. Repeat C: Substitute *akā* **for** *na'e. Aka* **must precede** *ua.*

VII. NO KA PILINA 'ŌLELO A ME KA PAPA 'ŌLELO

1. *O* and *ko* (in the following sentences) are translated as prepositions although the two statements appear to be English *to have* utterances.

   'A'ohe po'e o kauhale.

   There's no one at home.

   He po'e no ko kauhale.

   There is someone at home.

2. *Ua* is a completed action marker. Here it indicates perfect tense and past tense.

   Ua ne'e lākou.

   They have moved.

   Ua ha'awi mai na'e i ka helu kelepona.

   But (they) gave (me) the telephone number.

3. *Na'e* is one of the words used to say "but," *akā* is another. *Akā* is always used in initial position, *na'e* in medial position except when it is used with *akā—akā na'e.*

   . . . ua ha'awi mai na'e i ka helu kelepona.

   . . . akā ua ha'awi mai i ka helu kelepona.

   . . . akā na'e ua ha'awi mai i ka helu kelepona.

4. *Ma mua o* and *ma hope o* are compound prepositions similar in structure to *ma lalo o, ma luna o* and *ma waho o* which are found in Unit Fifteen. The prepositions consist of a root—*mua, hope, lalo, luna* and *waho*—each of which is a locative (also called an adverb) combined with prepositions (sometimes called particles) or directionals, placed before and after. In this unit, as well as in Unit Fifteen, *ma* is placed before, and *o* after, each locative.

Ma may be replaced by *i, o, ko, no* or *mai. O* may be separated by a directional from the locative which precedes it. The particles and directionals which are used with the locatives affect the meaning of the compound prepositions. Here are some possible combinations:

i mua o	mai mua mai o	ko mua mai o
ko mua o	no mua mai o	o mua mai o
o mua o	mai mua aku o	ko mua aku o
no mua o	ma mua a'e o	ma mua iho o

Ma mua o is used sometimes as *than.*

It is larger than the former house.

He nui a'e ma mua o ka hale mua.

5. *Nui a'e* is a comparative form utterance. Unlike the English language, which has only one comparative form, the Hawaiian language has three comparative forms.

nui iki (a little large)

nui a'e (larger)

nui iki a'e (larger still)

However, native speakers do not always make this distinction. Which form one chooses to use depends on the degree of difference between the things being compared.

6. *He aha ke kumu* is one way of asking "why."

Why (was it) sold (lost)?

He aha ke kumu i lilo ai?

In Unit Fourteen *no ke aha mai* was used to mean "why," whereas here *he aha ke kumu* means "why." Actually what we are saying is:

What was the reason . . . ?

but the usual English expression is "Why?" This again points up the fact that there is more than one way of expressing some ideas.

7. *Iho* is used here to form the reflexive pronoun *self.*

for himself/herself—nona iho

nānā iho

to/of himself/herself—iā ia iho

8. *Kā* is another way of saying "so!" Notice this is exclamatory "so!"

So, it's you!

'O 'oe nō kā ia.

In Unit Seventeen we used *i* to express the conjunction "so."

9.   *Anei* has been referred to as the question indicator,

   Is this your book?

   Nāu anei keia puke?

   but in the utterance *'O wai anei?*, *anei* is translated as "else"—
   Who else?—meaning "Who do you think it is?" In most instances
   a'e is used to mean "else"—'O wai hou a'e? Who else?

10.   *I* is past tense "when" in an adverbial phrase such as "When he
      arrived . . ."

   I kona hiki 'ana aku e ho'olohe mo'olelo ana lākou ma
      hope o ka hale.

   When he arrived they were behind the house listening to
      stories.

   The foregoing illustration is a complex sentence. In the
   independent clause we have the verb form *e . . . ana*. Ordinarily
   this is a future tense form but here it indicates past continuous
   action. The tense is determined by *i*, a past tense marker in the
   dependent clause.

11.   *Nui* sometimes means "large." Observe the distribution of the
      modifier *nui*.

   It is a large house.

   He hale nui.

12.   *I* and *i ka* mean (1) "a" or "some" and (2) "the."

   E lawe mai i puke.

   Bring a book.

   E lawe mai i mea 'ai.

   Bring some food.

   E lawe mai i ka mea 'ai.

   Bring the food.

   In the last utterance *i* is object marker. The last utterance also
   indicates the person addressed is responsible for the food.

   . . . *i mea 'ai* merely means "some food," either for one's self
   or another.

Huina Iwakālua Kūmālua

I. NĀ ʻŌLELO KUMU

1. E hoʻomaha no hoʻi.
2. ʻAʻole au i hele iki i laila.
3. Inā pēlā, e hele kāua i laila.
4. Aia a pau kaʻu hana, hele kāua.
5. Pōloli maoli au.
6. E hele no hoʻi e ʻai.
7. Inā he pōloli kou, e ʻai | iho!
    | no hoʻi!
8. E ʻai paha ma kekāhi hale ʻaina.
9. Aia nō ia iā ʻoe.
10. Aia i hea kekāhi hale ʻaina maikaʻi loa?
11. He nui nā hale ʻaina maikaʻi ma keia kūlanakauhale.
12. Inā he kālā kāu ʻaʻole ʻoe e pōloli iki.
13. Ke pau kāu ʻai ʻana, e holoi i nā pā.
14. I ka pau ʻana o kaʻu hana, holoi au i kuʻu lima.
15. Iaʻu e holoi ana i koʻu lima, lohe au i ke kani o ke kelepona.

He ʻōlelo nane

Uliuli me he mau uala, keokeo me he hau la, ula me he ahi la, eleele me he lanahu la. [Judd:69]

He ʻōlelo mahalo

Pali ke kua, mahina ke alo. [Hyde:54]

Unit Twenty-two

II. BASIC UTTERANCES

1. Then, rest.
2. I have never been there.
3. Then let's go there.
4. When I finish my work we'll go.
5. I'm so hungry!
6. Then go and eat.
7. If you are hungry, eat!
8. Perhaps (you can) eat at a restaurant.
9. That's up to you.
10. Where is there a very good restaurant?
11. There are many good restaurants in this city.
12. If you have money, you will never be hungry.
13. When you finish eating, wash the dishes.
14. When I finished my work I washed my hands.
15. While I was washing my hands I heard the telephone ring.

A riddle

As green as potatoes [sic] (grass), as white as snow, as red as fire, as black as coal. Answer: Watermelon. [Judd:69]

A compliment

Back straight as a precipice, front round as a moon. (A well-formed person) [Hyde:54]

III. KA HOʻOHUI HUAʻŌLELO ʻANA

Ke kākau ʻana	Ka ʻōlelo ʻana
hele iki	heleiki
hele iki i laila	heleikī/laila
hoʻomaha ai	hoʻomahāʻi
maoli au	maoliau
holoi i nā pā	holoiʻ nā pā
la au	lāʻu
pōloli iki	pololīʻki
lohe au	loheau
kani o ke kelepona	kanio ke kelepona

IV. HOʻOMAʻAMAʻA KUMU HOʻOHĀLIKE

A. Simple substitution

1. Pōloli   maoli au.
Māluhiluhi
Makewai (thirsty)
Lohi

Repeat: Substitute *ʻo Keoki* and *ke keiki* for *au*.

2. E | hoʻomaha iho | no hoʻi.
     noho iho
     hele aku
     kali iho
     ʻai iho
     ʻai aku
     lawe aku
     lawe mai

3. Ma hea au e | hoʻomaha | ai?
     noho
     ʻai
     kali

    a.   Maʻaneʻi ʻoe e | hoʻomaha | ai.
         noho
         ʻai
         kali

b.   E | ho'omaha | 'oe ma'ane'i/ma'ō.
         | noho |
         | 'ai |
         | kali |

4. Ma hea | kāua | e ho'omaha ai?
           | mākou |
           | lāua |
           | 'oia |

a.   Ma'ane'i | kāua | e ho'omaha (iho) ai.
               | 'oukou |
               | lāua |
               | 'oia |

b.   E ho'omaha (iho) | kāua | ma'ane'i.
                       | 'oukou |
                       | lāua |
                       | 'oia |

c.   Repeat a and b: Substitute *ma'ō* in the *ma'ane'i* slot and *aku* in the *iho* slot.

Ma'ō | kāua | e ho'omaha (aku) ai.
     | kākou |

E ho'omaha (aku) | kāua | ma'ō. A pēlā aku.
                 | kākou |

5. He nui nā | hale 'aina | maika'i loa ma'ane'i.
              | hale pule |
              | hale ki'i'oni'oni |
              | hale kula |

Repeat: Substitute *ma keia kūlanakauhale* for *ma'ane'i*.

6. Ke pau | kāu | 'ai 'ana, e holoi i ke pā.
           | kā 'olua |
           | kā 'oukou |

7. Inā pēlā e | hele kāua i laila.
               | lawe mai i mea 'ai.
               | kelepona aku i ke kumu.
               | ho'iho'i mai i ka puke.
               | hele 'oe me kaina.

8. Inā he kālā kāu | 'a'ole 'oe e pōloli iki.
e kū'ai mai i mea 'ai.
e kū'ai i mea 'ai.
e kōkua i ko kaina.
e uku i ke kauka.

9. Ia'u e holoi
ana i ko'u lima | lohe au i ke kani o ke kelepona.
kāhea mai ko'u makuahine ia'u.
pani 'ia (was shut off) ka wai.
hō'ea mai 'o Lehua.

B.   Double substitution.

1. Ke pau | kāu | hana, e holoi i | kou lima.
kā 'olua | | ko 'olua lima.
kā 'oukou | | ko 'oukou lima.

2. Inā he | pōloli | kou, e | 'ai iho.
anu | | hele i ke kauka.
ka'a | | ki'i iā Lehua.
hale | | mālama pono.

V. HE MAU PĀPĀ'ŌLELO. E HELUHELU A E HO'OMAOPOPO

1. Māluhiluhi maoli au.
2. Ma hea au e ho'omaha ai?
3. Mahalo.

1. E ho'omaha no ho'i.
2. E ho'omaha no ho'i ma'ane'i.
3. No'u ka hau'oli.

1. E ho'omaha ana au.
2. Mahalo.
3. Pehea 'o kua'ana mā?
4. Pehea 'oe?

1. Mai kāua ma'ane'i.
2. 'A'ole pilikia.
3. Maika'i nō lāua.
4. 'Ano māluhiluhi au.

1. Pōloli au.
2. Ma hea au e 'ai ai?

1. E 'ai iho.
2. E 'ai paha ma kekahi hale 'aina.

3. Ma ka hale 'aina hea?
4. Pehea ka hale 'aina Kuhiō?

3. Aia nō ia iā 'oe.
4. Aia nō ia iā 'oe.

1. Pōloli 'o kaina.
2. Pōloli au.

3. Ma hea kākou e 'ai ai?

4. Pehea kākou e hele ai?

5. Hiki.

1. A pehea 'oe?
2. Inā he pōloli ko 'olua, e hele kākou e 'ai.
3. E 'ai kākou ma ka hale 'aina Mako Polo.
4. E hele kākou ma ko kaina ka'a.

1. Māluhiluhi au. E ho'omaha kāua.
2. Ma'ane'i kāua e ho'omaha ai.
3. 'Ae. A he wahi 'olu'olu.
4. Ua 'ike au iā ia i nehinei.
5. Maika'i nō 'oia.
6. 'A'ole maopopo ia'u. 'A'ole au i nīnau iā ia.

1. Ma hea kāua e ho'omaha ai?
2. Hiki. He wahi maika'i keia.
3. Ua 'ike 'oe iā Lani?
4. Pehea 'oia?
5. Aia i hea 'oia e noho nei?

1. E Kekapa, e hele kāua i ke ki'i'oni'oni.
2. E hele kāua i ke ki'i'oni'oni kalaiwa i loko ma Wai'alae.
3. A pehea ka hale ki'i'oni'oni ma Pāwa'a?
4. Inā pēlā, e hele kāua i laila.
5. He ki'i helu 'ekāhi ko laila.

1. I hea kāua e hele ai?
2. I laila au i ka pō nei.
3. 'A'ole au i hele iki i laila.
4. He ki'i maika'i anei ko laila?
5. O hele ho'i hā kāua.

1. Ua hele 'oe i ke ki'i'oni'oni i ka pō nei?
2. E hele kāua i ka lā 'apōpō.
3. He ki'i maika'i ko ka hale ki'i'oni'oni Waikīkī.
4. Hiki.

1. Lō'ihi loa 'a'ole au i hele i ke ki'i'oni'oni.
2. Aia i hea kekahi ki'i maika'i?
3. O hele ho'i hā kāua i laila.

1. E Kila, ua hele anei 'oe i ka hale ki'i'oni'oni Kuhiō?
2. E hele ho'i hā kāua i keia ahiahi.
3. He ki'i helu 'ekahi ko laila.

1. 'A'ole au i hele iki i laila.
2. He ki'i maika'i ko laila?
3. Ua 'ike 'oe i kēlā ki'i?

4. 'A'ole. Ua 'ōlelo mai 'o   4. O hele ho'i hā kāua.
    Manu he ki'i maika'i ko
    laila.
5. Maika'i.

VI. E HO'OMAU AKU I KA HO'OMA'AMA'A 'ANA

A. E pane ma ka 'ōlelo Hawai'i.

1. Aia i hea 'oe e noho nei?
2. Aia i hea kou wahi?
3. Pehea kou mau mākua?
4. Aia i hea ko lāua wahi?
5. He kaikaina kou, 'a'ole paha?
6. 'Ehia ou kaikaina?
7. Pehea kou mau kaikunāne?
8. Pehea 'o kua'ana?
9. E hele ana 'oia i ke kauka?
10. Pehea 'oia e hele ai?

B. 'Ōlelo kuhikuhi 'ia

1. Introduce a friend by announcing his/her name.
        Recognize the person and invite him/her in.
2. Ask Lehua to bring a chair.
        Offer a chair to the visitor.
3. Ask a person where he/she lives.
        Give the information.
4. Ask for a person's house number.
        Give the number.
5. Announce that you are hungry.
        Suggest he/she go and eat.
6. Ask where to eat.
        Suggest it's up to him/her.
7. Ask if you two might eat at a restaurant.
        Say it's up to him/her.
8. Greet Kealoha in the morning.
        Return the greeting.
9. Ask how many children a couple has.
        Say you (two) have five children.

10. Ask their names.

      Kalā, Hauʻoli, Manu, ʻIwalani, Puanani.

11. Ask who is the oldest.

      Manu is the oldest.

12. Ask how old he is.

      He is nineteen years old.

C. Place the correct, singular, definite article before each noun.

hale	haʻawina
pākaukau	papa (class)
poʻo	ua
nūpepa	makani
puke	pukaaniani
kāmaʻa	mokulele
alanui	kālā
wahi	waiūpaka
lima	palaoa

D. E haku i mau nīnau no keia mau pane.

1. Eia au ke noho nei i Makiki.
2. 19-75 ʻo ia ka helu o koʻu wahi.
3. Ua ʻike au iā Kaleo i nehinei.
4. Ua wehe ʻia nā pukaaniani.
5. Ua hoʻokala au i kaʻu penikala.
6. ʻAʻole naʻu kēnā penikala.
7. ʻAʻohe ā Manu penikala lōʻihi.
8. Ke kahi nei au i koʻu lauoho.
9. Eia no ʻoia ke hiamoe nei.
10. Nā Kalā i hana i ke kope.

E. Some statements and rejoinders, questions and answers

1. Māluhiluhi maoli au.	1. E hoʻomaha no hoʻi.
2. Mahea au e hoʻomaha ai?	a. E hoʻomaha ʻoe maʻanei.
	b. Aia nō ia iā ʻoe.
3. ʻAno ʻōmaʻimaʻi au.	3. E hele ʻoe i ke kauka.
4. Pōloli maoli au.	4. E ʻai no hoʻi.
5. Mahea au e ʻai ai?	5. Ma kekahi hale ʻaina paha.

6. Pehea ka hale 'aina Kuhiō?   6. Aia nō ia iā 'oe.

7. Pehea kāua e hele ai?   7. Ma ke ka'a 'ohua kāua e
                                        hele ai.

8. Aia i hea ka hale 'aina   8. Aia ma ke kiko waena Ala
    Kuhiō?   Moana.

9. Aia i hea ke kiko waena   9. a. Aia ma ke alanui Ala
    Ala Moana?   Moana.

                                       b. Aia ke kiko waena Ala
                                            Moana ma ke alanui Ala
                                            Moana.

10. E hele kāua i ke kiko   10. 'Ae, e hele kāua.
    waena Ala Moana.

11. Mahea au e 'ai ai?
    Pehea au e hele ai?
                                       Aia nō ia iā 'oe.
    Mahea au e ho'omaha ai?
    Me wai au e noho ai?

12. Me wai lākou e hele ai?
    Pehea lākou e hele ai?   Aia nō ia iā lākou.

13. Pehea 'oia e hele ai?
    Mahea 'oia e 'ai ai?   Aia nō ia iā ia.

14. Pehea | māua | e hele ai?
    Mahea | | e 'ai ai?   Supply an appropriate
                                            comment.

15. Pehea | mākou | e hele ai?
    Mahea | | e 'ai ai?   Supply an appropriate
                                            comment.

F. **Special practice in the use of specific words**

1. *Iki*—"never."

    a. 'A'ole au i | 'ike iki i kēlā wahi.
                    | noho iki i laila.
                    | hele iki e he'e nalu.

    b. 'A'ole i hele iki | 'o Nahulu i ke kula nui o Hawai'i.
                          | ko'u makuakāne i nā 'āina 'e.
                          | ko'u makuahine i ke kiko waena
                          | Ala Moana.
                          | ko Kalā kaikua'ana i ka lua
                          | pele (volcano).

c.　'A'ohe ona hele iki i | ka pule.
　　　　　　　　　　　　　hālāwai haipule (prayer
　　　　　　　　　　　　　　meeting).
　　　　　　　　　　　　　hale kū'ai.
　　　　　　　　　　　　　ke ki'i'oni'oni.

2.　"When" other than *āhea* and *ināhea*

a.　Aia ā | pau kāu 'ai 'ana, kama'ilio kāua.
　　　　　　hiki mai 'o Keoho, pā'ina kākou.
　　　　　　kani mai ka pele, hele kāua.
　　　　　　pa'a keia kapa, lawe aku 'oe.
　　　　　　'ai 'oe alaila 'ike 'oe i ke 'ono.

b.　Ke | ho'i mai 'oe, kū'ai mai i poi.
　　　　　pau kāu hana, kelepona mai.
　　　　　mao (clears up) ka ua, hele kāua i ke kaona.
　　　　　ua nui, he wai wale no (nothing but water)
　　　　　　keia wahi.

c.　I ko'u hiki 'ana aku (anā'ku), ua pau ka hālāwai.

d.　I ka loa'a 'ana o ka leka, nui ka hau'oli o ke keiki.

e.　I ku'u wā kamali'i, 'a'ohe hale ki'i'oni'oni ma Hawai'i
　　nei.

f.　I ke kani 'ana o ke kelepona, 'a'ole o kana mai ko'u
　　pū'iwa (surprised, startled).

g.　I kou kelepona 'ana a'e, e ho'omākaukau ana au e
　　hele i ka hale kū'ai.

3.　"While"—*iā*

a.　Ia'u e | holoi ana i ko'u lima, pani 'ia ka wai.
　　　　　　hana mea 'ono ana, e hana haupia ana 'o kaina.

b.　Iā | māua e heluhelu ana i ka nūpepa, pio nā kukui
　　　　　(lights went out).
　　　　Kaleo e kākau leka ana, e hana kuli ana (making
　　　　　noise) nā keiki.
　　　　mākou e kali ana (waiting) i ke ka'a 'ohua (bus), hiki
　　　　　a'e 'o Kalōio.

G. Comparative degree utterances using 'oi . . . i, 'oi . . . ma mua o,
   oi aku or 'oi . . . ma mua ona

1. He haumāna akamai 'o Leialoha.
   He aku ke akamai 'o Leilehua.
2. He pa'ahana (worker) mākaukau loa 'o Manu.
   'Oia'i'o kā ho'i. He 'oi aku ka mākaukau 'o Lono ma
   mua ona.
3. He kanaka ikaika 'o Naihe.
   He 'oi aku ka ikaika o kona kaikua'ana.
4. He wahi 'olu'olu (pleasant) ko Kaleo mā.
   He 'oi aku ka 'olu'olu o ko Kanamu mā wahi.
5. Mākaukau 'o Nālei i ke kama'ilio 'ana ma ka 'ōlelo Hawai'i.

   He 'oi aku ko Kaliko | mākaukau i kona.
                        | mākaukau.
                        | mākaukau ma mua o Nalei.

Complete 6 through 10.

6. He hale nui ko ka meia (mayor).
   The governor's is larger than the mayor's.
7. Lō'ihi maoli kā Kaleo penikala.
   Manu's is longer.
8. Ki'eki'e (tall) maoli keia kumu lā'au (tree).
   That one is taller than this.
9. Pōloli maoli au. (Someone else says this.)
   You are hungrier. (Use 'oi . . . i.)
10. 'Ono maoli kāu mea 'ono.
    Lehua's is more delicious than mine.

H. Comparative degree utterances using another form

1. He penikala lō'ihi ka'u.
   He lo'ihi iki a'e (a little longer) ka'u.
2. He wahi maika'i keia.
   He maika'i iki a'e ko Manu mā wahi.
3. He hale nui maoli ko Kekapa mā.
   He nui iki a'e ko Kalani mā hale.

4. He kaula (rope) pōkole kā Kanoe.
   He pōkole iki aʻe kaʻu kaula.
5. He penikala ʻoi kā Kanamu.
   He ʻoi iki aʻe kā Kekipi penikala.

VII. NO KA PILINA ʻŌLELO A ME KA PAPA ʻŌLELO

1. *Mahea* is one way of saying "where." *Hea* is the root to which we
   add particles or what were formerly called prepositions. Sometimes
   we may add a form of directional. *Hea* may be an interrogative
   adverb or an interrogative pronoun. Here it is an interrogative
   adverb. Sometimes we place *i* before *hea*.
2. *Iki* is used in this unit to mean "never."
   > I have never been there.
   > ʻAʻole au i hele iki i laila.

   > You will never be hungry.
   > ʻAʻole ʻoe e pōloli iki.

   Iki may also be used in comparative utterances.
   > Kaleo's car is a little larger than Kalā's.
   > He nui iki aʻe ko Kaleo kaʻa ma mua o ko Kalā.
3. Like *hea*, *laila* is used with particles, prepositions, or directionals
   before it and sometimes after it. In this unit we use *i laila*. *Laila*
   is the root form for "there." We may place *ma* before it, *ma
   laila*.
4. *Aia ā* is sometimes used to mean "when."
   > When you finish your work . . .
   > Aia ā pau kāu hana . . .
5. *Inā* means "if," but sometimes *ke* is used to mean "if."
   > If you have money . . .
   > Inā he kālā kāu . . .

   > If it (is) possible.
   > Ke hiki hoʻi.
6. *Inā he pōloli kou* has the appearance of a verb "to have" structure
   but in English we use a verb "to be" structure.
   > If you are hungry . . .
7. *Kūlanakauhale* is one of the words used to mean "city." Sometimes
   people use the word *kaona*, which is an Hawaiianization of the

word "town." *Kauhale* literally means "houses." *Kau* is a plural marker. (We used *nā* as a plural marker in Unit Two.) Because of the nature of Hawaiian family life in the past, a family "residence" consisted of several houses. Thus it was natural to say *kauhale* when referring to the home.

8. *Iaʻu* means "while I." *Ia* is "while." The *u* comes from the pronoun *au*, "I." We use *iā* before proper nouns and pronouns to form "while,"—iā ia, iā Lono. Note that we do not place a macron over the "a" in *iaʻu*.

>Iaʻu e noho ana ma Hilo . . .
>While I was living in Hilo . . .

>Iā Keoni e hele ana i ke kula nui . . .
>While John was attending the university . . .

9. *I* is one of the words meaning "when." Other expressions meaning "when" are *aia a, āhea, ke, ināhea.* Sometimes *iā* before a name or a pronoun also means "when."

>I ka hele ʻana mai ʻo Keoni . . .
>Iā Keoni i hele mai ai . . .
>When John came . . .

>I ka pau ʻana o kaʻu hana . . .
>When my work was done . . . (When I finished my work . . .)

10. Notice how the *aia nō ia* utterances are structured with regard to the pronouns *ʻoe, ʻolua, ʻoukou.* The expression may be used also with proper and common nouns.

>Aia nō ia | i ke kumu.
> | iā Kaleo.

As is usual, a common noun requires the use of *i* followed by an article, while a proper noun and a pronoun take *iā.*

11. Notice how the position of an adverbial expression affects the structure of a sentence.

>Maʻaneʻi kāua e hoʻomaha (iho) ai.
>>E hoʻomaha (iho) kāua maʻaneʻi.
>Maʻō ʻolua e hoʻomaha (aku) ai.
>>E hoʻomaha (aku) ʻolua maʻō.

When the adverb is in initial position we use the particle *ai* in the verb phrase. When the adverb is in final position we do not use any particle.

12.   *Mai kāua ma'ane'i* is "(Let's) come over here." One person is suggesting that a second person come to where he is.

13.   *Kū'ai* and *kū'ai mai* mean "buy something" or "buy something to bring home/bring with you."

14.   *'A'ohe ā Manu penikala lō'ihi* suggests that Manu doesn't have a long pencil. It is quite possible he has several pencils—all short.

15.   Observe the distribution of pronoun and noun subject.

   'A'ole au i 'ike iki i kēlā wahi.

   Pronoun subject—*au*

   I have never seen that place.

   'A'ole i hele iki 'o Nahulu i kēlā wahi.

   Noun subject—*Nahulu*

   Nahulu has never been to that place.

16.   In . . . *i kou kelepona 'ana a'e,* the directional *a'e* indicates that neither the speaker nor the person addressed is at the place to which the call was made.

Huina Iwakālua Kūmākolu

I. NĀ ʻŌLELO KUMU

1. Ke lawe ʻia mai la e ka hunona.
2. E hoʻi ana ʻo Kaleiwahea i ke kula nui i keia kau aʻe?
3. ʻO kona makahiki hope loa keia.
4. Ua poina au aia ʻoia i Honolulu e noho nei.
5. Eia kāua i Oʻahu.
6. ʻAʻohe aʻu mea e hoʻohalahala ai.
7. Ua hoʻopaʻa lumi au ma ka hōkele Halekūlani.
8. Hikiwawe maoli nō.
9. Pau nō, hoʻi nō.
10. Eia aʻe ʻoia ala me ka ukana.
11. Kahūhū! Ma ke kaʻa hoʻolimalima kā hoʻi.
12. E lawe mua kākou iā ia nei i ka hōkele.
13. Nā lāua nei e lawe aku iā ʻoe i ka hōkele.
14. Aia ko lāua nei wahi maʻō koke aku o ka hōkele.
15. Hauʻoli wā hoʻomaha.
16. Me ʻoe pū.
17. ʻApōpō a ia lā aku . . .
18. Naʻu ia e aloha aku.

He ʻōlelo noʻeau

He muhee kuu hoa, he ia hololua. [Judd:14]

Unit Twenty-three

II. BASIC UTTERANCES

1. It is being brought by the (son)-in-law.
2. Is Kaleiwahea returning to the university next semester?
3. This is her last year.
4. I had forgotten she lives on Oʻahu.
5. Here we are at Oʻahu.
6. I have nothing to complain about.
7. I reserved a room at the Halekūlani hotel.
8. (You are going home) so soon?
9. When my work is done I'll go home.
10. Here he (her husband) comes with the baggage.
11. For heaven's sake! By taxi indeed!
12. Let's take him/her to the hotel first.
13. These (two) people will take you to the hotel.
14. These (two) people's home is just a little beyond the hotel.
15. Happy vacation.
16. The same to you.
17. ... day after tomorrow.
18. I'll greet them (for you).

A proverb

My companion is a cuttle-fish, a fish that goes two ways.
(A person not to be depended on is likened to a cuttle-fish.) [Judd:14]

III. KA HOʻOHUI HUAʻŌLELO ʻANA

Ke kākau ʻana	Ka ʻōlelo ʻana
hoʻi ana	hoʻiana
Kaleiwahea i	Kaleiwaheai
kula nui i	kula nuῑ
kau aʻe	kauaʻe
poina au aia	poināɖuaia
ʻaʻohe aʻu	ʻaʻoheaʻu
hoʻohalahala ai	hoʻohalahalāɖi
lumi au	lumiau
eia aʻe	eiāɖʻe
ʻoia ala	ʻoiyāla
aku au	akuau
hoʻolimalima aku	hoʻolimalimāɖku
hoʻolimalima aku au	hoʻolimalimāɖkuau

IV. HOʻOMAʻAMAʻA KUMU HOʻOHĀLIKE

A. Simple substitution

1. Hikiwawe | maoli nō!
    Ikaika
    Pilikia
    ʻEha
    Anuanu
    Wela

2. Eia aʻe | ʻo Keola | me ka ukana.
    nā keiki
    nā ʻōhua
    ʻoia ala

3. Eia aʻe ʻo Keola me ka | ukana.
    moena (mat).
    mea ʻai.
    wai huʻihuʻi (cool water).
    papa heʻe nalu (surfboard).
    wai hua ʻai.

4. Ke lawe 'ia mai la e | ka hūnōna.
                     ke kaikamahine.
                     ko'u makuakāne.
                     ka mea lawe ukana (porter).
                     kua'ana.

5. 'O | kona
       ko lākou
       ko Keoni
       ko ke kaikamahine | makahiki hope loa keia.

6. E ho'i ana 'o Kaleiwahea i ke kula | nui?
                                        ki'eki'e (high)?
                                        noho pa'a (boarding)?

Extend pattern 6:   To any one of the above questions add:
                i keia kau a'e (next semester)?
                i keia makahiki a'e?
                i keia pule a'e?
                i keia mahina a'e?

7. Me wai ana 'oe e | noho | ai?
                   hele
                   kūkā (to confer) |

a.   Repeat: In place of *'oe* use *'oia / lāua / lākou.*

b.   E | noho | ana au me Keahi.
         hele
         kūkā |

c.   Repeat: Use *'oia* in the *au* slot and extend the
      expressions by adding:
                i keia pō.
                i ka pō 'apōpō.
                i keia pule a'e.

8. Ua poina | au
            māua
            'o Kapule
            ka haumāna | i ka 'ao'ao o ka ha'awina.

9. ʻAʻohe aʻu mea e | hoʻohalahala | ai.
 | nīnau |
 | hopohopo (worry) |
 | kānalua (doubt) |
 | makaʻu (fear) |

Repeat: For *aʻu* substitute *āna, ā māua, ā lāua, ā mākou,* and *ā lākou.*

10. ʻAʻohe mea | ā Keoki | e hoʻohalahala ai.
 | ā ke kumu |
 | ā koʻu makuakāne |
 | ā nā malihini |

11. He aha anei | kāu | mea e kānalua ai?
 | kā ʻolua |
 | kā kaina |
 | kā ke kumu |

Repeat: Substitute *nīnau, hopohopo,* and *makaʻu,* for *kānalua.*

12. I hea | ʻolua | e noho ai? I Waikīkī | māua | e noho ai.
 | māua | | ʻolua |
 | kāua | | kāua |

13. I hea e noho ai | ke keiki | ke hele mai ʻoia?
 | ʻo Kealoha |
 | ʻo kaina |
 | kāu malihini |

a. I Waikīkī e noho ai | ke keiki | ke hele mai ʻoia.
 | ʻo Kealoha |
 | ʻo kaina |
 | kaʻu malihini |

b. I Waikīkī ʻoia e noho ai ke hele mai ʻoia.

14. Āhea | ʻoe | e hoʻi ai i Hawaiʻi?
 | ʻolua |
 | lākou |
 | ʻoia |

a. I ka Poʻaono | au | e hoʻi ai i Hawaiʻi.
                        | māua |
                        | lākou |
                        | ʻoia |

Repeat: Substitute the following destinations in the
questions and answers.

      i ke kula?   i ka hana?
      i ke keʻena?   i kou hale ponoʻī?

15. Āhea e hoʻi ai | ʻo Lahela | i Maui?
                        | ke kaikamahine |
                        | ko kuaʻana |
                        | kou mau kaikaina |

a. I ka | Poʻaono | e hoʻi ai ʻo Lahela i Maui.
             | Pōʻahā |
             | Pōʻalua |
             | Lāpule |

b. I keia pule aʻe e hoʻi ai | ʻo Lahela | i ka hana.
                                 | ke kaikamahine |
                                 | ʻo kuaʻana |
                                 | koʻu mau kaikaina |

c. ʻAʻole maopopo iaʻu āhea la e hoʻi

    ai | ʻo Lahela | i Maui.
              | ke kaikamahine |
              | ʻo kuaʻana |
              | koʻu mau kaikaina |

16. Hoʻomaopopo nō wau | iā ia. (iā ʻoe)
                               | iā ʻoe.

    Hoʻomaopopo nō lāua | iā ʻoe. (iā ia)
                                | iā ia. (Lahapa)
                                | iā Lahapa. (kumu)
                                | i ke kumu.

17. E lawe ʻoe | iā ia nei | i ke kula.
                | iā lāua nei |
                | iā lākou nei |

E hoʻomau aku: For *i ke kula*

substitute | i ka hōkele Halekūlani.
| i ka hale kūʻai.
| i ka pule.
| i ka hālāwai (meeting).
| i ke kiʻiʻoniʻoni.

18. E lawe ʻoe | iā ia ala | i ke kiʻiʻoniʻoni i keia ʻauinalā.
| iā lāua ala |
| iā lākou ala |

E hoʻomau aku: For *i ke kiʻiʻoniʻoni* substitute

i ke kahua | hoʻolulu mokulele.
| hōʻikeʻike holoholona (zoo).
| pāʻani (playground).
| hōʻikeʻike iʻa (aquarium).

B. Double substitution

1. ʻAʻole maopopo | iaʻu | āhea la | au | e hoʻi ai.
iā māua		māua
iā lākou		lākou
iā ia		ʻoia
iā Lono		ʻoia
i ke kumu		ʻoia

C. Double substitution. Transformation.

1. Ua | poina | au i kona | inoa. | (lohe–leo)
| lohe | | leo. | (ʻike–kaʻa)
| ʻike | | kaʻa. | (hoʻihoʻi–pāpale)
| hoʻihoʻi | | pāpale. | (kalaiwa–kaʻa)
| kalaiwa | | kaʻa.

V. HE MAU PĀPĀʻŌLELO

ʻO Waiwaiʻole wahine

1. Aia i hea kou ukana?

ʻO Kapule wahine

1. Ke lawe ʻia mai la e ka hūnōna.

2. E hoʻi ana ʻo Kaleiwahea
   i ke kula i keia kau aʻe?
3. He aha keia huakaʻi āu e
   hele nei?
4. He wahi hana kaʻu.
5. E noho ana au ma ka
   hōkele Halekūlani. A ʻo ʻoe?
6. ʻAuwē! Ua poina au aia ʻoia
   ke noho nei i Honolulu.

2. ʻAe. ʻO kona makahiki hope
   loa keia.
3. E hele ana au e hoʻomaha.
   A ʻo ʻoe?
4. I hea ana ʻoe e noho ai?
5. E noho ana au me kā māua
   hiapo.
6. Eia kākou i Oʻahu.

ʻO Leialoha

1. Aloha, e māmā.

2. ʻAe. ʻO Leilani keia a ʻo
   Lokelani keia.

3. ʻAe. Hoʻomaopopo nō wau
   iā ia. Aloha kāua.
4. Lōʻihi loa keia akahi nō
   kāua a hui hou.
5. ʻAʻohe aʻu mea e hoʻohala-
   hala ai. A ʻo ʻoe?
6. Ma hea ana ʻoe e noho ai?

7. Āhea ʻoe e hoʻi ai?

8. Hikiwawe nō!

ʻO Kapule wahine

1. Aloha, e Leialoha. ʻO nā
   moʻopuna keia?
2. ʻAuwē! Mai, mai, mai. Ua nui
   maoli ʻolua. E Leialoha, ʻo
   Waiwaiʻole wahine keia.
   ʻO Waiwaiʻole wahine.
3. Aloha kāua.

4. Pololei ʻoe. He mau makahiki.
   Pehea ʻoe?
5. ʻO kāua like.

6. Ua hoʻopaʻa lumi au ma ka
   hōkele Halekūlani.
7. I ka Poʻaono paha. He mau
   lā wale nō a hoʻi aku.
8. He wahi hana kaʻu i hele mai
   nei. Pau nō, hoʻi nō.

ʻO Leialoha:	Eia aʻe ʻoia ala me ka ukana. E kiʻi aʻe au i ke kaʻa.
ʻO Kapule wahine iā Waiwaiʻole w.:	He kaʻa nō kou e hoʻi ai i ka hōkele?
ʻO Waiwaiʻole w:	Ma ke kaʻa hoʻolimalima aku au.
ʻO Keola:	Kahūhū! Ma ke kaʻa hoʻolimalima kā hoʻi. Nā māua e lawe aku iā ʻoe.
ʻO Kapule wahine:	Aia ko lāua nei wahi maʻō koke aku o ka hōkele.
ʻO Keola iā Leialoha:	Eia aʻe ʻoia ala me ke kaʻa. E hoʻi kākou. E lawe mua kākou iā ia nei i ka hōkele.

'O Leialoha:	Hiki. E ki'i 'oe i kona ukana, e Keola.
'O Kapule wahine:	'Ae. Nā lāua nei e lawe aku iā kāua.
'O Waiwai'ole w:	Mahalo i ko 'olua lokomaika'i.
'O Leialoha:	No māua ka hau'oli.

VI.   E HO'OMAU AKU I KA HO'OMA'AMA'A 'ANA

A.   E pane ma ka 'ōlelo Hawai'i.

1. 'O wai nā wāhine i hele pū i Honolulu?
2. 'O wai o lāua kai noho ma ka hōkele Halekūlani?
3. Me wai i noho ai kona hoaloha?
4. 'O wai ka inoa o ke kaikamahine ā kona hoaloha?
5. 'O wai ka inoa o ke kāne ā ke kaikamahine?
6. 'Ehia ā lāua keiki?
7. He kaikamahine anei? He keikikāne anei?

B.   E kama'ilio ma ka 'ōlelo Hawai'i e like me nā 'ōlelo kuhikuhi ma lalo nei.

1. a. Ask Kapeka to go to the movies with you.
   a. Say you cannot go.
   b. Ask why.
   b. Say you have a lot of work.
   c. Ask about the kind of work.
   c. Washing clothes and studying.

2. a. Ask Mrs. Keli'i where she's going.
   a. Say you're going to Honolulu.
   b. Ask what the purpose of the trip is.
   b. You're going on a vacation.
   c. Ask where she will stay.
   c. You will stay in Makiki.
   d. Ask with whom.
   d. With your eldest offspring.
   e. Say you forgot that she's living in Honolulu.

3. Relate the following in Hawaiian.

   You are going to the movies with your friend Lani. The two of you are going to the Kuhio Theater at 7 o'clock this evening. You will go in your new car. Your father bought it for you. It is a very nice car. When the show is over you will go to Kanani's place.

C.   He mau mana'oha'i

1.   No Hawai'i 'o Waiwai'ole wahine lāua 'o Kapule wahine. Ua
hele like lāua i Honolulu. He wahi hana kā Waiwai'ole wahine.
He huaka'i ho'omaha wale nō kā Kapule wahine. Ua hele
wale mai nō 'o Kapule wahine e ho'omaha.
    'A'ole paha he 'ohana ko Waiwai'ole wahine ma O'ahu
'o ia kona kumu i ho'opa'a lumi ai ma ka hōkele Halekūlani.
    He kaikamahine kā Kapule wahine ma Honolulu. 'O
Leialoha kona inoa. 'Oia ka hiapo o kā Kapule mā keiki.
    'O Keola kā Leialoha kāne. 'Elua ā lāua keiki. He mau
kaikamāhine kā lāua, 'o Leilani lāua 'o Lokelani.
    Nā Leialoha mā i lawe iā Waiwai'ole wahine i ka hōkele.
Kokoke ko lākou wahi i ka hōkele. Aia nō ma'ō koke aku
o ka hōkele.

2.   I keia manawa ma ke ka'a kākou e hele ai mai kekahi wahi ā
i kekahi wahi 'e a'e—ma ke ka'a ho'olimalima, ma ke ka'a
lawe 'ōhua ai'ole ma ko kākou ka'a pono'ī.
    I ka wā kahiko hele wāwae wale nō ka po'e mai 'ō
ā 'ō. 'O nā 'li'i hāpai 'ia i kekahi manawa ma ka mānele.
    I ka wā kahiko ke makemake kekahi ali'i e ho'ouna i
lono i kekahi wahi mamao, nā nā kūkini e lawe i ka lono.
He po'e māmā loa lākou.

He mau nīnau no nā mana'oha'i

1.   'O wai la kai hele mai Hawai'i ā i O'ahu?
2.   He aha kā lāua hana i hele ai?
3.   He 'ohana ko Waiwai'ole wahine ma O'ahu 'a'ole paha?
4.   Me wai i noho ai 'o Kapule wahine?
5.   'O wai ka inoa o kā Leialoha kāne?
6.   'O wai 'o Leialoha?
7.   'O wai nā keikamāhine ā Keola lāua 'o Leialoha?
8.   No ke aha i lawe ai 'o Leialoha mā iā Waiwai'ole wahine i ka
    hōkele?
9.   Pehea kākou e hele nei mai kekahi wahi a i kekahi wahi 'e a'e?
10.   Pehea i hele ai ka po'e kāhiko i 'ō ā iā ne'i?
11.   Pehea i ho'ouna ai nā 'li'i i ka lono i nā wahi mamao?

D.   Practice in the use of past tense with *ua* in initial position.

1.   Ua poina au aia 'oia ke noho nei i Honolulu.
2.   Ua lohe au e hele mai ana 'oia i Honolulu nei.
3.   Ua 'ike au i kēlā ki'i'oni'oni i kēlā pule aku nei.
4.   Ua kū'ai au i poi na'u i nehinei.
5.   Ua ho'iho'i au i ka puke ā ke kumu i kēlā lā aku nei.
6.   Ua kali au iā 'oe 'a'ole na'e 'oe i hiki mai.
7.   Ua heluhelu au i kēlā puke hou i kēlā lā aku nei.
8.   Ua nānā au i ke ka'a o Kealoha i ka 'auinalā o nehinei.
9.   Ua noho au ma Waikīkī ma mua o ko'u ne'e 'ana mai i keia wahi.
10.   Ua kākau au i leka i ke kumu i nehinei e noi iā ia e kala mai ia'u no ka mea ua ma'i 'ia au.

VII. NO KA PILINA 'ŌLELO A ME KA PAPA 'ŌLELO

1.   *'Ia* in some expressions is the sign of the passive voice. When used as passive voice marker it needs an agent. In the following example *e* is the agent marker and *hūnōna* is the agent.

Ke lawe 'ia mai la e ka hūnōna.

(It) is being brought by the in-law.

Hūnōna is a neuter gender word. It is used for both son-in-law and daughter-in-law. If one wishes to make a distinction between the two one can use *kāne* or *wahine* after *hūnōna*.

hūnōna kāne
hūnōna wahine

2.   *'O kāua like* is an idiomatic saying used to express the idea of two people doing the same thing.

both you and I/me.

3.   E ho'i ana 'o Kaleiwahea i ke kula nui i keia kau a'e?
This question may be changed into a declarative statement by intonation and the substitution of a period for the question mark. As used in the statement *a'e* means "next."

. . . i keia kau a'e?
. . . next term/semester?

4.   *A'e* is used in this unit to express two different ideas.

Eia a'e 'o Keola me ka ukana.

Here comes Keola with the baggage.

E ki'i a'e au i ke ka'a.

I'll go and get the car.

In the first utterance, Keola is walking toward the speaker—his wife—who is waiting with their guests. Notice that in the Hawaiian there is no verb. We have *eia*, "here," followed by the directional *a'e*, the subject, and the object phrase *me ka ukana.*

The second utterance is more in keeping with the idea of oblique motion. The speaker is about to move in some direction on her way to the car.

5. *Ho'opa'a lumi* means "reserve a room." We use *ho'opa'a manawa* to mean "make an appointment."

> Have you made an appointment?
>
> Ua ho'opa'a manawa 'oe?

> You should make an appointment.
>
> E pono e ho'opa'a manawa.

6. *Kāhūhū* is an exclamatory remark indicating disapproval mingled with surprise. The second and third syllables are generally pronounced progressively higher in pitch and longer in duration.

7. *Kā ho'i* intensifies an expression of disapproval

> Ma ke ka'a ho'olimalima kā ho'i.
>
> By taxi, indeed!

8. *Pau nō, ho'i nō.* This is an example of brevity and terseness of expression.

> When my business is done I'll go home.

9. *Nei* and *ala* are used to indicate distance: near the speaker—*nei;* some distance from the speaker—*ala.* In Unit Six *nei* is used with *eia*—Eia no 'oia ke hiamoe nei—and *ala* is used with *aia*—Aia no 'oia ke hiamoe ala.

Here *aia* and *nei* occur in the same utterance:

> These two people's place is a short distance beyond the hotel.
>
> Aia ko lāua nei wahi ma'ō koke aku o ka hōkele.

Aia refers to the place of residence which is some distance away and *nei* refers to the residents, Leialoha and Keola, who are in the presence of the speaker.

Other utterances with *nei* meaning "here" and *ala* meaning "there" or "over there" occur in practice material and in the conversations.

> Take this person (here) to school.
>
> E lawe 'oe iā ia nei i ke kula.

Take that person (over there) to the movies this afternoon.

E lawe 'oe iā ia ala i ke ki'i'oni'oni i keia 'auinalā.

10. *Ma'ō koke aku* means "just a little beyond," in a direction away
from the speaker. In contrast to the foregoing, *ma'ane'i koke mai
o ka hōkele* means "a short distance from the hotel," in the
direction of the speaker.

11. Note the distribution of noun and pronoun subjects.

> 'A'ole au i 'ike iki i kēlā wahi.
>
> I have never seen that place.

> 'A'ole i hele iki 'o Nahulu i kēlā wahi.
>
> Nahulu has never been to that place/there.

In the first utterance *au* (a pronoun) is the subject; it occurs
before the verb phrase. In the second example the noun subject—
Nahulu—occurs after the verb phrase.

We have a similar situation in

> I don't know when he/she will return.
>
> 'A'ole maopopo ia'u āhea la 'oia e ho'i ai.

The pronoun *'oia* precedes the verb phrase.

> I don't know when Lahela will return.
>
> 'A'ole maopopo ia'u āhea la e ho'i ai 'o Lahela.

The noun subject *'o Lahela* occurs after the verb phrase.

12. *Ai* is used in utterances in which a time expression, for example
āhea (when), precedes the verb phrase.

> I don't know when he/she will go home.
>
> 'A'ole maopopo ia'u āhea la 'oia e ho'i ai.

13. *Ho'i* and *ho'i mai* both mean "return to a place." *Ho'i* indicates
"return in a direction away from the speaker," while *ho'i mai*
means "return in the direction of the speaker."

> I don't know when I'll go back (home).
>
> 'A'ole maopopo ia'u ahea la au e ho'i ai.

> I don't know when I'll come back.
>
> 'A'ole maopopo ia'u āhea la au e ho'i mai ai.

Please observe that the directional *mai* falls between the verb
ho'i and the word *ai*.

14. Other ways of asking *Āhea ʻoe e hoʻi ai i Hawaiʻi?*
  a.   I ka manawa hea . . .
  b.   I ka lā hea . . .
  c.   I ka pō ʻahia . . .
  ʻĀhia, a variant of *ʻehia,* is used sometimes (as in "c" above) as a question, which like "b" is very specific. The other two questions, the one in the complete utterance and in "a," are very general—"when."

Huina Iwakālua Kūmāhā

I. NĀ ʻŌLELO KUMU

1. E hoʻihoʻi aku i keia kuka iā māmā.
2. Ke hoʻihoʻi ʻole au mai huhū mai iaʻu.
3. Hiki nō inā au e kali ā ʻapōpō?
4. E pono e hoʻihoʻi aku ʻānō.
5. E wiki o huhū mai ʻo māmā.
6. Aia iā wai kou palaka aloha?
7. Aia paha iā kaina.
8. I ka Pōʻakahi aku nei ʻoia i lawe ai.
9. E ʻoluʻolu e haʻi mai i ka manawa.
10. Ua hala ka hapalua hola ʻekolu.
11. ʻUmi kūmālima minuke | i hala | ka hola ʻelima.
    | ma hope o |
12. Manaʻo au ʻaʻohe pololei ʻo kaʻu/kuʻu uwāki.
13. Ua ʻae au e kiʻi i nā keiki.
14. E lohi loa ana au.
15. Mai kalaiwa pupuahulu loa aku ʻoe.
16. E pono paha e hele au me ʻoe.

He mau ʻōlelo noʻeau

Hae ka ilio, alala ka puaa, kani ka moa, uwe ke keiki. [Judd:24]
Aohe i pau ka ike i kau halau. [Judd:29]

Unit Twenty-four

II. BASIC UTTERANCES

1. Take this coat home to your mother.
2. If I don't return it, don't scold me.
3. Is it all right if I wait till tomorrow?
4. Better take it home right away.
5. Hurry or your mother will be angry.

6. Who has your aloha shirt?
7. Perhaps my younger sibling has it.
8. He took it last Monday.

9. Please tell me the time.
10. It's after three-thirty.
11. It is fifteen minutes after five o'clock.

12. I believe my watch is not right (correct).

13. I agreed to fetch (go and get) the children.
14. I'm going to be very late.
15. Don't drive too fast.
16. I believe I had better go with you.

Some proverbs

The dog barks, the pig squeals, the cock crows, the child cries. (A noisy household.) [Judd:24]

All wisdom is not taught in your school. (There are other sources of knowledge.) [Judd:29]

III. KA HOʻOHUI HUAʻŌLELO ʻANA

Ke kākau ʻana	Ka ʻōlelo ʻana
hoʻihoʻi aku	hoʻihoʻiaku
iā wai	iyāwai
aia iā wai	aiaiyāwai
lawe ai	laweai
minuke i hala	minukeihala
manaʻo au	manaʻoau
kaʻu uwāki	kaʻūu̸wāki
o kaʻu uwāki	o kaʻūu̸wāki
pololei o	pololeio
pololei o kaʻu uwāki	pololeiokaʻūu̸wāki
ʻae au e kiʻi	ʻaeauekiʻi
ana au	anāu̸u
loa ana au	loāu̸nāu̸u
paha e hele au	pahaeheleau

IV. HOʻOMAʻAMAʻA KUMU HOʻOHĀLIKE

A. Simple substitution

1. E hoʻihoʻi aku i keia kuka | iā māmā.
   Lono.
   kuaʻana.
   i ke kumu.
   ko kaina.

2. E hoʻihoʻi aku i keia palaka aloha | iā Lono.
   kunāne.
   i ke kumu.
   ko kuahine.

3. Hiki nō inā | au | e kali ā ʻapōpō?
   ʻoia
   lākou
   mākou

4. E pono e | ho'iho'i aku | 'anō.
　　　　　　 lawe mai
　　　　　　 ki'i mai
　　　　　　 ki'i aku
　　　　　　 ha'i mai
　　　　　　 ha'i aku

5. E wiki o huhū mai | 'o māmā.
　　　　　　　　　　　 'o kua'ana.
　　　　　　　　　　　 ko kua'ana.
　　　　　　　　　　　 ke kumu.
　　　　　　　　　　　 kou makuakāne.

6. Aia iā wai | kou palaka aloha; | maopopo nō iā 'oe?
　　　　　　　　 pālule;
　　　　　　　　 kāma'a;
　　　　　　 kāu puke;
　　　　　　　 penikala;

　　a. Aia paha i ko | kaina.
　　　　　　　　　　　 kunāne.
　　　　　　　　　　　 kua'ana.

　　b. Aia paha iā | Pua.
　　　　　　　　　　 kua'ana.
　　　　　　　　　　 pāpā.

7. I ka | Pō'akahi | aku nei 'oia i lawe ai.
　　　　 Pō'ahā
　　　　 Pō'akolu
　　　　 Pō'alima

Note: The foregoing may be used to answer the question "Ināhea 'oia i lawe ai i kou palaka aloha?"

8. E ha'i mai i ka | manawa | ke 'olu'olu 'oe.
　　　　　　　　　 mo'olelo
　　　　　　　　　 mana'o
　　　　　　　　　 ha'ina
　　　　　　　　　 huina (total)

9. Ua hala ka hapalua hola | 'ekolu.
    'umi.
    'umi kūmālua.
    'eiwa.
    'ewalu.
    'ehā.

10. 'Umi kūmālima minuke ma hope o ka hola | 'umi.
    'umi kūmālua.
    'eiwa.
    'ehā.
    'ewalu.
    'elima
    'ekolu.

11. Repeat: substitute *i hala ka hola* for *ma hope o ka hola.*

12. Ua 'ae au e ki'i i | nā keiki | i ka hola 'ehā.
    nā haumāna
    ke keiki
    ko kua'ana

13. Ua 'ae au e ki'i iā | Lono | i keia 'auinalā.
    kua'ana
    māmā

14. Mana'o au 'a'ohe pololei 'o | ka'u/ku'u uwāki.
    kāu 'ōlelo.
    kou mana'o.
    kā Manu 'ōlelo.
    kāu helu 'ana (counting).

15. Mai | kalaiwa | pupuahulu aku | 'oe.
    holo | 'olua.
    hana | 'oukou.

B.   **Double substitution**

Ke hoʻihoʻi ʻole	au	mai huhū	mai iaʻu.
	ʻoia		aku iā ia.
	ʻo Manu		iā ia.
	ka haumāna		iā ia.
	nā keiki		iā lāua.
			iā lākou.

C.   **He mau nīnau a he mau pane**

1.   Aia iā wai kou palaka aloha?
     Aia koʻu palaka aloha iā kaina.

2.   Aia iā wai ko Lono palaka aloha?
     a.   Aia ko Lono palaka aloha i kona kaikaina.
     b.   Aia kona palaka aloha i kona kaikaina.
     c.   Aia ko Lono palaka aloha iā Keola.

3.   Ināhea i lawe ai ʻo Keola i ka palaka aloha?

     a.   (Ua) lawe ʻoia i ka palaka aloha | i nehinei.
          | i nehinei a iā lā aku.
          | i kēlā lā aku nei.

     b.   I nehinei ʻoia i lawe ai i ka palaka aloha.
     c.   I nehinei a iā lā aku ʻoia i lawe ai i ka palaka aloha.
     d.   I kēlā lā aku nei ʻoia i lawe ai i ka palaka aloha.

4.   Hola ʻehia keia?
     a.   Hola ʻehā keia.
     b.   Ua kani ka hola ʻehā.
     c.   Hapalua hola ʻehā keia.
     d.   Hapalua keia i hala ka hola ʻehā.
     e.   Hapahā keia i hala ka hola ʻehā.

D.   **Variable substitution. Transformation**

1.   E hoʻihoʻi aku i keia kuka iā māmā.   (pāpā)
2.   E hoʻihoʻi aku i keia kuka iā pāpā.   (kēnā)
3.   E hoʻihoʻi aku i kēnā kuka iā pāpā.   (mai)
4.   E hoʻihoʻi mai i kēnā kuka iā pāpā.   (mai)
5.   Mai hoʻihoʻi mai i kēnā kuka iā pāpā.   (aku)
6.   Mai hoʻihoʻi aku i kēnā kuka iā pāpā.   (e)

7. E hoʻihoʻi aku i kēnā kuka iā pāpā.   (lawe)
8. E lawe aku i kēnā kuka iā pāpā.   (ko kaina)
9. E lawe aku i kēnā kuka i ko kaina.   (palaka aloha)
10. E lawe aku i kēnā palaka aloha i ko kaina.

V. HE MAU PĀPĀ ʻŌLELO

1. E hoʻi ana au i kauhale.

1. E hoʻihoʻi aku i keia kuka iā māmā.

2. Hola ʻehia keia?

2. Ua kani ka hapahā i hala ka hola ʻelīma.

3. ʻAuwē! Lohi maoli au.

3. E wiki o huhū mai ʻo māmā.

---

1. Āhea ʻoe e hele hou mai ai?

1. Āhea la. ʻApōpō paha.

2. Ke hele hou mai ʻoe e ʻoluʻolu e hoʻihoʻi mai i koʻu palaka aloha.

2. Aia iā wai ko palaka aloha?

3. Aia i ko kaina.

3. Ināhea ʻoia i lawe ai?

4. I ka Pōʻakahi aku nei.

---

1. E Manu, e hele ana ʻoe i ko Lono wahi?

1. I ke aha la!

2. Inā ʻoe e hele ana, e lawe aku i keia pālule ona.

2. I ka Pōʻalima paha au e hele ai.

3. Hiki nō.

3. Pehea inā ʻaʻole au hele aku?

4. E hoʻihoʻi aku nō au i ka Lāpule.

---

1. E Lono, e haʻi mai i ka manawa, ke ʻoluʻolu ʻoe.

1. Manaʻo au ua hala ka hapalua hola ʻekolu.

2. ʻOia! Inā pēlā ʻaʻohe pololei ʻo kāʻu uwāki.

2. Hola ʻehia keia ma kāu uwāki?

3. Hola ʻekolu wale nō.

3. ʻAʻohe pololei o kāu uwāki.

4. E hele ana au e kiʻi i nā keiki.

4. Mai kalaiwa pupuahulu loa aku ʻoe.

5. Ua lohi loa au.

5. E pono paha e hele au me ʻoe.

1. E Manu, ua kani anei ka hola ʻehā?
2. ʻOia! Hola ʻehia keia?
3. ʻAuwē! Lohi maoli au.
4. ʻAʻole, ua ʻae au e kiʻi i nā keiki i ka hola ʻehā.

1. Ua hala ka hola ʻehā.
2. ʻUmi kūmālima minuke ma hope o ka hola ʻehā.
3. He hana kāu?
4. E wiki hoʻi hā ʻoe.

1. E Lono, i ka hola ʻehia ʻoe e ala ai?
2. I ka hola ʻehia ʻoe e ʻai ai i ka ʻaina kakahiaka?
3. I hea ʻoe e ʻai ai i ka ʻaina kakahiaka?

1. Ala au ma mua o ka hapalua hola ʻeono.
2. I kekahi manawa ʻai au i ka ʻaina kakahiaka i ka hola ʻehiku.
3. I kekahi manawa ʻai au ma kekahi hale ʻaina.

1. E hoʻi kāua i kauhale.
2. Hapahā i hala ka hola ʻekolu.
3. Aia koʻu kaʻa maʻō.
4. ʻAe. I kēlā lā aku nei au i kūʻai ai.

1. Hola ʻehia keia?
2. E kali iki. E kāhea aʻe au iā Moana. (Kelepona) O hele kāua.
3. He kaʻa hou kou?

1. E Nālei, e hoʻihoʻi aku i keia kāmaʻa iā Lono.
2. ʻAʻole, e hoʻihoʻi aku ʻoe i keia lā.
3. ʻAʻole, e hoʻihoʻi koke aku o huhū mai kona makuahine.

1. I ka Lāpule au e hoʻihoʻi aku ai.
2. Hiki nō inā au kali ā Lāpule?
3. Inā pēlā, e hoʻihoʻi aku au i keia lā.

1. E ʻoluʻolu e haʻi mai i ka manawa.
2. ʻAuwē! E hoʻi ana au.
3. ʻAʻole hiki iaʻu ke kali.
4. Ua kokoke loa i ka manawa ʻaina ahiahi.

1. Hola ʻelima keia. Ua kani ka hola ʻelima.
2. E kali iki.
3. No ke aha mai?
4. E wiki hoʻi hā ʻoe.

VI. E HO'OMAU AKU I KA HO'OMA'AMA'A 'ANA

A. E kama'ilio e like me ka mea i kauoha 'ia ma lalo iho.

Ka'ohe

1. Ask Manu to return Momi's pencil.
2. Ask who has it.
3. Say you wonder who has it.
4. Say Kaleo does not have it.

Manu

1. Say you do not have her pencil.
2. Say you don't know.
3. Say perhaps Kaleo has it.
4. You wonder who has it.

'Iwalani

1. Ask Lani when she gets up.
2. Ask Lani when she eats breakfast.
3. Ask when she goes to school.
4. Ask her at what time school is over.

Lani

1. You get up at 5:30 in the morning.
2. You eat breakfast at 7 A.M.
3. You go to school at 7:30 A.M.
4. It is over at 3:15 P.M.

B. He mana'oha'i

1. Ala au i ka hola 'elima o ke kakahiaka.
2. Holoi au i ku'u maka.
3. Komo au i ku'u lole.
4. Kahi au i ku'u lauoho.
5. Komo au i ku'u kāma'a.
6. Ke mākaukau au hele au e 'ai.
7. Hele au e 'ai i ka hola 'ehiku.
8. Nā ku'u makuahine e ho'omākaukau i ka mea 'ai.
9. Ke pau ka'u 'ai 'ana pāpale au i ku'u pāpale a hele au i ka hana.
10. Hele au i ka hana ma ke ka'a 'ōhua no ka mea 'a'ohe o'u ka'a.

11.   Hoʻomaka kaʻu hana i ka hapalua hola ʻewalu.

12.   Pau kaʻu hana i ka hapalua i hala ka hola ʻehā.

Repeat: Change the foregoing sentences to tell about Lono.

C.   **Write questions to elicit the following replies.**

1.   Ua kani ka hapahā i hala ka hola ʻelua.

2.   Aia kuʻu kuka iā Manu.

3.   Ma koʻu kaʻa au e hele ai i ka hana.

4.   Nā kuʻu makuahine i hoʻomākaukau i ka mea ʻai.

5.   ʻAʻohe aʻu uwāki.

6.   Aia koʻu kaʻa ma ʻō.

7.   Ua komo au i kuʻu lole.

8.   Ke kahi nei au i kuʻu lauoho.

9.   Kokoke au e mākaukau.

10.   Hele au i ka hana i ka hola ʻehiku.

D.   **Change the following sentences without changing their meanings.**

1.   ʻAi au i ka ʻaina kakahiaka i ka hola ʻelima o ke kakahiaka.

2.   Ke mākaukau au hele au e ʻai.

3.   Hele au e ʻai i ka hola ʻehiku.

4.   Hele au i ka hana ma ke kaʻa lawe ʻōhua.

5.   Hoʻomaka kaʻu hana i ka hapalua hola ʻewalu.

6.   ʻAi au i ka ʻaina awakea ma kekahi hale ʻaina.

7.   Hele au i ke kula i ka hola ʻehiku o ke kakahiaka.

8.   I nehinei hoʻihoʻi au i ko Manu kuka.

9.   I keia lā e hele ana au e ʻike i ke kauka.

10.   I keia ʻauinalā e holo ana ʻo Manu i Hilo.

E.   **Expansion practice. No ka hoʻomaʻamaʻa ʻana i ka hoʻolōʻihi ʻana**

1.   Mai poina i ka lawe mai | i ka laikini (license).

i ka laikini o kou kaʻa.

i ka laikini o kou kaʻa i ka lā ʻapōpō.

2.   Mai poina | i ke kāhea mai iaʻu.

i ke kāhea mai iaʻa ke hiki ʻoe i kauhale.

i ke kāhea mai iaʻu ke hiki ʻoe i kauhale i keia ahiahi.

3. Mai poinā i ke kūʻai mai | i puke kope nā ke keiki.
   | i puke kope nā ke keiki ke hoʻi
   | mai ʻoe.
   | i puke kope nā ke keiki ke hoʻi
   | mai ʻoe i keia ʻauinalā.

4. Mai poina i ka hoʻihoʻi aku | i kā Manu puke.
   | i kā Manu puke i ke kakahiaka.
   | i kā Manu puke i ke kakahiaka
   | o ka lā ʻapōpō.

5. Mai poina i ke kūʻai mai | i nā kikiki (tickets).
   | i nā kikiki ʻaha mele (concert).
   | i nā kikiki ʻaha mele no keia pō.

VII. NO KA PILINA ʻŌLELO A ME KA PAPA ʻŌLELO

1. *Hoʻi* and *hoʻihoʻi* both mean "return"; *hoʻi* is used to say a person returns to a place while *hoʻihoʻi* is used when referring to something being returned.

2. *Lohi* is used in this unit to mean "late." *Loa* is an adverb meaning "very."

   I'm very late.   It is very good.
   Lohi loa au.   Maikaʻi loa.
   Sometimes *maoli* is used instead of *loa*.

3. *E wiki o huhū mai ʻo māmā.* Here, *o* is used to mean "lest" or "or." The glottal stop indicates that the second *ʻo* is subject marker.

4. *Iā* and *i* are sometimes used to mean "have." *Iā* is used to mean "have" when the possessor is identified by a pronoun or a proper noun.

   Aia iā wai kāu puke?   Aia kaʻu puke iā Manu.

I is used to mean "have" when the possessor is identified by a common noun.

    Aia ka'u puke i ke kumu.

5. *Mana'o au* is a present tense utterance with the verb *mana'o* in initial position. In former units other present tense forms were presented.

    e . . . nei   ke . . . nei   e . . . ai (sometimes)

6. *I ke aha la* is an idiomatic expression meaning:

    Why?

    Why do you want to know?

    Why do you ask?

    The other expression for "why" is *No ke aha mai?*

7. To say "It is . . . o'clock" the Hawaiian uses several types of expressions.

    Ua kani ka hola 'eono.

    Six o'clock has struck.

    Hola 'eono keia.

    It is six o'clock.

    Hapalua keia i hala ka hola 'eono.

    It is six thirty.

8. *Hiki* is used here to mean "all right" or "okay."

    Hiki nō inā au e kali ā Lāpule?

    Is it all right if I wait until Sunday?

9. *Wiki* and *pupuahulu* both mean "to hurry," but *pupuahulu* indicates hurrying in a somewhat disoriented, even reckless manner.

10. In . . . *e kali ā 'apōpō e* may be omitted—*Hiki nō inā au kali ā 'apōpō?* In *E pono e ho'iho'i aku e* must not be omitted.

11. *Ua kokoke loa i* means "It's very close to . . ."

12. *Uwāki* takes a-form possessive—ka'u uwāki/kāu uwāki—because a watch is not classified as clothing.

Huina Iwakālua Kūmālima

i. NĀ ʻŌLELO KUMU

1. No hea mai ʻoe?
2. No Hawaiʻi mai, no hea?
3. No laila mai koʻu makuakāne.
4. ʻO Hawaiʻi kona ʻāina hānau.
5. He lunakānāwai koʻu kupuna kāne ma laila mamua loa.
6. Hoʻonaʻauao ʻia ʻoia ma ke kula hānai o Hilo.
7. E kala loa au i haʻalele ai i kuʻu one hānau.
8. Ke hele nei nō wau i laila e hoʻomaha ai.
9. He ʻohana nō koʻu i laila.
10. Ua loli ka nohona o Kona i keia manawa.
11. ʻOia hoʻi. Ke kūkulu ʻia ala nā hōkele he nui loa.
12. No ka nui hoʻi o ka poʻe mākaʻikaʻi.
13. Aia ma Kona ʻākau ka nui o nā hōkele.
14. Aia ma Kailua a me nā wahi e kokoke ana i Kailua.
15. Mai kāhi ʻe wale nō.
16. Mea mai ʻo Kealoha he uʻi o loko o laila.

He ʻōlelo nane

Kuʻu wahi holoholona ewalu ona lima. [Judd:73]

Unit Twenty-five

II. BASIC UTTERANCES

1. Where are you from?
2. From what part of Hawai'i?
3. My father is from there.
4. Hawai'i is his birthplace.
5. My grandfather was a judge there long ago.
6. He was educated at the Hilo Boarding School.

7. I left my birthplace long ago.
8. I still go there for vacation.
9. I still have relatives there.

10. Life in Kona has changed now.
11. That is so. A great many hotels are being built there.
12. . . . because of the large number of tourists.
13. Most of the hotels are in north Kona.
14. (They are) at Kailua and places near Kailua.
15. (I've seen it) only from the distance.
16. Kealoha said the interior is lovely.

A riddle

My little animal with eight hands.
Answer: The squid. [Judd:73]

III.   KA HOʻOHUI HUAʻŌLELO ʻANA

Ke kākau ʻana	Ka ʻōlelo ʻana
loa au i	loaʻaui
hānai o	hānaio
haʻalele ai i	haʻaleleaʻi
kuʻu one	kuʻuone
wau i laila	wauilaila
wau i laila e	wauilailae
nui o	nuio
kokoke ana i	kokokeanai
he uʻi o	heuʻio
loko o	lokōʻø
he uʻi o loko o laila	heuʻiolokōʻølaila

IV.   HOʻOMAʻAMAʻA KUMU HOʻOHĀLIKE

A.   **Simple Substitution**

1.   No hea mai | ʻo Noe?
      | kāu malihini?
      | kēnā pāpale?

   a.   No Maui mai | ʻo Noe/ʻoia.
         | kaʻu malihini.
         | keia pāpale.

   b.   No ka hale kūʻai lole mai keia pāpale.

2.   Mai hea mai | ʻoe?   Mai Kauaʻi mai | au.
      | ʻoukou? | mākou.
      | ʻoia ala? | ʻoia ala.

3.   He | lunakānāwai | koʻu kupuna kāne i laila mamua loa.
         | kumu kula
         | kumu hula
         | kahunapule
         | kiaʻāina

4. Ho'onau'auao 'ia 'oia ma ke | kula hānai o Hilo.
   kula ki'eki'e o Hilo.
   kula nui o Hawai'i.

5. E kala loa au i ha'alele ai | i ku'u one hānau.
   i kēlā wahi.
   i ke kula nui o Hawai'i.
   i kēlā hana.

6. Aia ma | Kona 'ākau (north) | ka nui o nā hōkele.
   Kaua'i hema (south)
   Maui komohana (west)
   Waikīkī

B.　Double substitution

1. Ke | kūkulu | 'ia ala nā | hōkele | he nui loa.
   kū'ai | | ka'a
   lawe | | puke
   ho'ōuna | | pū'olo (packages)

C.　He mau nīnau a he mau pane

1. No hea mai keia moena?
   No Kona mai kēnā moena.
2. No hea mai kāu malihini?
   No Nukilani (New Zealand) mai 'oia.
3. No hea mai kou mau mākua?
   a.　No Kaua'i mai ko'u mau mākua.
   b.　No Kaua'i mai lāua.
4. Mai hea mai nei kāu malihini?
   Mai Maui mai nei 'oia.
5. Mai hea mai nei ke keiki?
   Mai Hilo mai nei 'oia.
6. Ināhea 'oe i ha'alele ai iā Hilo?
   E kala loa au i ha'alele ai iā Hilo.
7. I hea 'oe i noho ai | i kou hele 'ana i Hilo?
   iā 'oe i hele ai i Hilo?
8. Ua hele anei 'oe i ka hōkele Mauna Kea?
   a.　Ua hele au i laila ma mua o ku'u ho'i 'ana mai.
   b.　Ua hele wale nō au i laila e māka'ika'i ai.
   c.　Provide a negative reply.

9. Aia i hea ka hapanui o nā hōkele ma Kauaʻi?
   Aia ka hapanui o nā hōkele o Kauaʻi ma ka ʻaoʻao
   hema o ia mokupuni—ma Poʻipū a me nā wahi e
   kokoke ana i laila.
10. Aia i hea ka hapanui o nā hōkele o Oʻahu?
    Aia ma Waikīkī ka hapanui.

D. **Comments and rejoinders**

1. No Niʻihau mai keia moena.
   No laila mai keia lei pūpū.
2. No Kona mai keia ʻekeʻeke (handbag).
   No laila mai keia pāpale.
3. No Hilo mai keia lei lehua.
   No laila mai keia lei ʻokika (orchid).
4. No Maui mai keia lei ʻakulikuli.
   No laila mai keia lei poni mōʻī.
5. No Kauaʻi mai keia lei mokihana.
   No laila mai keia lei maile.

V. HE MAU PĀPĀʻŌLELO

ʻO Kapule

1. Aloha, e ka malihini.
2. ʻO wai kou inoa?
3. No hea mai ʻoe?
4. No Hawaiʻi hea?
5. ʻAuwē! No laila mai koʻu makuakāne.
6. ʻAe. Hele pinepine au i laila e hoʻomaha ai.
7. E kala loa au i haʻalele ai iā Kona.

ʻO Kainoa

1. Aloha nō.
2. ʻO Kainoa koʻu inoa.
3. No Hawaiʻi mai au.
4. No Kona mai au.
5. ʻOia! He ʻohana nō kou i laila i keia manawa?
6. Ināhea ʻoe i haʻalele ai iā Kona?

ʻO Kaipo

1. I hea i noho ai kou makuakāne?
2. Ua noho mau kou mau kūpuna i laila?

ʻO Kapule

1. I Kailua ʻoia i noho ai i kona wā kamaliʻi.
2. ʻAe. He lunakānāwai koʻu kupuna kāne.

3. I hea 'oia i ho'onau'auao 'ia ai?

3. Ho'ona'auao 'ia 'oia ma ke kula hānai o Hilo.

'O Kaipo

1. Ua loli ka nohona o Kona i keia manawa.
2. Aia ke kūkulu 'ia ala nā hōkele he nui loa.
3. 'A'ole ma Kona 'ākau wale nō i keia manawa.

'O Kapule

1. 'Oia ho'i. Ua 'ike nō ho'i au.
2. Aia ka hapanui ma Kona 'ākau.
3. Aia ka nui o nā hōkele ma Kailua a me na wahi e kokoke ana i Kailua.

'O Kākela

1. No hea mai kou mau mākua?
2. 'O Hawai'i kou one hānau?
3. Ua hele nō 'oe i Hawai'i?
4. Ināhea 'oe i hele ai i laila?
5. He aha kāu i hele ai i laila?
6. I hea 'oukou i noho ai?

'O Kaniho

1. No Hawai'i mai ko'u makuahine, no O'ahu nei ko'u makuakāne.
2. 'A'ole; 'o O'ahu ko'u one hānau.
3. 'A'ole au i hele iki ilaila. Ua hele nō na'e au i Maui.
4. Ua hele au i kēlā makahiki aku nei.
5. Hele au e ho'omaha me ku'u mau mākua.
6. Noho mākou ma'ō aku o Kā'anapali.

'O Kalanikapu

1. Ke kūkulu 'ia a'e nei nā hōkele he nui loa ma keia pae 'āina.
2. Ma kekāhi mau wahi ma Kaua'i, Maui a me Hawai'i.
3. Ma Maui aia ma Lahaina a ma'ō aku.
4. Ma Lahaina pono'ī ua ho'oponopono 'ia ka hōkele Paionia.

'O Kamāwae

1. Ma kekāhi mau wahi, 'ae.
2. A ma O'ahu aia ka hapanui ma Waikīkī.
3. Mai Kā'anapali a hiki aku i Nāpili.
4. 'Ae, a aia ka hapanui o nā hōkele a me nā hōkele-hale papa'i (apartment hotel) ma'ō aku o Kā'anapali.

'O Kaupiko

1. Ua 'ike anei 'oe i ka
   hōkele Mauna Kea?
2. Ināhea 'oe i 'ike ai?
3. Ināhea 'oe i hele ai i ka
   heiau?
4. Me wai 'oe i hele ai?
5. I hea 'oukou i noho ai?

'O Nāwa'a

1. Ua 'ike au akā mai kāhi 'e
   wale nō.
2. Ua 'ike au, ia'u i hele ai i ka
   heiau Pu'ukoholā.
3. Ua hele au i loko o Iune i
   hala.
4. Hele au me kekahi o ko'u
   mau hoaloha.
5. Noho mākou i Waimea ma
   kekahi hōkele emi.

'O Aulani

1. Aloha, e Hoapili wahine.
2. 'O wai kēlā me Kanamu?
3. No hea mai 'oia?
4. 'O wai kona inoa?
5. Āhea 'oia e ho'i ai i Kaua'i?

'O Hoapili wahine

1. Aloha, e Aulani.
2. He malihini nā Kealoha.
3. No Kaua'i mai. No Lihu'e.
4. Mea mai 'o kaina 'o Kanoho
   kona inoa.
5. Koe aku ia!

'O Mililani

1. Ua hele nō 'oe i Kaua'i?
2. Ua 'ike 'oe i ka hōkele
   Kaua'i Surf?
3. I hea 'oe i noho ai?
4. He 'ohana kou ma laila?

'O Nāpua

1. I laila au i kekahi mau
   makahiki aku nei.
2. Ia'u i hele ai 'a'ole i kūkulu
   'ia kēlā hōkele.
3. Noho au me ko'u 'ohana.
4. E. 'O Kaua'i ko'u one hānau.

VI. E HO'OMAU AKU I KA HO'OMA'AMA'A 'ANA

A. He mau mana'oha'i

1. He nui nā hōkele ma keia pae 'āina i keia manawa. Aia ma
   Hawai'i, Maui, O'ahu a me Kaua'i ka nui o nā hōkele. 'O nā
   mokupuni nui nō keia o keia pae 'āina.

   Ma Hawai'i, 'o Kona 'ākau kāhi nui o nā hōkele. He hapa
   mai a malalo iho ka nui o nā hōkele ma Hilo. Aia kekahi
   hōkele ma ka lua pele (volcano).

Ma Maui, aia ka nui o nā hōkele ma Kā'anapali a ma'ō aku. Aia ma Maui komohana ka nui o nā hōkele. He nui nā hōkele hale papa'i (apártment hotels) mai ma'ō aku o Kā'anapali a hiki i Nāpili. Aia nō ma Nāpili kekahi hōkele.

Ma O'ahu, aia ka hapanui o nā hōkele ma Waikīkī. Mai Waikīkī hele nā po'e māka'ika'i i nā wahi like 'ole o keia mokupuni e māka'ika'i ai. Hele kekahi po'e ma nā ka'a 'ōhua (buses). Hele kekahi ma nā ka'a ho'olimalima (taxis) a o kekahi po'e ho'olimalima (rent) lākou i ka'a no lākou e hele ai i hiki iā lākou ke hele e like me ko lākou makemake (as they please).

Ma Kaua'i, aia ka nui o nā hōkele ma Lihu'e a makai o Koloa, ma Po'ipū. Mai Lihu'e hele aku i komohana a hiki i ke alanui e iho ai i Koloa, huli a iho i kai. Holo aku a kokoke i kahakai, huli hema a pēlā e hiki ai i Po'ipū.

2. I ka manawa e noho aliʻi ana ʻo Kamehameha I a ʻo
    Kamehameha II, ʻo Kona kāhi noho o nā ʻliʻi—Kona ʻākau.
    ʻO Kailua kāhi o ke alo aliʻi (court).

    I ka wā e noho aliʻi ana ʻo Liloa, ʻo ʻUmi a ʻo
    Keawenuiaʻumi, i Waipiʻo kāhi noho ʻia e ke aliʻi nui o ka
    mokupuni o Hawaiʻi. I kekahi manawa hele nō ke aliʻi i
    Kailua.

    I ka wā i noho aliʻi ai ʻo Keawenuiaʻumi, ua hoʻonoho
    ʻoia i kekahi mau kaukaualiʻi i aliʻi no nā mokuʻāina o ka
    mokupuni o Hawaiʻi. ʻO Wahilani ke aliʻi o Kohala. ʻO
    Wanua ke aliʻi o Hamakua. ʻO Kulukuluʻā ko Hilo aliʻi.
    ʻO Huaʻā ko Puna aliʻi. ʻO Makaha ke aliʻi o Kaʻū a ʻo Ehu
    ko Kona aliʻi. Ua lilo o Kona iā Ehu no kona mālama ʻana
    iā Keawenuiaʻumi a me na kānaka ona iā lākou i hele ai i
    Kona e hoʻomaha ai. I Kīholo lākou i noho ai.

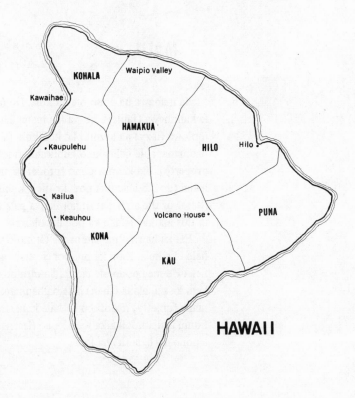

HAWAII

3. *No na kula o Maui.* MH 1823

a. I ka makahiki o ka Haku, 1823, ka pae ana mai o
    Keopuolani me na mikionali ma Lahaina nei. Ia
    manawa aole kula, aole hale kula a aole nō hoi
    hoihoi (interested) na kanaka i ka palapala (writing).
    Ao (learned) o Keopuolani i ka Piapa (alphabet).
    Pela no hoi o Nahienaena, o Hoapili a me kekahi
    poe alii a me kekahi poe kanaka o lakou (their
    workers). Hookahi paha haneri poe i ao. Aole
    mahuahua (not many) ka poe i ao ia makahiki.

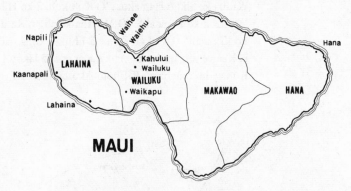

MAUI

b. I keia manawa ua pono ole na kula. No na kumu
    kekahi hewa (fault) a no na haumana kekahi hewa. Ua
    molowa (lazy) na kumu i ke kuhikuhi (show) aku i na
    haumana; aole hele aku e kuhikuhi pono (show
    properly). Eia ka mea pono (proper) a na kumu e
    hanai (do). E hele i ka poe ike ole e kuhikuhi i ka hua
    (letter of the alphabet) a hooikaika pela (exert effort
    in this manner) a ike ka poe ike ole.
        Eia ka hewa o na haumana. Ua molowa lakou i ka
    hele i ke kula. Kani ka pu (conch shell) aole lakou
    hele. He mea pono ole ia. Eia ka mea pono. A (when)
    kani ka pu, alaila (then) hele na haumana a pau a noho
    malie (quietly) maloko o ka hale kula a hiki aku ke
    kumu alaila hooikaika loa i ke ao (learn). Oia na mea
    e pono ai (benefit) na kula.

B.   He mau nīnau no nā mana'oha'i

1. Aia ma nā mokupuni hea ka nui o nā hōkele ma keia pae
    'āina?
2. Ma ka mokupuni o Hawai'i, aia i hea ka nui o nā hōkele?
3. A pehea ma ka mokupuni o Maui?
4. Pehea e hele ai ka po'e māka'ika'i i nā wahi ā lākou i
    makemake ai e hele?
5. E ha'i mai e pili ana i ke alo ali'i i ka wā o Kamehameha
    I a me Kamehameha II a i ka wā 'o 'Umi lāua o Keawe-
    nuia'umi.
6. 'O wai nā ali'i o nā moku'āina ma lalo o Keawenuia'umi?
    Pehea i loa'a ai o Kona iā Ehu?
7. 'O wai nā 'li'i i ho'oikaika e a'o nā kānaka o lākou i ka
    palapala? I hea lākou i ho'omaka ai i keia hana?
8. He aha ke kumu i pono 'ole ai nā kula ma hope mai o ka
    manawa e a'o ana o Keopuolani mā i ka palapala?
9. He aha ka hewa o nā haumāna?

C.   He mo'olelo.

Ka Mōhai 'Ulu

I kekahi lā, e ho'omākaukau ana 'elua kaikamāhine i mōhai nā
ko lāua akua. He 'ulu kā lāua mōhai. 'O Laka ke akua o kekahi
kaikamahine. 'Ōlelo aku keia kaikamahine i kona hoaloha; "'O
Laka ko'u akua, he akua maika'i; he akua mana nō." A 'ōlelo
mai ka lua o nā kaikamāhine, "'O Kapo ko'u akua, he akua
'olu'olu."

A mahope, hele mai la he luahine. Nonoi aku ka luahine i ka
mua o nā kaikamāhine no kāna 'ulu a me kāna wai i loko o ka
huewai. Pane mai ke kaikamahine, "'A'ole, nā ku'u akua, nā Laka,
keia 'ulu."

A huli ka luahine i ka lua o nā kaikamāhine a noi aku 'oia no
kāna 'ulu a no kāna wai. Ha'awi keia kaikamahine i kāna 'ulu a
i kāna wai.

A pau ka 'ai 'ana a ka luahine, 'ōlelo 'oia i ke kaikamahine,
"E ho'i a hō'ike aku i kou mau mākua e ho'olako i ka hale i ka 'ai
a lawa a e kau i ka lepa ma nā kihi 'ehā o ke pā ma mua o ka hala
'ana o ho'okahi anahulu.

A hoʻi keia kaikamahine lokomaikaʻi i kona hale a haʻi aku i
ka ʻōlelo a ka luahine i kona ʻohana. ʻIke koke nō nā mākua ʻaʻohe
ia he luahine, ʻo Pele nō ia. Hauʻoli nō lākou no ka lokomaikaʻi o
kā lākou kaikamahine.

A hala he anahulu, hū ka pele. Hoʻōnea ʻia (made barren) ka
ʻāina akā ua pakele ke kaikamahine lokomaikaʻi a pakele pū kona
ʻohana.

> Nā Larry "Kauanoe" Kimura i
> kākau hou i keia moʻolelo.

ʻŌlelo hoʻākaka: Ua kapa ʻia kāhi ā nā kaikamahine i pūlehu ai i
ka ʻulu, ʻo "Kaʻulupūlehu." Ma muli paha o ka lohe pono ʻole ʻia
o ka inoa e kekahi poʻe, ʻo Kaupūlehu ka inoa i keia manawa.

He mau nīnau. E pane ma ka ʻōlelo Hawaiʻi.
1. E aha ana kekahi mau kaikamāhine i kekāhi la?
2. He aha kā lāua mōhai?
3. ʻO wai ke akua o ka mua o nā kaikamāhine?
4. He aha ke ʻano o ke akua, wahi āna?
5. He aha ke ʻano o ke akua o ka lua o nā kaikamāhine?
6. ʻO wai ke akua o ka lua o nā kaikamāhine?
7. Iā lāua e kamaʻilio ana a e pūlehu ana i ka ʻulu, ʻo wai ka
    i hōʻea aku?
8. He aha kāna i nonoi ai?
9. He aha ka pane a ka mua o nā kaikamāhine?
10. A pehea ka lua o nā kaikamāhine?
11. He aha kā ka luahine i ʻōlelo ai i ka lua o nā kaikamāhine?
12. He aha ka hopena o kāna hana lokomaikaʻi?

D. **He mau ʻōlelo kuhikuhi no ke kamaʻilio ʻana ma ka ʻōlelo Hawaiʻi**

1. Ask Maile where her mokihana lei is from.
        From Kauaʻi.
2. Ask Mililani where her shell lei is from.
        From Niʻihau.
3. Ask the place of origin of Lani's lauhala hat.
        Kona.

4. Ask Manu where Kealoha hails from.
   From Lahaina.
5. Ask Kalei where he got his 'ōpihi.
   From Kaua'i.
6. Ask Kalua when he left Maui.
   A long time ago.
7. Ask Lono when he came back from Hilo.
   The other day.
8. Ask how life is in Kona at present.
   It has changed.
9. Ask how life is on Maui.
   You don't know because you left there long ago.
10. Ask where most of the hotels are on Kaua'i.
    Along the beach (kahakai) from Po'ipū to Hanalei.

VII. NO KA PILINA 'ŌLELO A ME KA PAPA 'ŌLELO

1. *No* before *hea* indicates place of origin and is translated "from."
   No hea mai 'oe?
   Where are you from?

   No Hawai'i mai au.
   I am from Hawai'i.

   'A'ole maopopo ia'u no hea mai 'oia.
   I don't know where he hails from.

2. *Mai hea mai* is generally used to refer to coming from, not necessarily one's place of origin. It suggests a person moving from one place to another.
   Mai hea mai 'oe?
   Where did you come from?

3. *Laila* is the basic word for "there." Like *hea* and *luna* which were covered in earlier units, *laila* is used with various particles which affect its meaning. In this unit we have:

no laila mai	from there or that place
ma laila	there/at that place
i laila	there/to or at that place
o laila	of that place

No laila au.

I belong there (to that place).

No laila mai au.

I am (come/came) from that place.

Ua hānau 'ia au | ma laila.
             | i laila.

I was born there (in that place).

I laila au i hele ai.

I went there (to that place).

4. *E kala loa* and *mamua loa* both mean "long long ago" but there is a subtle difference between the two. *Mamua loa* gives the impression that it is related to the present—"long before this"—while *e kala loa* merely indicates a time long ago. *Mamua loa* can be used in initial position and in medial position while *e kala loa* fits well in initial position only.

Ua noi mai 'oia ia'u mamua loa e kākau i keia puke.
He/she asked me long ago to write this book.

Mamua loa 'oia i noi mai ai ia'u e kākau i keia puke.
Long before this he/she asked me to write this book.

E kala loa 'oia i noi mai ai ia'u e kākau i keia puke.
Long ago he asked me to write this book.

5. *Loa* was defined in some earlier units as "very."

Lō'ihi   loa.   Very   long.
Pōkole   short.

Loa may also mean "long."

e kala loa   long ago

6. *'Ia*, in the example "Ke kūkulu 'ia ala . . . ," is passive voice marker. In this instance the agent is unexpressed. The agent could be . . . *e ka po'e kūkulu hale,* . . . "by the builders."

7. *Nui* can be an abbreviation of *hapanui* and is translated "most" or "the majority." Aia ma Kona 'ākau ka nui o nā hōkele.

8. *Po'e* is one of the forms used to pluralize nouns. It is generally used when referring to people, but is used sometimes in referring

to inanimate objects when the plural *nā* cannot be used.

> ka po'e hale
> the houses

Po'e māka'ika'i is literally "people (who) visit or tour," hence we translate it "tourists" or "visitors."

9. The word *mai* means "from" and *kāhi 'e* is "far off place." *Mai kāhi 'e wale nō* means "Only from afar."

10. *Lahaina pono'ī* means "Lahaina proper," the main portion of Lahaina town.

11. *Mea mai 'o Kealoha* is an idiomatic expression meaning "Kealoha said."

12. *I* may be used in several different ways.

> I Kailua 'oia i noho ai i kona wā kamali'i.
> He/she lived in Kailua when he/she was a child.

The first *i* is preposition (in/at) marker, so *i noho ai* is "lived" and the third *i* is past tense "when."

Hoʻi Hope ʻElima
Review Five

A. **Write five verbless sentences.**

B. **Complete each sentence with *ai* or *ana*.**

1. E hele _____ au me Lono.
2. Pehea ʻoe e hele _____ me ia?
3. Āhea ʻoe e hele _____ i ke kula?
4. Āhea e hele _____ ke kumu?
5. ʻApōpō ʻoia e hele _____ i ke kula.
6. E hele _____ ʻoia ʻapōpō.
7. No ke aha ʻoia i hele _____ i laila?
8. No kona huhū ʻo ia kona kumu i hele _____ i laila.
9. E nānā kiʻi _____ ʻo Manu.
10. I nehinei ʻoia i nānā kiʻi _____ .

C. **Present, past, and future tenses.**

1. A conversation about the weather. You and Manu greet each other. You comment on the nice weather today. Manu tells you that it was stormy yesterday. You wonder whether tomorrow will be a clear or stormy day. Manu thinks it will be a clear day. Say that when the wind blows it comes with rain.

D. **Change each statement by substituting a word from the right column for each italic word in the left column.**

1. He penikala *lōʻihi* kaʻu.   ʻino
2. He lā *mālie* keia.   pōkole

3. He hale *hou* ko Kalā mā.   'u'uku

4. He hale *nui* kela.   ma'ō

5. *Hikiwawe* maoli nō.   i luna

6. E noho 'oe *ma'ane'i*.   lohi

7. E huli i ke alo *i lalo*.   kahiko

E.   Write *ko* or *o* in each blank.

1. He mea 'ai nō _____ loko?

2. He penikala nō _____ luna o ka pākaukau?

3. He lole _____ loko o ka pahu.

4. 'A'ohe mea 'ai _____ loko o ka pahu.

5. He pāpale _____ loko o ka pahu.

6. 'A'ohe po'e _____ loko o ka hale.

7. He haumāna _____ loko o ka hale kula.

8. He wahi holoi _____ lalo o ka hale.

9. 'A'ohe po'e _____ kauhale.

10. Ua 'ike au he hale 'aina _____ laila.

F.   Use the following words in sentences.

1. pōloli   6. palaka aloha

2. makahiki   7. mana'o

3. ho'ohalahala   8. i kekahi manawa

4. poina   9. mākaukau

5. ukana   10. ho'olohe

G.   Write questions to elicit the following replies.

1. Hele au i ke kula i ka hola 'ehiku o ke kakahiaka.

2. E holo ana 'o Manu i Hilo i keia 'auinalā.

3. Aia ka hale 'aina Kuhiō ma ke kiko waena Ala Moana.

4. E ho'oponopono ana 'o Lehua mā i ko lākou hale hou.

5. 'A'ohe po'e o kauhale.

6. Ua ho'opa'a lumi au ma ka hōkele Kaiulani.

7. Ma ke ka'a ho'olimalima aku au.

8. Aia ko'u pālule iā kaina.

9. He kumu ka'u no kēlā ha'awina keia ha'awina.

10. Ua hala ka hapalua hola 'ekolu.

11. No Hawai'i mai ko'u mau kūpuna.

12. 'Ekolu a'u papa i keia lā.

13. I ka hola 'elua ka lua a i ka hola 'ekolu ke kolu.

14. Aia no ia iā 'olua.
15. Ke lawe 'ia mai la ka ukana e ka hūnōna.
16. I kekahi manawa 'ai au i ka hola 'ehiku.
17. Mana'o au 'ano lohi ka'u uwāki.
18. E ho'iho'i ana au i ko Lani pālule 'apōpō.
19. E kala loa au i ha'alele ai i ko'u wahi hānau.
20. Ua 'ike au i kēlā wahi mai kāhi 'e wale nō.

H. He pāpā'ōlelo kuhikuhi 'ia

'O Kalā

1. Greet the visitor or stranger.
2. Ask where he's from.
3. Ask his father's name.
4. Ask if he has seen the Kā'anapali hotel.
5. Ask if he still lives in Lahaina.
6. Ask where he lives now.
7. On what street?
8. Ask his profession.
9. Thank him.

He malihini

1. Return the greeting.
2. Say you're from Lahaina.
3. Give your father's name and say he was a judge in Lahaina.
4. Only from the distance.
5. No. You left Lahaina long ago.
6. You live in Honolulu.
7. On Punahou Street.
8. Say you're a lawyer.
9. It's nothing. (A mere trifle)

I. Complete each utterance below.

Use *iā lāua nei, iā lākou nei,* or *iā ia nei.* Include preposition or object marker such as *i, ā, e* where needed.

1. E lawe 'oe _____ ka hale hō'iki'ike o Kamehameha. (3rd per., dual)
2. E mālama 'oe _____ ho'i mai au. (3rd per., sing.)
3. E a'o 'oe _____ ka 'ōlelo Hawai'i. (3rd per., plural)
4. Nā wai i 'ōlelo _____ hele mai? (3rd per., dual)
5. I lawe mai nei au _____ 'ike iā 'oe. (3rd per., sing.)
6. Ua 'ōlelo aku wau _____ 'a'ohe āu wai hua 'ai. (3rd per., dual)
7. E 'olu'olu 'oe e 'ōlelo _____ 'a'ole hiki iā 'oe ke hele me ia. (3rd per., sing.)

8. E kōkua 'oe _____ keia ahiahi. (3rd per., plural)
9. 'A'ole au i lawe _____ ke kula i keia lā no ka nui loa o ka ua. (3rd per., dual)
10. E ha'awi 'oe _____ kā lākou kālā. (3rd per., plural)

J.   Write two sentences for each of the meanings of *nui*.

1. much or plenty
2. very
3. large or big
4. many

K.   Write a paragraph of promotional material in Hawaiian about hotels in Hawai'i: where one might go; some of the sights one might see; where most of the hotels are located; what can be expected on the neighbor islands.

L.   Answer the following in Hawaiian.

1. Aia i hea 'oe e hele nei i ke kula?
2. Pehea 'oe e hele nei i ke kula?
3. Me wai 'oe e hele ai i ke kula?
4. 'Ehia āu papa i kēlā lā, keia lā?
5. I ka hola 'ehia kāu papa mua i kēlā lā, keia lā?
6. I ka hola 'ehia kāu papa hope loa i kēlā lā, keia lā?
7. Aia kou home ma ka mokupuni hea?
8. Aia i hea 'oe e noho nei?
9. Aia ma hea ka hapanui o nā hōkele ma Hawai'i nei?
10. Ua noho anei 'oe ma kekahi o nā hōkele o keia pae 'āina?

Huina Iwakālua Kumāono

I. NĀ ʻŌLELO KUMU

1. ʻO wai kāu i hele mai nei e ʻike?
2. I hele wale mai nei nō wau e hoʻohala manawa.
3. E hele kāua e inu kope ma ka hale inu kope.
4. He wahi maikaʻi keia | e hoʻohala manawa ai.
   | no ka hoʻohala manawa ʻana.
5. Eia aʻe ka mokulele.
6. Ke hōʻea mai la ka mokulele mai Hawaiʻi mai.
7. Ke puka mai la nā ʻōhua he nui wale.
8. No Hawaiʻi mai paha ka hapanui.
9. E kiʻi aʻe au i ko māua ukana.
10. ʻAʻole. ʻO wau ke hele aku e kiʻi. E noho ʻoe me lāua nei.
11. ʻO wai la kēlā kanaka me ka pāpale Kaleponi?
12. ʻAʻohe oʻu ʻike aku iā ia.
13. I Maui ʻoia i kau mai nei.
14. Alaila ua ku ʻiʻo nō ka mokulele i Maui?
15. Hauʻoli au i ka hui ʻana me ʻolua.
16. E kali a hele like aku kākou.

He ʻōlelo nane

Eono kilohana, hookahi ku. [Judd:85]

Unit Twenty-six

II. BASIC UTTERANCES

1. Whom did you come to see?
2. I merely came to while away the time.
3. Let's go and drink coffee in the coffee shop.
4. This is a good place | to while away the time.
              | for whiling away the time.

5. Here comes the plane.
6. The plane from Hawai'i is arriving.
7. Many passengers are coming off the plane.
8. Probably the majority are from Hawai'i.

9. I'll go and get our baggage.
10. No. Let me go and get (it). You stay here with these two (people).

11. I wonder who that man with the felt hat is.
12. I |don't| see him.
     |can't|

13. He boarded the plane at Maui.
14. Then the plane did stop at Maui?

15. I'm glad to have met you two.
16. Wait till we all go together.

A riddle

Six figured tapa, one extra.
Answer: The days of the week. [Judd:85]

III. KA HOʻOHUI HUAʻŌLELO ʻANA

Ke kakau ʻana

Ka ʻolelo ʻana

Ke kakau ʻana	Ka ʻolelo ʻana
e inu kope	einu kope
kāua e inu kope	kāuaeinu kope
manawa ai	manawāai
eia aʻe	eiaaʻe
kiʻi aʻe au	kiʻiaʻeau
māua ukana	māuaukana
aku e kiʻi	akuekiʻi
hele aku e kiʻi	heleakuekiʻi
a laila ua ku	alailauaku
aku iā ia	akuiyāiya
hauʻoli au	hauʻoliau
like aku	likeaku

IV. HOʻOMAʻAMAʻA KUMU HOʻOHĀLIKE

A. Simple substitution

1. ʻO wai | kāu | i hele mai nei e ʻike?
         | kā ʻolua |
         | kā Lono |
         | kā ke kumu |

I hele wale mai nei nō | wau | e hoʻohala manawa.
                       | māua |
                       | ʻo Lono |
                       | ke kumu |

2. ʻO wai kā | lāua nei | i hele aku nei e ʻike?
            | lāua ala |
            | lākou nei |
            | lākou ala |

a. I hele wale aku nei nō | lāua nei | e holoholo.
                           | lāua ala |
                           | lākou nei |
                           | lākou ala |

b.   Repeat: Substitute *e 'ike i ko Kealoha hoaloha* and
     e 'ike i ka pelekikena (president) in each of the above
     utterances.

3. E hele paha | kāua | e inu kope ma ka hale inu kope.
                | kākou |
                | 'olua |
                | 'oukou |

4. Eia a'e | ka mokulele | mai | Hawai'i | mai.
            | nā 'ōhua | | Kaua'i |
            | nā haumāna | | Maui |
            | nā kumu kula hou | | Kaleponi |

5. E ki'i a'e au i | ko'u | ukana. E kali 'olua ma'ane'i.
                    | ko māua |
                    | ko mākou |
                    | ko Lono |

6. E ki'i a'e au i | ka ukana o nā 'ōhua.
                    | puke ā ke keiki.
                    | ke ka'a o ke kumu kula hou.
                    | kuka o ke keiki.

7. E ki'i a'e au i ko māua | ukana. | E kali iki 'oe.
                            | ka'a. |
                            | lole. |

8. 'A'ohe o'u 'ike aku | i ka meia. | Aia lā 'oia i hea.
                        | i ke kia'āina. |
                        | iā kaina. |
                        | iā kuahine. |

9. 'A'ohe o'u lohe aku i | ke kani o ke kelepona.
                         | kā Lono 'ōlelo.
                         | ka 'ōlelo ā ke kumu.
                         | ka leo (voice) o ko'u makuakāne.

10. 'A'ohe 'ike pono | ko'u makuahine | i ke kumu kū'ai
                      | ke kumu | | (price).
                      | 'o Lono |

11. He wahi maika'i keia | e ho'ohala manawa ai.
                          | no ka ho'ohala manawa 'ana.
                          | no ka ho'ohala 'ana i ka manawa.

Repeat: Use *kēlā* in the *keia* slot.

12.   Alaila ua 'ike 'oe | iā lāua | i ke ku 'ana
       | Manu | mai o ka
       | i nā haumāna | mokulele.
       | ke kumu kula hou |
       | ka'u kāne |
       | ka'u wahine |

V. HE MAU PĀPĀ'ŌLELO

'O Leolani   'O Kalua

1. Aloha, e Kalua.

2. 'O wai kāu i hele mai nei
    e 'ike?

3. He wahi maika'i keia e
    ho'ohala manawa ai.

1. Aloha, e Leolani.

2. I hele wale mai nei nō wau
    e ho'ohala manawa.

3. 'Ae. He mea hoihoi ka
    nānā aku i nā malihini.

'O Leolani: Ke hō'ea mai la ka mokulele mai Hawai'i mai.

'O Kalua: 'O wai kāu i hele mai nei e 'ike?

'O Leolani: I hele mai nei au e 'ike iā Kanamu kāne lāua 'o
               Kanamu wahine.

'O Kalua: No Hawai'i mai lāua?

'O Leolani: 'Ae. Ke ku mai la ka mokulele.

'O Kalua: Ke puka mai la nā 'ōhua.

'O Leolani: Eia a'e 'o Kanamu mā.

'O Kanamu kane:	Aloha, e Leolani.
'O Leolani:	Aloha. E 'ike mai 'olua iā Kalua. E Kalua, o Kanamu wahine keia a 'o Kanamu kāne keia.
'O Kalua:	Aloha, e Kanamu wahine; aloha, e Kanamu kāne.
'O Kanamu kāne:	E ki'i a'e au i ko māua ukana.
'O Leolani:	E hele aku au me 'oe.
'O Kalua:	'A'ole. 'O wau ke hele aku me Kanamu kāne.
'O Leolani:	Mahalo.
'O Leolani:	E hele kāua ma'ō e kali ai. Pehea ka 'ohana keiki?
'O Kanamu wahine:	Maika'i nō. He hana kā lākou no ka wā ho'omaha.
'O Leolani:	Eia a'e 'o Kalua mā me ka ukana.
'O Kanamu wahine:	Hikiwawe nō ka loa'a 'ana aku nei.
'O Kalua:	E Leolani, e ki'i aku 'oe i kou ka'a. E kali au iā 'oe i kōkua aku wau iā 'oe me ka ukana.
'O Leolani:	'Ae, e ki'i a'e au i ke ka'a.
'O Kanamu kāne:	(Iā Kalua) Aia i hea kou ka'a?
'O Kalua:	Aia ko'u ka'a ma kēlā 'ao'ao. E hele kākou ma'ō e kali ai iā Leolani.
'O Kanamu wahine:	Eia a'e 'o Leolani me kona ka'a.
'O Kalua:	Na'u e ho'okau aku i ka ukana i luna o ke ka'a.
'O Leolani:	Mahalo a nui loa.
'O Kalua:	No'u ka hau'oli. E ho'i ana au. Hau'oli au i ka hui 'ana me 'olua. Aloha ā hui hou kākou.
'O Kanamu mā me Leolani:	'Ae, aloha nō.

'O Kapua

1. Ke hō'ea mai la ka mokulele.
2. Mai Hawai'i mai a me Maui.
3. 'A'ole o kana mai ka nui o nā 'ōhua.

'O Kāne

1. Mai hea mai kēlā mokulele?
2. Ke puka mai la nā 'ōhua.
3. 'Auwē! Aia 'o Lani ke puka mai la mai ka mokulele mai.

4. 'A'ohe o'u 'ike aku iā ia.   4.   Aia 'oia ma hope o kēlā
                                           wahine me ka pāpale lau
                                           hala.

VI. E HO'OMAU AKU I KA HO'OMA'AMA'A 'ANA

A.   He mau ninau a he mau pane

1. 'Ehia mokupuni ma keia pae 'āina?
    He 'ewalu mokupuni ma keia pae 'āina.
2. 'O ka mokupuni hea ka mokupuni nui helu 'ekahi?
    'O ka mokupuni o Hawai'i, ka mokupuni o
    Hawai'i-nui-a-Keawe.
3. Mai hea mai kēlā kanaka?
    Mai Maui mai 'oia.
4. No hea mai kēlā kanaka?
    No Maui mai 'oia.
5. Aia i hea 'o Mililani?
    Aia 'oia i ke kula nui o Hawai'i.
6. He wahi nō ko laila e ho'ohala manawa ai?
    He hale inu kope maika'i ko laila. He wahi 'olu'olu.
7. No hea mai ka hapanui o nā haumāna?
    No O'ahu nei ka hapanui. (The speaker is on O'ahu.)
8. Nāu keia mau puke, 'a'ole anei?
    'A'ole, nā ko'u kaikaina kēnā mau puke.
9. Aia 'oia i hea?
    Aia paha i kula i ka 'ala'alapūloa.
10. I hea aku nei 'oe?
    I ke kahua ho'olulu mokulele aku nei au me Kaleo.

B.   'Ōlelo kuhikuhi 'ia

1. Greet Leolani in the morning.
    Return the greeting.
2. Ask Leolani whom she came to see.
    You came to while away the time.
3. Ask Kealoha why he went to the airport.
    You went to see the airplanes.
4. Ask what two people near you came to see. (You are
    speaking to a third person.)
    The third person says he doesn't know.

5. Ask Manu to go and drink coffee with you.

Ask where you two might go.

6. Ask from which island a certain person came—place of origin.

Say the person is from Hawai'i.

7. Ask a person his place of birth.

Kona is your birthplace.

8. Ask the person if he has been back there.

You go back there each year for vacation.

9. Ask Hailialoha if she has been to Kona.

She says she went there last week.

10. Say you will get the baggage.

Tell the person to remain. You will go get the baggage.

C. **Some negative utterances in present tense form**

1. He noho wale nō ka hana, 'a'ohe ona heluhelu.
2. He pā'ani wale nō ka hana, 'a'ohe ona ho'opa'a ha'awina.
3. He nānā wale mai nō ka hana, 'a'ohe ona pane mai.
4. 'A'ohe 'o lākou hele i ke kula, he noho wale nō i kauhale.
5. 'A'ohe lohe mai 'o Lono no ka nui loa o ka hana kuli.

D. **He mau mana'oha'i**

1. I kekahi lā hele au i ke kahua ho'olulu mokulele. Hele au e 'ike iā Kanamu kāne lāua 'o Kanamu wahine. Ua kākau mai lāua e hele mai ana lāua e ho'omaha. Me māua lāua e noho ai. E noho ana lāua no ho'okahi mahina.

   I ku'u hiki 'ana i ke kahua ho'olulu mokulele, 'ike au iā Kalua. Ua hele 'oia ilaila e ho'ohala manawa ai. Hele māua e inu kope ma ka hala inu kope. 'Ike māua i ka mokulele mai Hawai'i mai. Hele māua e hui me Kanamu mā. Hele 'o Kalua me Kanamu kāne e ki'i i ko Kanamu mā ukana. Noho au me Kanamu wahine.

2. Hele 'o Pila lāua 'o Kapua e ho'ohala manawa ma ke kahua ho'olulu mokulele. Hui lāua me Kahale malaila. Ua hele aku 'o Kahale e 'ike iā Kalōio. 'O Kalōio kekahi o nā 'ōhua mai Hilo mai.

   Ma mua o ke ku 'ana mai o ka mokulele, hele 'o Pila e kama'ilio me kekahi mau hoaloha. Iā ia e kama'ilio ana me

nā hoaloha, hele 'o Kapua lāua o Kahale e inu kope ma ka
hale inu kope. Ma hope aku 'o Pila.

VII. NO KA PILINA 'ŌLELO A ME KA PAPA 'ŌLELO

1. *I* is a past tense or completed action indicator which is used in
    medial or initial position. Here it is in initial position. *I* can be
    used to indicate past tense in conjunction with a clause of
    purpose.

    I hele wale mai nei nō au e ho'ohala manawa.
    I hele wale mai nei nō au no ka ho'ohala manawa 'ana.
    I came only to pass the time away.

2. *E* is a particle which is used to mean "let." It is mildly imperative
    and indicates incompleted action. It also is the infinitive "to,"
    expressed in English as "and."

    Let's go.
    E hele kāua/kākou.

    Let's go and drink coffee.
    E hele kāua/kākou e inu kope.

3. Notice two statements with essentially the same meaning.

    . . . e ho'ohala manawa ai.
    . . . no ka ho'ohala manawa 'ana.
    . . . to while away the time.

4. *Mai . . . mai* means "from." Notice the distribution of *mai*–before
    and after *Hawai'i*. The first *mai* means "from." The second *mai* is a
    directional.

    Mai Hawai'i mai 'oia.
    He/she is from Hawai'i.

5. *Wale* has various meanings. It may mean "many" and when
    preceded by *nui* it means "great many."

    A great many people are coming off the plane.
    Ke puka mai la nā 'ōhua he nui wale.
    Wale may also mean "only."
    He/she is only five years old.
    'Elima wale nō ona makahiki.

6. *'O wau ke hele.* "I'll go." "It is I who should go."

7. *Pāpale Kaleponi* means "felt hat." Perhaps this term was chosen to designate this type of hat because the first ones seen here were from California. For a long time California, *Kaleponi* to some people, meant the United States. Often someone bound for the United States would say:

    E hele ana au i Kaleponi.

8. The student is especially urged to observe the following present tense, incompleted action, expressions in which possessive form pronouns are used in subject position.

    'A'ohe o'u | 'ike | aku iā ia.
             | lohe |

    I can't | see | him/her.
          | hear |

    'A'ohe ona | lohe | mai ia'u.
              | 'ike |

    He/she can't | hear | me.
             | see |

    Here is a more complete manner of expressing the foregoing ideas.

    'A'ole hiki ia'u ke 'ike/lohe aku iā ia.

    'A'ole hiki iā ia ke 'ike/lohe mai ia'u.

9. *Alaila* is used in this unit to mean "then."

    Then the plane landed at Maui.

    Alaila ua ku ka mokulele i Maui.

    The foregoing is different from *ā laila* ("till that place"). However, in the past this distinction in spelling was not always made.

Huina Iwakālua Kūmāhiku

1. I ka hola ʻehia ʻoe e ala nei?
2. I ka hola ʻehia ʻoe e ala ai?
3. Ala kakahiaka nui au.
4. Ala au i ke kakahiaka nui.
5. Ala koʻu kaikuaʻana mamua oʻu.
   Ala ʻo kuaʻana mamua oʻu.
6. Ke ala ʻoia, hoʻāla ʻoia iaʻu.
7. ʻAi au i ka ʻaina kakahiaka i ka hola ʻehiku.
8. Haʻalele au i ka hale i ka hapalua hola ʻehiku.
9. Hōʻea au i ka hana i ka hola ʻewalu.
10. Pau kaʻu hana i ka | ʻekolu hapahā i hala ka hola ʻehā.
    | ʻumi kūmālīma minuke ma mua o ka
    | hola ʻelima.
11. Mamua o ka ʻaina ahiahi, heluhelu au i ka nūpepa.
    Heluhelu au i ka nūpepa mamua o ka ʻaina ahiahi.
12. Ke maka hiamoe au hoʻi au e hiamoe.
13. Ke hoʻi au e hiamoe, hiamoe koke au.
14. Hiamoe loa au.
15. I kekahi manawa hiaʻā au.
16. Nā wai ʻole ka hiaʻā.

Unit Twenty-seven

II. BASIC UTTERANCES

1. At what time do you get up?
2. When | will you get up?
           | are you going to get up?
3. I get up early in the morning.
4. I get up early in the morning.
5. My older sibling gets up before I do.
6. When he gets up he wakes me.
7. I eat breakfast at seven o'clock.
8. I leave home at seven thirty.
9. I arrive at work at eight o'clock.
10. I finish work | at four forty-five.
                | at a quarter to five.
11. Before I eat dinner, I read the newspapers.
    I read the newspapers before I eat dinner.
12. When I feel sleepy I go to bed.
13. When I go to bed I fall asleep quickly.
14. I sleep soundly.
15. Sometimes I lie awake/cannot sleep.
16. Is it any wonder that you lie awake.

III. KA HOʻOHUI HUAʻŌLELO ʻANA

Ke kākau ʻana	Ka ʻōlelo ʻana
ʻoe e ala ai	ʻoēʻalaʻi
ʻai au i	ʻaiaui

kakahiaka i
'aina ahiahi

kakahiakai
'ainā ahiahi

IV. HO'OMA'AMA'A KUMU HO'OHĀLIKE

A. Simple substitution

1. I ka hola 'ehia | 'oe | e ala nei/ai?
   'olua
   'oukou
   lāua
   'oia

Formulate replies.

2. I ka hola 'ehia e ala ai | ke kumu, | maopopo nō iā 'oe?
   ke kauka,
   ko kaina,
   'o Lono,

   a. I ka hola 'elima e ala ai | ke kumu.
      ke kauka.
      'o kaina.
      'o Lono.

   b. Ala kakahiaka
      nui maoli nō | ke kumu, | 'a'ole anei?
      ke kauka,
      ko kaina,
      'o Lono,

3. I ka hola 'ehia e ala ai | 'o Manu | i kēlā lā keia lā?
   'o kua'ana
   ke kauka

a. Ala | 'o Manu | i ke kakahiaka nui i kēlā lā
      | 'o kua'ana | keia lā.
      | ke kauka |

b. I ke kakahiaka
   nui e ala ai | 'o Manu | i kēlā lā keia lā.
              | 'o kua'ana |
              | ke kauka |

4. I ka hola 'ehia | 'oe | e 'ai ai i ka 'aina kakahiaka?
                 | 'olua |
                 | lāua |
                 | lākou |

   a. 'Ai | au | i ka 'aina kakahiaka i ka hapalua
         | māua | hola 'ehiku.
         | lāua |
         | lākou |

   b. I ka hapalua hola
      'ehiku o ke kakahiaka | au | e 'ai ai i ka 'aina
                          | māua | kakahiaka.
                          | lāua |
                          | lākou |

5. I ka hapalua hola
   'ehiku e 'ai ai | 'o Lono | i ka 'aina kakahiaka.
                 | 'o kua'ana | A 'o 'oukou?
                 | nā keiki |
                 | nā haumāna |

6. Ha'alele au | i ka hale | i ka hola 'ehiku o ke kakahiaka.
             | i ke kula |
             | i kāhi hana |

7. I ka hola 'ehiku o ke
   kakahiaka au e ha'elele ai | i ka hale. | A 'o 'oe?
                            | i ke kula. |
                            | i kāhi hana. |

8. Pau | ka'u | hana i ka hola 'elīma.
      | kā kaina |
      | kā Lono |

9. Repeat: Substitute *kula* for *hana*.

10. Pau ka hana ā | kua'ana | i ka hola 'elima,
                   | ko kaina | 'a'ole anei?
                   | ke kauka |
                   | kou mau mākua |

11. Ho'i | au | e hiamoe i ka hola 'umi
         | 'oia | kūmākahi.
         | 'o Lono |
         | nā keiki |
         | nā haumāna |
         | ko'u mau mākua |

12. I ka hola 'umi kūmākahi | au | e ho'i ai e hiamoe.
                            | 'oia |
                            | lāua |
                            | lākou |

13. I ka hola 'umi e ho'i ai | 'o Lono | e hiamoe.
                             | nā keiki |
                             | nā haumāna |

14. Mamua o ka
    'aina ahiahi | heluhelu au i ka nūpepa. | A pehea
                 | heluhelu mo'olelo au. | 'oe?
                 | nānā kīwī au. |
                 | ho'olohe au i ke kūkala nūhou. |

B. **Double substitution**

1. Ke ho'i | au | e hiamoe, hiamoe koke | au.
           | 'oia | | 'oia.
           | lāua | | lāua.
           | 'o Lono | | 'oia.
           | nā keiki | | lāua.

2. Ke maka

hiamoe	au		ho'i	au	e hiamoe.
	'oia			'oia	
	'o Kama			'oia	
	ko'u makuakāne			'oia	
	ke keiki			'oia	

C. Variable substitution

1. Ala au mamua o ko'u kaikua'ana. (kaikaina)
2. Ala au mamua o ko'u kaikaina. (kaina)
3. Ala au mamua o kaina. (lāua)
4. Ala lāua mamua o kaina. (lākou)
5. Ala lākou mamua o kaina. (o ke kumu)
6. Ala lākou mamua o ke kumu. (mākou)
7. Ala mākou mamua o ke kumu. (o lākou)
8. Ala mākou mamua o lākou. (nā keiki)
9. Ala nā keiki mamua o lākou. (o nā mākua)
10. Ala nā keiki mamua o nā mākua.

D. He mau nīnau a he mau pane

1. I ka hola 'ehia e hele ai 'o Lono i ka hana?
   a. Hele 'o Lono i ka hana i ka hola 'ehā.
   b. Hele 'oia i ka hana i ka hola 'ehā.
   c. I ka hola 'ehā 'oia e hele ai i ka hana.
2. I ka hola 'ehia e hele ai kou makuakāne i ka hana?
   a. I ka hapalua hola 'eono 'oia e hele ai i ka hana.
   b. Hele 'oia i ka hana i ka hapalua hola 'eono.
   c. Hele ko'u makuakāne i ka hana i ka hapalua hola 'eono.
3. I ka hola 'ehia e hele ai nā keiki i ke kula?
   a. I ka hapalua hola 'ehiku lāua/lākou e hele ai ke kula.
   b. Hele nā keiki i ke kula i ka hapalua hola 'ehiku.
   c. Hele lāua/lākou i ke kula i ka hapalua hola 'ehiku.
4. I ka hola 'ehia e pau ai ka hana ā kou makuakāne?
   a. I ka hola 'eono e pau ai ka hana a ko'u makuakāne.
   b. I ka hola 'eono e pau ai kāna hana.
   c. Pau ka hana ā ko'u makuakāne i ka hola 'eono.
   d. Pau kāna hana i ka hola 'eono.

5. I ka manawa hea ʻoe e heluhelu ai i ka nūpepa?

    a.   Heluhelu au i ka nūpepa mamua o ka ʻaina ahiahi.
    b.   I kekahi manawa heluhelu au i ka nūpepa mahope o
         ka ʻaina ahiahi.

V. HE MAU PĀPĀʻŌLELO

ʻO Kuʻulei

1. E hoʻi kāua e hiamoe.
2. E ala ana kāua i ka hola ʻeono
    o ke kakahiaka.
3. E hele ana au i ka hana.
4. E hele ana au i ka hana i ka
    hola ʻehiku.

ʻO Kamakani

1. ʻAʻohe oʻu maka hiamoe.
2. No ke aha mai?
3. I ka hola ʻehia ʻoe e hele ai
    i ka hana?
4. ʻAʻole kēlā he kakahiaka
    nui loa.

ʻO Puna

1. I hea ʻoe i ka pō nei?
2. I ka hola ʻehia ʻoe i hoʻi ai
    i ka hale?
3. I ka hola ʻehia ʻoe i hoʻi ai
    e hiamoe?
4. Aumoe no!

ʻO Mahiʻai

1. Hele au i ke kiʻiʻoniʻoni.
2. Hoʻi paha au i ka hapalua
    hola ʻumi.
3. I ka hola ʻumi kūmālua
    paha.
4. ʻAʻohe aʻu kula i keia lā.

ʻO Kama

1. Aloha, e Kawai.
2. Ua heluhelu ʻoe i ka nūpepa
    i nehinei?

ʻO Kawai

1. Aloha, e Kama.
2. Ua heluhelu au ma mua o
    ka ʻaina ahiahi. I ke aha la?

3. Ua 'ike 'oe i ka leka ā Manu?
4. Aia ma ka 'ao'ao 'elima o ka mahele mua.

3. 'A'ole au i 'ike.
4. E nānā hou a'e au i ka nūpepa.

'O Nāwai

1. E Kele, i ka hola 'ehia e pau ai kāu hana?
2. Pehea 'oe e ho'i ai i kauhale?

3. Ha'alele 'oe i kauhale i ka hola 'ehia o ke kakahiaka?
4. I ka hola 'ehia 'oe e 'ai ai i ka 'aina kakahiaka?

'O Kele

1. I ka hapalua hola 'ehā e pau ai.
2. I ka hapanui o ka manawa ho'i au ma ke ka'a lawe 'ōhua.
3. Ha'alele au i ka hale i ka hapalua hola 'ehiku.
4. 'Ai au i ka 'aina kakahiaka i ka hola 'ehiku.

'O Mānoa

1. 'A'ohe o'u hiamoe maika'i i ka pō nei.
2. 'A'ole maopopo ia'u.

3. I ka pō nei hia'ā palena 'ole au.
4. No ka hia'ā palena 'ole i ka pō nei 'a'ohe i ana ka hiamoe.

'O Lokelani

1. No ke aha mai?

2. Ke ho'i au e hiamoe, hiamoe loa au.
3. I kekahi manawa hia'ā no wau.
4. E inu i ke kope i maka hiamoe 'ole.

'O Keolanui

1. I ka hola 'ehia e ala ai 'o kua'ana?
2. Ala mua 'oe a i 'ole ala mua 'oia?
3. Hele 'oia i ka hana mamua o'u?
4. Pau kāna hana ma mua o kāu?

'O Kahaleanu

1. Ala kakahiaka nui 'oia.

2. Ala 'oia mamua o'u.

3. 'A'ole, hele mua au, mahope a'e 'oia.
4. 'A'ole, pau mua ka'u hana.

'O Nohonani

1. Aia i hea nā keiki e hana nei?

2. I ka hola 'ehia lāua e hele ai i ka hana?

'O Ki'ihele

1. Aia lāua ke hana nei ma ka hale leka.
2. Ha'alele lāua i ka hale i ka hola 'ehiku.

3. I ka hola 'ehia lāua e ala ai?

3. Ala kakahiaka nui lāua.

4. I ka hola 'ehia e pau ai kā lāua hana?

4. Pau kā lāua hana i ka hapalua hola 'ehā.

5. I ka hola 'ehia lāua e hiki ai i kauhale?

5. I ka hapanui o ka manawa hiki mai lāua i ka hola 'elima.

6. Pehea lāua e ho'i mai ai?

6. Ma ke ka'a okomopila. I kekahi manawa ho'i mai lāua ma ke ka'a 'ōhua.

7. Inā ma ke ka'a lawe 'ōhua, i ka hola 'ehia lāua e hiki ai i kauhale?

7. 'A'ole hiki ia'u ke ha'i pono aku i ka manawa, no ka mea i kekahi manawa lohi loa ke ka'a lawe 'ōhua.

VI. E HO'OMAU AKU I KA HO'OMA'AMA'A 'ANA.

A.   E haku i mau nīnau no nā pane ma lalo iho.

1. Ala kakahiaka nui au.
2. 'O Lehua lāua 'o Leilani ko'u mau kaikuahine.
3. 'Ekolu o'u kaikaina.
4. 'Elima keiki kā ko'u mau mākua.
5. 'O Kanālulu ka hiapo a 'o wau ka muli loa o mākou.
6. Aia ko mākou wahi ma Kailua, ma ke alanui Kalāheo.
7. Eia au ke hele nei i ke kula nui o Hawai'i.
8. Aia ke kula nui o Hawai'i ma Mānoa.
9. Hele au i ke kula i ka hola 'ehiku o ke kakahiaka.
10. Ma ke ka'a lawe 'ōhua au e hele ai i ke kula.
11. Aia ko'u makuakāne ke hana nei ma ka hale leka.
12. He lawe leka ka hana a ko'u makuakāne. 'O Ka'ohu kona inoa.

B.   E kama'ilio e like me ka mea i kauoha 'ia ma lalo nei.

'O Kekapa

'O Kihei

1. Greet Kihei.

1. Return the greeting.

2. Ask how he is.

2. You're fine.

3. Ask where he was last night.

3. You went to the movies. (Do not use a verb.)

4. Ask what time the movie began.

4. It began at 7:00 P.M.

5. Ask what time he went home.

5. You went home about 10:30.

6. Ask if the picture was good.

6. It was a very good picture. It wasn't so good.

'O Ka'ohu

1. Greet Kapoi and ask how he is.
2. Tell him Manu and his folks have moved.
3. To Kane'ohe.
4. Yesterday.
5. No. You'll go to see them when you have spare time.

'O Kapoi

1. You are fine.
2. Ask where they've moved.
3. Ask when they moved.
4. Ask if he's seen their place.

C.   **He mana'oha'i**

Ala kakahiaka nui au i nehinei akā ala ko'u kaikua'ana ma mua o'u.

'Ai māua i ka 'aina kakahiaka i ka hola 'ehiku. Ma hope o ka 'aina kakahiaka, hele 'o kua'ana i ka hana a hele au i ke kula.

Aia kā kua'ana hana ma ka hale leka ma ke alanui Kālepa. He kū'ai po'o leka (stamps) kāna hana.

Ha'alele māua i kauhale i ka hapalua hola 'ehiku. Hele māua ma kona ka'u. Lawe 'oia ia'u i ke kula ma mua o kona hele 'ana i ka hale leka.

Pau kā kua'ana hana i ka hapalua hola 'ehā. I kekahi manawa pau ka'u kula i ka hapalua hola 'ekahi. I kekahi manawa pau ka'u kula i ka hola 'ekolu.

Ke pau ka'u kula i ka hapalua hola 'ekahi, ho'i au i kauhale me kekahi hoaloha ai'ole ma ke ka'a 'ōhua. Ke pau ka'u kula i ka hapalua hola 'ekolu, kali au iā kua'ana a ho'i pū māua i kauhale ma kona ka'a.

1. E kākau i ka paukū hope loa o ka mana'oha'i maluna a'e ma ka 'ōlelo haole.

D. Reword each sentence using the time expression suggested in parentheses. Be sure your verb markers agree with the time expressions.

1. Ke hoʻomākaukau ala ʻo Lehua i ka hale. (ʻapōpō)
2. E hoʻomākaukau ana au i ka mea ʻai. (i kēlā lā keia lā)
3. Ua kokua ke kumu i ka haumāna i nehinei. (i keia pule aʻe)
4. E hele ana au i ke kula ʻapōpō. (i kēlā lā keia lā)
5. Ua hele ʻoe i ke kauka? (ʻapōpō)
6. Noi au i koʻu makuakāne e ʻae mai iaʻu e hele mākaʻikaʻi. (ʻapōpō)
7. Ke kūkulu ʻia ala nā hokele he nui loa ma Kona hema. (i ka makahiki i hala)
8. I ka hola ʻehia ʻoe e hoʻomaka ai? (i nehinei)

E. Use *i, i ka/i ke,* or *ka/ke* to complete each utterance.

1. Ke hoʻomākaukau nei au _____ mea ʻai.
2. E hele ana au _____ hale kūʻai.
3. _____ waiū naʻu, ke ʻoluʻolu ʻoe.
4. E haʻawi mai _____ palaoa pāpaʻa, ke ʻoluʻolu ʻoe.
5. Hele aku nei māua _____ kahakai.
6. E lawe mai _____ kope, _____ palaoa liʻiliʻi, _____ waiūpaka a _____ mea ʻono.
7. Eia _____ kope, _____ palaoa liʻiliʻi, _____ waiūpaka a me _____ mea ʻono.
8. _____ kiʻiʻoniʻoni aku nei māua.
9. Makemake au _____ hale nui.
10. E lawe mai _____ penikala me ona pepa.

F. Write comparative statements using the suggestions in parentheses.

1. Mākaukau ʻo Lono i ke kamaʻilio Hawaiʻi. (Lehua is more competent.)
2. Maikaʻi maoli keia kaʻa. (A car some distance away, is much better.)
3. Kiʻekiʻe maoli kēlā hale papaʻi. (One nearby is much higher.)
4. Akamai maoli ko Lono kaikaina. (Kaleo's younger sibling smarter.)
5. ʻOno maoli ka mea ʻono ā Lehua. (Lahela's is more delicious.)
6. Ikaika maoli ʻo Palenapa. (Keola is stronger.)

7. Kohukohu maoli kō Leilehua pāpale. (Lahapa's hat is more attractive.)

8. Hemahema kā Keola kamaʻilio ʻana. (Keahi speaks more incompetently.)

VII. NO KA PILINA ʻŌLELO A ME KA PAPA ʻŌLELO

1. *E . . . nei* was covered in Unit Ten when someone was asked where he lived.

   Aia ihea ʻoe e noho nei?

   As the question may be asked two ways in English,

   Where do you live?/Where are you living?

   so in Unit Ten, *e . . . nei* indicates both the "-ing" form and the "non-ing" form. In this unit *e . . . nei* is used to indicate only the "non-ing" form.

   At what time do you get up?

   I ka hola ʻehia ʻoe e ala nei?

   This indicates habitual action.

2. *E . . . ai,* which indicates incomplete or future action, was first used in Unit Sixteen in connection with *when* questions.

   When will you go to the doctor's office?

   When are you going to the doctor's office?

   Āhea ʻoe e hele ai i ke keʻena o ke kauka?

   E . . . ai is used to indicate future tense where *e . . . ana* cannot be used—when the verb phrase comes after a time, manner, cause, or reason expression. In this unit it occurs after a word which indicates time—*when.*

   When | do you | get up?   Āhea ʻoe e ala ai?
        | will you |

3. Distribution of pronoun and noun subject, and the nature and distribution of the predicate:

   I eat breakfast at 7:30.

   ʻAi au i ka ʻaina kakahiaka i ka hapalua hola ʻehiku.

   I ka hapalua hola ʻehiku au e ʻai ai i ka ʻaina kakahiaka.

   Lono eats breakfast at 7:00.

   ʻAi ʻo Lono i ka ʻaina kakahiaka i ka hola ʻehiku.

   I ka hola ʻehiku e ʻai ai ʻo Lono i ka ʻaina kakahiaka.

4. In Hawaiian there are some expressions that are classified (by Andrews) as two different types of prepositions—one type with which we are familiar, and one which he calls the "double preposition." In the utterances

> . . . mamua | o'u.
> | o ka 'aina ahiahi.
> | o ka hola 'elima.

mamua means "before."

> . . . before | I do.
> | dinner.
> | five o'clock.

But when we say:

> "Stand before John," meaning
> "Stand in front of John,"

we say in Hawaiian:

> E ku 'oe ma mua o Keoni.

Please observe how *ma mua o* is written—this is Andrews' "double preposition."

5. A verb can be placed in initial position to express an idea in present tense form. Here are some examples from this unit.

> I leave home at 7:30 A.M.
> Ha'alele au i ka hale i ka hapalua hola 'ehiku.

> I arrive at work at 8 o'clock.
> Hō'ea au i ka hana i ka hola 'ewalu.

6. *Maka hiamoe* means "to be sleepy." *Hia* is defined as "to desire," so *maka hiamoe* means "the eyes desire sleep" or "the eyes that desire sleep."

7. *Loa* may mean "very" or "long," and in this unit is used to mean "soundly."

> I sleep soundly./I slept soundly.
> Hiamoe loa au.

8. A short form reply may be used to answer a question.

> I ke ki'i'oni'oni au.
> I was at the movies.

9. *Ha'i pono aku* means "tell exactly." And since the utterance begins with the negative *'a'ole,* the person cannot tell exactly when the two arrive home if they take the bus.

Huina Iwakālua Kūmāwalu

I. NĀ ʻŌLELO KUMU

1. ʻO ka | mahina | hea keia?
   | malama |
2. ʻO ka malama keia o Mei.
3. ʻO ka lā ʻekolu a i ʻole ʻo ka lā ʻehā paha keia o Mei.
4. ʻO ka lā ʻumi o Iune koʻu lā hānau.
5. I hea ʻoe i noho ai mamua?
6. Ua noho ʻoe i laila no ʻehia makahiki?
7. Ua noho au i Waialua no ʻaneʻane iwakālua makahiki.
8. Mamua aku o ia manawa ua noho au ma Waiʻanae.
9. I kēlā mahina aku nei hele hou au i Waiʻanae.
10. I hea ʻoe iaʻu i kelepona aku ai iā ʻoe?
11. Ma waho au o ka hale.
12. E hana lei ana au ma lalo o ke kumu mēlia.
13. ʻO kaʻu lei keia no kaʻu malihini.
14. A he aha ia iā ʻoe?
15. Kīkoʻolā no hoʻi kāu ʻōlelo.
16. Niele no hoʻi ʻoe.

He ʻōlelo no Kauaʻi mai.

Kiekie kaupoku o Hanalei. [Judd:51]

Unit Twenty-eight

II. BASIC UTTERANCES

1. What month is this?
2. This is the month of May.
3. This is probably the third or fourth day of May.
4. June 10th is my birthday.

5. Where did you live before?
6. How long did you live there?
7. I lived in Waialua for nearly twenty years.
8. Before that I lived in Wai'anae.
9. Last month I went to Wai'anae again.

10. Where were you when I telephoned?
11. I was outside.
12. I was making leis under the plumeria tree.
13. This is my lei for my guest.

14. And what is that to you?
15. Your statement is rude.
16. You are so inquisitive.

A saying from Kaua'i.

High are the roofs of Hanalei. (A high-minded person.) [Judd:51]

III. NO KA HO'OHUI HUA'ŌLELO 'ANA

Ke kākau 'ana	Ka 'ōlelo 'ana
pono ia'u	ponoia'u
'ekolu a i 'ole	'ekoluai'ole

noho ai	nohoai
noho au i laila	nohoauilaila
kelepona aku ai	keleponāʼkuai
ʻaneʻane iwakālua	ʻaneʻaneiwakālua
ma waho au	mawahoau
he aha ia iā ʻoe	heahaya yā ʻoe

IV. HOʻOMAʻAMAʻA KUMU HOʻOHĀLIKE

A. Simple substitution

1. ʻO ka | makahiki | hea keia, maopopo nō iā ʻoe?
   | lā |
   | mahina |

    a.   ʻO ka | makahiki ʻumi kumāiwa hanele kanāono
   kūmāhiku keia.
   Poʻāono keia.
   mahina keia o ʻApelila.

    b.   ʻO ka | Pōʻakahi | keia, ʻaʻole anei?
   | Pōʻalima |
   | Pōʻakolu |
   | Pōʻahā |
   | Lāpule |

    c.   ʻO | ʻAukake | keia.
   | Kekemapa |
   | Iānuali |
   | Pepeluali |
   | Mei |

2. O ka lā ʻumi o Iune | kou | lā hānau, ʻaʻole anei?
   | ko Lono |
   | ko kaina |

    ʻAʻole, ʻo ka lā
         iwakālua o Iune | koʻu | lā hānau.
   | ko Lono/kona |
   | ko kaina/kona |

3. I hea 'oe i loko o | 'Apelila | o ka makahiki i hala?
     Iulai
     'Aukake
     Kepakemapa
     Nowemapa

4. Maopopo nō
      iā 'oe i hea la | 'o Lono | i nehinei?/i kēlā lā aku nei?
                        nā haumāna
                        ke kumu
                        ka meia

   a. 'A'ole maopopo
         ia'u i hea la | 'o Lono/'oia | i nehinei/i kēlā
                         nā haumana | lā aku nei.
                         ke kumu
                         ka meia

   b. Repeat a: Substitute pronouns (*paniinoa*) for the
       nouns (*ha'iinoa*).

5. I hea | 'oe | i noho ai mamua? I Hilo anei?
          'olua
          lākou

   'A'ole, i Wailuku | au | i noho ai mamua.
                        māua
                        lākou

6. I hea i noho ai | 'o Lono | mamua? Ma Waikīkī
                     ke kumu | anei?
                     ke kia'āina
                     kou mau mākua

   'Ae, ma Waikīkī.
      Ua noho | 'oia | malaila nō 'ane'ane 'umi
                 lāua | makahiki.

7. 'O ka'u | lei hulu | keia; e nānā mai, maika'i paha,
             pālule | 'a'ole paha.
             mu'umu'u
             pāpale
             lei kukui

8. 'O kā Leilani | lei hulu | keia i hana ai (hanāi) no kona
                 | lei kukui | makuahine.
                 | mu'umu'u |
                 | pāpale |

Repeat: Substitute *kā kaina* and *kā kua'ana* in the *kā Leilani* slot and *ko mākou* in the *kona* slot.

B.   He mau nīnau a he mau pane

1. I hea 'oe i nehinei?
   I ke kula au a pō ka lā i nehinei.
2. I hea 'oe i kēlā pule aku nei?
   I Hilo au i ka hālāwai o kā mākou ahahui.
3. I Maui anei 'oe a i 'ole i Kaua'i i kēlā mahina aku nei?
   I ne'i nei nō wau.
4. I hea 'oe i loko o ka mahina o 'Aukake o kēlā makahiki aku nei?
   I Kaleponi au i loko o 'Aukake a i loko o Kepakemapa holo au i Eulopa (Europe).
5. I hea kou makuahine ia'u i kelepona aku ai iā ia?
   I loko nō 'oia o kona lumi moe. E hana lei ana 'oia.
6. I hea 'oe ia'u i kelepona aku ai i kou makuahine?
   I loko nō au o ko'u lumi moe. E ho'opa'a ha'awina ana au.
7. I hea ko kua'ana i ka Pō'akahi aku nei?
   I kauhale nō 'oia a pō ka lā.
8. Aia i hea 'oe e noho nei i keia manawa?
   Eia au ke noho nei ma Mānoa i keia manawa.
9. I hea kou makuahine i nehinei a iā lā aku?
   'Auwe! I hea la 'oia. 'A'ole maopopo ia'u.
10. I hea 'oe i noho ai mamua?
    Mamua i Waialua au i noho ai.

Word List

Some nouns and verbs to keep in mind and learn to use in sentences.

Nouns:		*Verbs:*	
ahahui		hana (to do, to make)	
hālāwai		hele	
hana (work)		ho'i	
hoahānau (cousin)		ho'iho'i	
ka'a (o-form possessive)		'ike	

kelepona   kali
kia'āina   kelepona
lā (day, sun)   lohe
lei   makemake
mahina   mana'o (think, believe)
makahiki   nīnau (ask)
malama   noho (live, sit)
malihini   pane
mana'o (thought)
meia
nīnau (a question)
noho (chair)
pahi
palaka aloha
pālule
uwāki

V. HE MAU PĀPĀ'ŌLELO

'O Kila: E kala mai, e Pila. Hola 'ehia keia?
'O Pila: 'A'ole maopopo ia'u.
'O Kila: No ke aha mai?
'O Pila: 'A'ohe 'ano maika'i loa ka'u uwāki.
'O Kila: 'O ka lā hea keia o ka mahina?
'O Pila: 'O ka lā 'ehā a i 'ole o ka lā 'elima paha keia.
'O Kila: Mana'o au 'o ka lā 'ehā keia.
'O Pila: E nīnau aku kāua iā Manu.
'O Kila: E Manu, 'o ka lā hea keia o ka mahina?
'O Manu: 'O ka lā 'ehā keia.
'O Pila: Pololei 'oe, e Kila.

'O Pō'ahā: Aloha, e Aumoe. Pehea 'oe?
'O Aumoe: 'A'ohe a'u mea e ho'ohalahala ai.
'O Pō'ahā: 'O kāua pū. 'O kou lā hānau keia, 'a'ole anei?
'O Aumoe: 'A'ole. Aia ko'u lā hānau i loko o Iune.
'O Pō'ahā: Ma ka lā hea o Iune?
'O Aumoe: Ma ka lā 'umi o Iune.
'O Pō'ahā: A 'o ia ka.

'O Kapeka: E Lahela, i hea 'oe ia'u i kelepona aku ai i nehinei?

'O Lahela: I kauhale nō wau. I kauhale au a pō ka lā.

'O Kapeka: Kali au 'a'ohe ou pane mai i ke kelepona.

'O Lahela: I waho paha au. 'A'ole au i lohe i ke kelepona.

'O Kapeka: E aha ana 'oe ma waho?

'O Lahela: E hana lei ana au, i lei na'u no ka'u malihini.

'O Kamanawa: Kelepona aku au i kou makuahine i nehinei.

'O Ki'ihele: 'Oia!

'O Kamanawa: Ia'u i kelepona aku ai i hea 'oe?

'O Ki'ihele: 'Auwē! I hea la au.

'O Kamanawa: 'A'ole maopopo iā 'oe i hea la 'oe?

'O Ki'ihele: E. He nui nā wahi a'u i hele ai.

'O Kamanawa: 'A'ole paha 'oe makemake e ha'i mai i hea la 'oe.

'O Ki'ihele: A he aha ia iā 'oe?

'O Kamanawa: Kīko'olā no ho'i kāu 'ōlelo.

'O Ki'ihele: No kou niele nō ho'i.

VI. E HO'OMAU AKU I KA HO'OMA'AMA'A 'ANA

A.   Make these positive utterances negative.

1. Maopopo pono iā Lono ka mana'o o ke kumu.
2. 'O ka mahina keia o 'Aukake.
3. 'O ka lā 'ekahi keia o 'Aukake.
4. Ua noho au ma Kane'ohe no 'elima makahiki.
5. Hele au i ke ki'i'oni'oni i nehinei.
6. Hele nā haumāna i ke ki'i'oni'oni i ka pō nei.
7. Ua lohe au i ke kelepona.
8. Maopopo ia'u ko Lono mana'o.
9. 'O kou lā hānau anei keia?
10. He manawa ka'awale ko'u.

B.   Change the word order without changing the meaning.

1. Ia'u i kelepona aku ai i hea 'oe?
2. I Maui au i noho ai mamua.
3. I hea 'oe i hele ai i nehinei?
4. Eia au ke noho nei ma Mānoa i keia manawa.
5. Nāu keia puke, 'a'ole anei?

6. E 'olu'olu 'oe e lawe mai i kēnā puke.
7. E Kalā, e ala 'oe.
8. Eia nō 'oia ke hiamoe nei.
9. I keia manawa e heluhelu kākou.
10. Ua 'ike 'oe i kā Lono puke i nehinei, 'a'ole anei?

C.   Supply the missing half of the following conversation.

1. Aloha, e Kalani.
2. Pehea 'oe i keia lā?
3. Aia i hea 'o kaina?
4. 'Ehia āna papa i keia lā?
5. I ka hola 'ehia ka papa mua?
6. I ka hola 'ehia ka papa hope loa?
7. I ka hola 'ehia 'oia e ha'alele ai i ka hale i ke kakahiaka?
8. Pehea 'oia e hele ai i ke kula?

D.   You have learned six ways of saying "when" in Hawaiian. Write five sentences using a different form of "when" in each.

E.   He mau mana'oha'i

1. Ua hana 'o Kekoa i noho 'olu'olu no kona makuakāne. Ua hana 'oia i ka noho i makana lā hānau nā kona makuakāne. Aia ka lā hānau o kona makuakāne i loko o ka malama o 'Okakopa. Aia ma'ō kā Kekoa noho i hana ai.

2. E hana lei ana 'o Lehua. E hana lei ana 'oia nā ka meia. Ua kauoha ka meia iā Lehua e hana i iwakālua lei. He nui nō keia mau lei e hana aku ai. E Leilani, e 'olu'olu 'oe e kōkua aku iā Lehua.

   Ua makemake ka meia i keia mau lei no kāna po'e malihini. E hō'ea mai ana lākou i ka lā 'apōpō. Makemake ka meia i ho'okahi lei no kēlā malihini keia malihini. E ho'ohu'ohu 'ia ana lākou ke ku mai ka mokulele.

3. Ua hana 'o 'Aulani i mu'umu'u. He mu'umu'u makana nā kona makuahine. Aia ma'ō, ma hope o kēlā pāpale kā Aulani mu'umu'u i hana'i. Nāna nō i hana i ka pāpale. Ua hana 'oia i ka pāpale nona iho. He pāpale e pāpale ai me kekahi lole āna i hana'i nona iho.

4. Ma ka huina 'eiwa ua 'ōlelo 'ia 'elua wale nō kau ma Hawai'i
    nei i ke au kahiko—o ka ho'oilo a me ke kau. I keia manawa
    ua kapa 'ia nā kau o ke kupulau, ke kau wela, ka hā'ulelau a
    me ka ho'oilo.

    I ke au kahiko mai Nowemapa o kā kākou helu 'ana a
    pau 'o 'Apelila, o ka ho'oilo ia, a o ke kau, mai Mei ā pau o
    'Okakopa. Akā he 'oko'a nā inoa o nā mahina i ke au kahiko.
    'A'ole i kapa 'ia ma nā inoa a kākou e ha'i nei i keia manawa
    'oia ho'i 'o Iānuali, Pepeluali ā pēlā aku. 'A'ole nō i like nā
    inoa ma nā mokupuni ā pau. Eia nā inoa o nā mahina ma ka
    mokupuni o Hawai'i i ke au kahiko.

Welehu	— Nov.	Ikiiki (Ikīki)	— May
Makali'i	— Dec.	Ka'aōna	— June
Kā'elo	— Jan.	Hina-ia-'ele'ele	— July
Kaulua	— Feb.	Mahoe-mua	— Aug.
Nana	— Mar.	Mahoe-hope	— Sept.
Welo	— Apr.	Ikuwā	— Oct.

5. I ke au kahiko ho'oka'awale 'ia (set aside) kekahi mau
    mahina no ka Makahiki. He wā ho'olaule'a keia e ho'omaka
    ana me (beginning with) Welehu—ma Hawai'i; me Hili-na-ma
    ma Moloka'i a ma Kaua'i; me Kā'elo ma O'ahu.

    I ka wā o ka Makahiki kapu 'ia nā hana like 'ole. He
    pōkole mai ka manawa kapu no nā maka'ainana a he lō'ihi
    aku ka manawa kapu no nā 'li'i no ka mea 'a'ohe o lākou
    hana. He noho wale nō ka hana. O ke kumu (reason) o keia,
    o nā maka'ainana ka po'e mahi'ai a lawai'a a hana i nā hana
    'e a'e; nā hana e pono ai ka nohona o lākou iho a me nā
    'li'i o lākou.

a. **He mau nīnau no nā mana'oha'i. E pane ma ka 'ōlelo
    Hawai'i.**

    1) Ua 'ike 'oe i ka noho ā Kekoa i hana ai no kona
        makuakāne?
    2) No ke aha i hana ai o Kekoa i ka noho?
    3) He aha kā Lehua i hana ai?
    4) Nā wai i kauoha i nā lei?
    5) No ke aha 'oia i kauoha ai iā Lehua e hana i nā lei?
    6) 'Ehia āna lei i kauoha ai?
    7) Nā wai i kōkua iā Lehua e hana i nā lei?

8) 'O wai ka i hana i kekahi mu'umu'u no kona
   makuahine?

9) He aha hou a'e kāna i hana ai?

10) No wai ia mea āna i hana ai?

11) He aha kona kumu i hana'i i ua mea nei?

12) 'Ehia kau ma Hawai'i nei i ke au kahiko?

13) He aha ka inoa o nā kau i keia manawa? He aha ka
    inoa i ke au kahiko?

F.　Word study.

1. Ask—noi, nīnau
   a. E noi aku 'oe i wai nā kāua.
      Ua noi aku nei au i wai.
   b. E nīnau aku 'oe inā he wai kāna.
      Ua nīnau aku nei au; ua hō'ole mai nei.
   c. E noi 'oe i palapala 'ae.
      Hilahila au, e noi aku 'oe.
   d. Ua noi au i palapala ho'oku'u.
      'A'ole i nīnau mai ke kumu i ke kumu (reason)?
   e. E noi aku 'oe i kālā nāu i kou makuakāne.
      Ua noi aku nei au. Ua ha'awi mai nei i 'elima
      kālā.

2. Bring, take: lawe mai, lawe, lawe aku
   a. E lawe 'oe i ka puke 'ōlelo Hawai'i iā Lono.
   b. Ua lawe au i ka puke 'ōlelo Hawai'i iā Lono.
   c. E lawe aku 'oe i ka puke 'ōlelo Hawai'i iā Lono.
   d. Ua lawe aku nei au i ka puke 'ōlelo Hawai'i iā Lono.
   e. Ua lawe mai nei 'o Lehua i ka puke 'a'ole paha.
   f. Ua lawe mai nei oia i ka puke.

3. Get/fetch: ki'i, ki'i aku, ki'i mai
   a. E ki'i kāua i ke ka'a.
   b. E ki'i aku 'oe. He hana ka'u.
   c. Ua ki'i aku nei 'o Maka i ke ka'a.
   d. E ki'i 'oe iā Manu.
   e. E ki'i aku 'oe i pahi na'u.
   f. 'A'ole hiki ia'u ke ki'i i pahi nāu.

4. Give, pass something to someone: ha'awi, ha'awi mai,
   ha'awi aku
   a. E ha'awi 'oe i keia puna iā ia ala.
   b. E ha'awi aku 'oe i keia puna iā ia ala.

     c.   E 'olu'olu 'oe e ha'awi mai i hua moa.

     d.   Ua ha'awi aku nei au i hua moa iā Kahape'a.

     e.   Ua ha'awi aku nei 'oe i waiū i ke keiki?

     f.   'Ae, ua ha'awi aku nei au i waiū iā ia a i palaoa.

5.   Return to one's home or destination, return something to someone: ho'i, ho'iho'i

     a.   Ua ho'i aku nei 'o Keola?

     b.   'A'ole 'oia i ho'i aku nei. 'Apōpō 'oia e ho'i ai.

     c.   Ua ho'iho'i 'oe i ke pola (bowl) 'a'ole paha?

     d.   'A'ole au i ho'ihi'i.

     e.   E pono e ho'iho'i aku i keia lā.

VII. NO KA PILINA 'ŌLELO A ME KA PAPA 'ŌLELO

1.   *La* is a particle which is sometimes used to indicate doubt or uncertainty.

       I hea la au.

       Where was I (I wonder).

2.   *Iā/ia* is sometimes used to mean "when."

       Where were you when I called you (on the telephone)?

       I hea 'oe ia'u i kelepona aku ai iā 'oe?

       Iā ia i hiki mai ai . . .

       When he/she arrived . . .

       Iā Lono i hiki mai ai . . .

       When Lono arrived . . .

3.   *'Ane'ane/kokoke/mai* may mean "almost" or "nearly."

       I have lived there for nearly ten years.

       Ua noho au ma laila no 'ane'ane 'umi makahiki.

       Ua kokoke 'umi makahiki ko'u noho 'ana ma laila.

       I waited till almost four o'clock.

       Ua kali au ā | 'ane'ane | kani ka hola 'ehā.
                   | kokoke e |

4.   Both o-form and a-form possessives have been used in several units. O-form possessive was used first in Unit One in asking a person's name and giving one's own name.

       'O wai kou inoa? 'O . . . ko'u inoa.

    A-form possessive, zero-class, appears first in Unit Four in asking and answering a question about a couple's offspring.

       'Ehia ā 'olua keiki? 'Ehā ā māua keiki.

We have also had:

He aha kona pilikia? Aia i hea kāu penikala?

When should we use o-form and when should we use a-form possessive? A list for each type may be found in Unit Thirteen. We add a few more here.

o-form		a-form
wahi	where you live	all food items
kāhi		table
		desk
		student
		teacher
		doctor

Some nouns may take o-form in one situation and a-form in another situation. This is illustrated in this unit in the brief statements about leis for the mayor's guests, the muʻumuʻu for one's mother, the chair for one's father and the hat made for one's self. We list some nouns here to illustrate when to use each form.

o-form		a-form	
clothing	you wear	clothing	you make
lei		lei	
chair you use		chair you make	
car you use		car you sell	
house you live in		house you build	
your name		name you bestow	

5. ... *iaʻu i kelepona aku ai* ... is in past tense. This is indicated by *iaʻu* (when *i* is past tense) and by *i* before *kelepona*.

6. *Iā mea* means "that thing"; *ua mea nei* means "the aforementioned thing."

7. *A ʻo ia kā* means "So that's it!"

8. One more o-form possessive should be mentioned here.

... ʻaʻohe o lakou hana ...

... "they didn't work" ...

Some might think we should say ... *ʻaʻohe ā lākou hana* ... but this would mean "they have/had no work."

Huina Iwakālua Kumāiwa

I. NĀ ʻŌLELO KUMU

1. Ke noho nei ʻoe ma keia kūlanakauhale, ʻaʻole anei?
2. Ua noho ʻoe maʻaneʻi no ʻehia makahiki?
3. Ua kamaʻāina au me kuʻu hoa noho no ʻumi kūmākahi makahiki
   ā ʻoi.
4. Ua kamaʻāina māua ma kāhi ā māua i noho ai mamua.
5. I hea ʻolua i noho ai mamua?
6. E aha ana ʻoe i ka hiki ʻana aku o Leialoha i kou wahi?
7. E holoi lole ana au i kona hiki ʻana aʻe/mai i koʻu wahi.
8. I kona hiki ʻana aʻe/mai, e holoi lole ana au.
9. Iā mākou e ʻai ana, kelepona aʻe ʻo Keoni iā Lani.
10. ʻO ko mākou noho ʻana nō ia e ʻai, kelepona aʻe ʻo Keoni.
11. I lawa nō ā noho mākou e ʻai, kani ana ke kelepona.
12. I ke kani ʻana o ke kelepona, holo koke ʻo Lani e pane.
13. I ko Keoni kiʻi ʻana mai iā Lani, e kākau leka ana ʻo Lani.
14. ʻI aku ʻo Lani iā Keoni he mea iki wale nō i koe pau.
15. I ko lāua hele ʻana, lawe lāua i kā Lani mau mea koe nā leka.

He mau ʻolelo nane

Kuu wahi pahu poepoe, maloko mai ka ki e hemo ai. [Judd:80]
Puko ula, puko kea, puko haihai wale a kou makua. [Judd:66]

Unit Twenty-nine

II. BASIC UTTERANCES

1. You live in this city, don't you?
2. For how many years have you lived here?

3. I have known my neighbor for more than eleven years.
4. We knew each other where we formerly lived.
5. Where did you live formerly?
   Where did you live before this?

6. What were you doing when Leialoha arrived at your place?
7. I was washing clothes when she arrived at my place.
8. When she arrived I was washing clothes.

9. While we were eating, John telephoned Lani.
10. We had just sat down to eat when John telephoned.
11. No sooner had we sat down to eat, the telephone rang.
12. When the telephone rang, Lani quickly ran to answer (it).

13. When John came to get Lani, Lani was writing letters.
14. Lani told John that there was only a little more left (to do).
15. When they went, they took Lani's things except the letters.

Riddles

My round box, the key is from within to open it.
Answer: A bird's egg. [Judd:80]
Red cane, white cane, cane easily broken by your parent.
Answer: Fire, smoke, and firewood. (The red cane represents fire; the
white cane, smoke; the easily broken cane, firewood.) [Judd:66]

III. KA HOʻOHUI HUAʻŌLELO ʻANA

Ke kākau ʻana	Ka ʻōlelo ʻana
kamaʻāina au	kamaʻāināu
ʻana aku	ʻanāku
holoi lole ana au	holoiloleanāu
ʻai ana	ʻaiana
no ā	noā
leka ana	lekāna
kākau leka ana	kakau lekāna

IV. HOʻOMAʻAMAʻA KUMU HOʻOHĀLIKE

A.   Affirming a declarative statement

1. Ke noho nei ʻoe ma keia kūlanakauhale,   ʻaʻole anei?
   Ke hele nei ʻoe i ke kula nui,
   Ua noho ʻoe ma Maui mamua,
   Ua noho ʻoe i Hilo no ʻumi makahiki,
   E hele ana ʻoe i ka hana i ka lā ʻapōpō,
   He mea iki wale nō i koe,
   Ua kelepona ʻo Keoni iā Lani,
   ʻEhā ā Keliʻi mā keiki,
   ʻElua ā lāua kaikamāhine,

B.   Asking and telling how long one has lived in a place

1. Ua noho | ʻoe | maʻaneʻi no ʻehia makahiki?
   | ʻo Kaleo |
   | ko kuaʻana |
   | ke kauka |

   Ua noho | au | maʻaneʻi no ʻumi kūmālima
   | ʻo Kaleo | makahiki ā ʻoi.
   | ʻo kuaʻana |
   | ke kauka |

Repeat: Substitute ʻoia in the *Kaleo, kuaʻana* and *kauka* slots.

C. **Practice in the use of numbers**

1. Ua kama'āina au me

ku'u hoa noho no	'umi kūmākahi	makahiki
	kanakolu	ā 'oi.
	'umi kumāiwa	
	iwakālua kūmākahi	
	kanahā (forty)	

D. **Asking and telling where one lived formerly**

1. I hea | 'oe | i noho ai mamua?
   | 'oia |
   | lākou |
   | 'oukou |

   a. Ma Hilo | au | i noho ai mamua.
      | 'oia |
      | lākou |
      | mākou |

   b. Noho | au | ma Hilo mamua.
      | 'oia |
      | lākou |
      | mākou |

2. I hea i noho ai | kou mau mākua | mamua?
   | kāu kumu |
   | ke kia'āina |

   Noho | ko'u mau mākua ma Wai'anae | mamua.
   | ka'u kumu ma Kaleponi |
   | ke kia'āina ma ke alanui Alakea |

3. I hea 'oe | i nehinei?
   | i kēlā lā aku nei? |
   | i nehinei a iā lā aku? |
   | i ka Pō'akahi nei? |

   I | kauhale | au a pō ka lā.
   | ka hālāwai |
   | ke kula nui |

E. Statements in which *iā* means "while."

1. Iā Keoni e kali ana | e kākau leka | ana 'o Lani.
   | e helu helu puke |
   | e holoi lole ana |
   | e holoi pā |

2. Iā māua e 'ai ana
       e kelepona ana | 'o Keoni iā Lani.
   | ke keiki i kona hoa kula.
   | 'o Lehua i ke kauka.
   | 'o Keawe i kona kaikaina.
   | 'o Kanani i ka māka'i.

3. I lawa nō ā noho
       mākou e 'ai, | kani ana ke kelepona.
   | kāhea mai ana 'o Kalā.
   | hō'ea ana 'o Maile.
   | ku ana ke ka'a ho'olimalima.

4. Repeat: Substitute *'O ko makou noho 'ana nō ia e 'ai* for
   I lawa nō a noho mākou e 'ai.

F. He mau nīnau a he mau pane

1. Ke noho nei 'oe ma keia kūlanakauhale, 'a'ole anei?
       'Ae, eia au ke noho nei ma'ane'i.

2. Ua noho 'oe ma'ane'i no 'ehia makahiki?
       Ua noho au ma keia kūlanakauhale no 'umi kūmālima
       makahiki ā 'oi.

3. I hea 'oe i noho ai mamua?
       Ma Hilo au i noho ai mamua.

4. Pehea ka lō'ihi o kou noho 'ana i laila?
       Ua noho au i laila no 'ane'ane 'umi kūmāwalu
       makahiki.

5. 'O wai kou hoa noho ma'ane'i?
       'O Kaumehe'iwa mā ko'u hoa noho ma'ane'i.

6. Ua lō'ihi kou kama'āina 'ana me Kaumehe'iwa mā?
       'Ae. Ua kama'āina mākou ma kāhi ā mākou i noho ai
       mamua.

7. Lō'ihi loa paha 'oukou i kama'āina ai, 'a'ole paha.
       'A'ole lō'ihi loa ko mākou kama'āina 'ana.

8. I hea 'oe i ka pō nei?

   I kauhale nō au i ka pō nei.

9. E aha ana 'oe i ka hiki 'ana aku o Leialoha?

   E kaula'i lole ana (hanging clothes to dry) au.

10. I ka hola 'ehia 'oe i kelepona mai ai ia'u?

    I ka hola 'ehā paha au i kelepona aku ai.

11. E aha ana 'oe e mili'apa nei?

    E kali ana ho'i au iā Kalua.

12. He aha kā 'oukou hana i ka pō nei?

    He pā'ani pepa (play cards) kā mākou hana i ka pō nei.

13. I hea 'olua i hele ai i ke ahiahi nei?

    Hele māua i ka ho'okūkū kinipōpō wāwae (football game).

14. I hea kou mau mākua i ka pō nei?

    I ka 'aha'aina piha makahiki (birthday party) lāua o kekahi o nā mo'opuna.

V. HE MAU PĀPĀ'ŌLELO

1. E aha ana 'oe e mili'apa nei?

   1. E ho'oponopono ana au i ku'u 'eke'eke.

2. E wiki 'oe. Ke kali mai la 'o Kalei.

   2. He mea iki wale nō i koe, pau.

3. E hele ana au i ke ka'a.

   3. O hele aku 'oe.

1. Aloha, e Kepano.

   1. Aloha nō.

2. Eia 'oe ke noho nei ma keia kūlanakauhale?

   2. 'Ae, eia au ke noho nei ma'ane'i.

3. Aia kou wahi ma ke alanui hea?

   3. Aia ko'u wahi ma ke alanui 'Ēkaha.

4. Ua noho 'oe malaila no 'ehia makahiki?

   4. Ua noho au malaila no 'ane'ane 'eiwa makahiki.

1. Aloha, e Kokī.

   1. Aloha nō.

2. 'O Lono keia, ko'u hoa noho.

   2. Ua kama'āina māua.

3. Ua kama'āina 'olua no 'ehia makahiki?

   3. Ua kama'āina māua no iwakālua makahiki ā 'oi.

4. Lō'ihi maoli nō.

   4. 'Ae. He mau hoa noho māua i ko māua wā kamali'i.

1. Ua 'ai 'o Keoni?
2. No ke aha mai?

3. 'A'ole 'oia e 'ai ana?

1. 'A'ole paha 'oia i 'ai.
2. Iā mākou e 'ai ana, e kelepona ana 'oia iā Lani.
3. E 'ai ana nō. Hiki nō iā ia ke ki'i i mea 'ai nāna iho.

1. Aloha kāua.
2. Aia i hea 'oe e noho nei?
3. Pehea ka lō'ihi o kou noho 'ana ma laila?
4. Mamua aku, i hea 'oe i noho ai?
5. Pehea ka lō'ihi o kou noho 'ana ma laila?
6. No Kaua'i kou mau mākua?
7. Ināhea lāua i ne'e ai i Kaua'i?

1. Aloha nō.
2. Eia au ke noho nei i Kona.
3. Ua noho au ma laila no 'umi makahiki.
4. Mamua aku, i Kaua'i au i noho ai.
5. Ua noho au ma laila no 'umi kūmālima makahiki. I laila au i hānau 'ia ai.
6. 'A'ole, no Hawai'i lāua.
7. Ne'e lāua i laila ma hope o ko lāua male 'ana.

1. Aloha kāua.
2. He malihini 'oe ma keia wahi, 'a'ole anei?
3. No hea mai 'oukou?
4. Ma laila 'oukou i noho ai no 'ehia makahiki?
5. He kupa (native) 'oukou no Moloka'i?

1. Aloha nō.
2. 'Ae. Ne'e mai mākou iā ne'i i kēlā lā aku nei.
3. No Moloka'i mai mākou.
4. Noho mākou ma laila no 'ane'ane iwakālua makahiki.
5. 'A'ole, he kupa mākou no Maui.

1. E Kamaka, hola 'ehia keia?

2. He ho'opa'a manawa ka'u me ke kumu.
3. No ka hola 'eiwa.
4. E kōkua ia'u me ka'u ha'awina 'ōlelo Hawai'i.

1. Hapalua hola 'ewalu. I ke aha la?
2. No ka hola 'ehia?
3. E aha ai?
4. O hele ho'i hā.

VI. E HO'OMAU AKU I KA HO'OMA'AMA'A 'ANA

A. **E ho'ololi i keia mai ka 'ike loa a i ka hō'ole.**

Ana ho'ohālike: Ua hele 'o Kalā i ke kula.
'A'ole i hele 'o Kalā i ke kula.

1. Ua hele au i ke ki'i'oni'oni i nehinei.
2. Ua ho'omaopopo 'o Keli'i i kona hoaloha i nehinei ma ke kahua ho'olulu mokulele.
3. Ua kelepona mai ke kumu ia'u i ke ahiahi nei.
4. Ua maopopo ia'u ka hola i kelepona mai ai ke kumu.
5. Ua kelepona aku 'o Kaleo iā 'oe i ke kakahiaka nei.

B. **E pane i keia mau nīnau ma ka 'ōlelo Hawai'i.**

1. Iā Keoni e kali ana iā Lani, e aha ana 'o Lani?
2. No hea mai 'oe?
3. Pehea ka lō'ihi o kou noho 'ana ma keia wahi?
4. Ua kama'āina 'olua 'o Keli'i no 'ehia makahiki?
5. Ia'u i kelepona aku ai iā 'oe e aha ana 'oe?

C. **E kama'ilio e like me ka mea i kuhikuhi 'ia ma lalo nei.**

1. a. Ask two people where they have been.
   b. Say you (two) have been to the airport.
   a. Ask whom they went to see.
   b. You went to kill time.
   a. Ask how long they stayed at the airport.
   b. You stayed there for two hours.
   a. Ask at what time they went there.
   b. Say you went there at 9:00 A.M.
2. a. Make a statement about Kalā living in the city and add a verifying comment.
   b. Agree, using a complete sentence.
   a. Ask how long he has lived here.
   b. For almost twenty years. (Give a complete sentence.)
   a. Ask where he lived before.
   b. You lived in Wai'anae.
3. a. Ask Keli'i where he was when you telephoned him.
   b. You don't remember where you were.
   a. Tell him you called in the afternoon.
   b. Say perhaps you had gone to the store.

a. Ask what he went to buy.

b. You went to buy fish and poi.

a. Ask if he got fish and poi.

b. You got fish but there was no poi.

D.   Change the structure without changing the meaning of each of the following.

1.   Ala kakahiaka nui au i nehinei.

2.   E Lono, i hea 'oe i ka pō nei?

3.   Ia'u i ala a'e ai ua hele 'o Lehua i ke kula.

4.   E aha ana 'o Lani iā Lono i hiki aku ai?

5.   I ka ho'i 'ana 'o Kaleo, ua pau ka ua nolaila 'a'ole 'oia i lawe i ka māmalu.

6.   Ua lawe 'o Kama i ka puke 'oiai no na'e ua 'ōlelo aku 'o Kanoe e waiho i ka puke i kauhale.

7.   No ka nui o ka wela, ua pāpale 'o Lani i kona pāpale.

8.   E 'ai iho inā he pōloli kou.

9.   Iā Keoni e kali ana iā Lani, e aha ana 'o Lani?

10.   Ua kama'āina 'olua 'o Keli'i no 'ehia makahiki?

E.   Use *i*, *ma* or *no* in the blanks.

1.   Aia _____ hea 'o Lono mā?

2.   Aia lākou _____ hope o ka hale.

3.   E waiho i keia palapala _____ mua o ka lōio.

4.   E noho 'oe _____ loko o ka hale.

5.   Aia ka'u puke _____ luna o ka pākaukau.

6.   _____ mua o kou hele 'ana, e kāhea aku iā Lono.

7.   Aloha, e Lono _____ loko mai.

8.   _____ hea mai kāu kumu?

9.   _____ hea mai nei kēnā lei?

10.   Aia _____ hea kā Lono penikala?

F.   Use of the different meanings of *koe*.

1.   *Koe*—"left" or "remaining."

a.   E mālama i ka mea i koe.

b.   A 'o ka mea i koe nāu ia.

c.   Inā he poi i koe ha'awi aku iā Lehua.

d.   He kālā nō kāu i koe? 'A'ohe a'u kālā i koe.

e.   E 'olu'olu e ha'awi mai | i ka mea i koe.
|i ke koena (remainder).

2.   *Koe*—"except."

a.   Hele nā keiki i ke ki'i'oni'oni koe ka muli loa.

b.   Lawe 'oia i nā mea ā pau, koe ke kāma'a.

c.   Koe ho'i keia, 'a'ole 'oia i hele mai.

d.   Ua ho'i mai nei ka papa himeni (choir) koe 'o Kalanimoku.

e.   Ua hiki mai nei ke kalapu (club) himeni, koe ke alaka'i (leader).

G.   **Make up three conversations using basic utterances from this unit. Utterances learned in previous units may be used if this would result in more natural conversations.**

VII. NO KA PILINA 'ŌLELO A ME KA PAPA 'ŌLELO

1.   *Mamua,* when used without a particle, is an adverb meaning "before" or "formerly."

2.   *E . . . ana* was used in earlier units to indicate incompleted action or future tense. In this unit *e . . . ana* is used to indicate completed action. The tense indicator *iā* ("while")/*i* ("when") usually appears in the dependent clause.

a.   What were you doing when Leialoha arrived?
E aha ana 'oe i ka hiki 'ana aku 'o Leialoha?

b.   I was washing clothes when she arrived.
E holoi lole ana au i kona hiki 'ana mai.

c.   While we were eating . . .
Iā mākou e 'ai ana . . .

3.   Sometimes an adverb of time indicates or confirms tense.

a.   Formerly I lived in Waikīkī.
I Waikīkī au i noho ai mamua.

b.   I don't know where Lono was yesterday.
'A'ole maopopo ia'u i hea la 'o Lono i nehinei.

4.   Compare the environment of the *e . . . ana* and *'ana* structures using the first set of examples in 2 above.

'Ana: a.   Adverbial tense marker *i* + article *ka* + verb phrase *hiki 'ana.*

b.   Adverbial tense marker *i* + possessive *kona* + verb phrase *hiki 'ana a'e/mai.*

E . . . ana: Adverbial tense marker *iā* ("while") + pronoun
mākou ("we") + verb phrase *e 'ai ana* ("were
eating").

5. Observe the use of *'i* for "said" in
'I mai 'o Lani . . .
Lani said . . .

6. *A'e* and *mai* are familiar directionals but perhaps they need to
be discussed here.
. . . i kona hiki 'ana a'e/mai.
If the persons conversing are not where Leialoha went, *a'e* is
the proper word to use. If they are where Leialoha went, *mai*
is the proper word.

7. *Iā* is used sometimes to mean "while," past tense.
While we were eating . . .
Iā mākou e 'ai ana . . .
Sometimes *iā* is used to mean "for," as does the second *iā*
in the next example. The first means "while."
While John was waiting for Lani . . .
Iā Keoni e kali ana iā Lani . . .

8. In several utterances in pattern practice material, *ua* marks
past as well as present perfect tense. *Ua* is probably one of
the most frustrating words in the Hawaiian language. It is
often improperly used. Look at the examples below.
Ua noho 'oe ma Maui mamua . . . lived. It can't be anything
else because of the adverb *mamua.*
Ua noho 'oe i Hilo no 'umi makahiki . . . lived/have lived
Ua kelepona 'o Keoni iā Lani . . . telephoned/ has
telephoned
The ability to use *ua* properly requires considerable study, but
is acquired in time.

Huina Kanakolu

I. NĀ ʻŌLELO KUMU

1. Makemake ʻolua i hale me nā pono hale aiʻole i keʻena hale papaʻi?
2. ʻO ka mea e loaʻa ana.
3. Minamina au ʻaʻole ʻolua i leka mua mai.
4. Inā ʻolua i leka mua mai, inā ua ʻimi au i hale noho no ʻolua.
5. Inā i maopopo iaʻu ua nele ʻolua i ke kī, inā ua waiho au i kī nā ʻolua.
6. Inā i lako māua i ke kālā, inā ua kūʻai māua i hale.
7. Minamina au ʻaʻole ʻoe i kāhea mai e like me kāʻu i kena aku ai.
8. Aumoe loa au i hoʻi mai ai nolaila ʻaʻole au i kāhea aku.
9. Inā i maopopo iaʻu ua makemake ʻoe i kōkoʻolua, inā ua kāhea aku au ʻoiai no naʻe ua aumoe loa.
10. ʻAʻohe o māua hoihoi i ke anu a me ka hau kea.
11. ʻAʻohe hoihoi o nā keiki i ka hoʻi e hiamoe i ke ahiahi ʻokoʻa.
12. Hoʻohalahala mau ʻo Keahi i nā mea ā pau.
13. Ke kamaʻilio aku iā ia, ʻaʻohe ʻoe hoʻolohe ʻia mai. He hoʻopau aho wale nō.
14. E haʻalele ana au i ke kula ma muli o ka ʻōlelo ā ke kauka.
15. E waiho aku i keia palapala noi i mua o ke kumu, ke ʻoluʻolu ʻoe.
16. He palapala noi kēnā i palapala hoʻokuʻu.
17. ʻĀnō wale iho nei nō kuʻu hoʻomaopopo ʻana i kuʻu ʻano ʻe.

Unit Thirty

II. BASIC UTTERANCES

1. Do you want a furnished house or an apartment?
2. (We'll take) whatever we can get.
3. I'm sorry you (two) did not write ahead.
4. If you (two) had written ahead, I would have looked for a house for you.
5. If I had known you needed a key, I would have left one for you.
6. If we had had sufficient funds, we would have bought a house.
7. I'm sorry you did not call as I had suggested.
8. I came home so late that I did not call him/her.
9. If I had known you wanted company, I would have called even though it was very late.
10. We (two) do not enjoy cold weather and snow.
11. The children do not enjoy going to bed so early in the evening.
12. Keahi always criticizes everything.
13. When you talk to him, he doesn't listen. It is merely a waste of breath.
14. I'm going to leave school because of the doctor's orders.
15. Present this request to the teacher, please.
16. That's a request for a release.
17. Only recently did I notice feeling strange.

III. KA HOʻOHUI HUAʻŌLELO ʻANA

Ke kākau ʻana	Ka ʻōlelo ʻana
ʻimi mua au	ʻimi muāau
kena aku ai	kenāakuai

386

inā au	ināʻu
hoʻopau aho	hoʻopauaho
hoʻi mai ai	hoʻi maiai
ma muli o	mamulio
ʻōlelo ā	ʻōleloā
noi imua	noiʻmua
hoʻomaopopo ai i	hoʻomaopopoaiʻ
luana ai	luanāʻi

IV. HOʻOMAʻAMAʻA KUMU HOʻOHĀLIKE

A. **Substitution drill. Miscellaneous ideas**

1. I hale me | ka hale kaʻa no ʻelua kaʻa?
    kāhi pāʻani no nā keiki?
    ʻehā lumi moe?
    ka lānai e luana ai?

2. Hoʻi mai au ua | aumoe | loa.
    awakea
    ahiahi
    pōʻeleʻele

3. ʻAʻole au i | kāhea aku iā ia.
    kamaʻilio i ke kumu.
    kākau iā Lono.
    kōkua i ke keiki.

4. Combine 2 and 3: Use *nolaila* as conjunction.

5. Ua paʻahana loa | ʻo Lono.
    ke keiki.
    kauka.
    kumu.
    ʻo kuaʻana.
    koʻu makuakāne.

6. ʻAʻole ʻoia | i hele | me aʻu.
    e hele ana

7. Combine 5 and 6: Use *nolaila* as conjunction.

8. 'A'ole hiki iā ia ke hele me | a'u.
'oe.
ke keiki.
ke kauka.
kaina.
kua'ana.

9. Combine 5 and 8: Use a comma between the two clauses.

10. Ke kama'ilio aku
iā ia, 'a'ohe 'oe | ho'olohe | 'ia mai.
nānā
ho'omaopopo

Repeat: Add *He ho'opau aho wale nō.*

11. E ha'alele ana au mamuli o ka 'olelo ā | ke kumu.
ke kauka.
ko'u makuakāne.
ko'u mau mākua.

12. E waiho aku i keia palapala i mua o | ke kumu.
ka lōio.
ka pelekikena.
ka lunakānāwai.

13. He palapala noi kēnā i palapala | ho'oku'u.
kono (invitation).
ho'olauna (introduction).
hānau (birth certificate).

14. Kāhea mai 'oia | 'oiai nō na'e ua aumoe loa.
Hele 'oia i kahakai
Hele lāua e nānā
Pā'ani lākou
Hana kuli lākou
Wehe 'oia i ka puka
Ua 'āmama ka puka

15. Minamina au 'a'ole 'oe i | kāhea mai ia'u.
kama'ilio me ke kumu.
kākau iā Lono.
kōkua i ke keiki.

Repeat. Add: *e like me ka'u i kena* (bade) *aku ai iā 'oe.*

B.   Substitution drill—not interested/don't enjoy/don't like

1.   'A'ohe o'u
     hoihoi i | ke anu a me ka hau kea (snow).
     | ka makani ikaika.
     | ka ua nui.
     | ka ho'okūkū kinipōpō wāwae (football).
     | ka 'ōlelo ā Keola.
     | ka hana ā kēlā keiki.

2.   'A'ohe o'u hoihoi ke 'ike aku | iā Keahi.
     | i ka luna (boss/overseer).
     | iā ia.

Repeat: Add *ho'ohalahala mau 'oia i nā mea ā pau.*

C.   Substitution drill—regret/feel sorry

1.   Minamina | au | 'a'ole 'olua i | kāhea | mua mai.
     | māua | | kākau |
     | 'o Moana | | nīnau |

2.   Minamina au 'a'ole 'oe i | kāhea mai ia'u.
     | kama'ilio i ke kumu.
     | kākau iā Lono.
     | kōkua i ke keiki.

V. HE MAU PĀPĀ'ŌLELO

1.   Aloha. Ma loko mai.
     He mana'o ko 'olua?

2.   'Auwē! Inā 'olua i leka mua
     mai, inā ua 'imi au i hale
     no 'olua.

3.   No ke aha 'olua i ne'e
     mai ai?

4.   Makemake 'olua i hale me
     nā pono hale?

5.   Pehea ke ke'ena hale papa'i?

1.   Ke 'imi nei māua i hale
     ho'olimalima.

2.   'A'ole māua i mana'o e
     hele mai ana māua.

3.   No ko māua hoihoi 'ole i ke
     anu a me ka hau kea.

4.   'O ka mea e loa'a ana.

5.   Inā 'a'ole mea 'e a'e,
     hiki nō.

1. Minamina au 'a'ole 'oe i kāhea mai ia'u i ka pō nei.
2. Makemake au iā 'oe e hele me a'u i ke kahua ho'olulu mokulele i ke kakahiaka nei.
3. Ua ho'i mai 'o Keola. Ku kakahiaka mai ka mokulele.
4. Maika'i nō. Inā 'a'ole 'oia i pa'ahana loa, inā ua kipa aku nei māua i kou wahi.
5. Ke loa'a ka manawa ka'awale.

1. Ua nānā 'olua i ka hale?
2. 'Auwē no ho'i e! Inā i maopopo ia'u ua nele 'olua i ke kī, inā ua wāiho au i kī nā 'olua.
3. Hiki nō ia'u ke hele aku i laila i keia manawa.

1. E ha'alele ana 'o Kanoe i ke kula.
2. Ma muli o ka 'ōlelo ā ke kauka.
3. 'A'ole maopopo ia'u. 'Ōlelo mai 'oia 'ano 'e kona ola kino.
4. 'Ānō wale iho nei nō kona ho'omaopopo 'ana i kona 'ano 'e.

1. 'A'ole au e hele ana i ke kū'ai emi (sale).
2. No ka hō'ole 'ana o ko'u makuahine.
3. Ma muli o ka lawa 'ole o ke kālā.

1. 'Aumoe loa au i ho'i mai ai. He aha kou mana'o?
2. Inā au i mana'o ua makemake 'oe ia'u e hele me 'oe, inā ua kāhea aku au 'oiai na'e ua aumoe.
3. Pehea 'oia?
4. Kipa mai no ho'i 'apōpō.

1. 'A'ole. 'A'ole ā māua kī.
2. Āhea 'oe e hele ai i ka hale?
3. Inā pēlā, e hele māua a e hui kākou ma ka hale.

1. E ha'alele ana! No ke aha mai?
2. He aha kona pilikia?
3. No ke aha i hele mua 'ole ai 'oia i ke kauka?
4. Āloha 'ino.

1. No ke aha mai?
2. He aha kona kumu i hō'ole ai?
3. Hiki nō ia'u ke ha'awi aku iā 'oe i kālā no ka manawa.

4. 'A'ole. Inā au e 'ae e lawe
i kālā no ka manawa e
huhū ana ko'u makuahine.

5. 'A'ole. Mahalo i kou
lokomaika'i. E kali nō wau
a loa'a ka'u kālā pono'ī.

6. A hui hou.

4. Ke loa'a no ho'i kāu wahi
kenikeni, ho'iho'i mai no
ho'i 'oe i ka'u kālā.

5. Alaila e hele ana au.
A hui hou.

VI. E HO'OMAU AKU I KA HO'OMA'AMA'A 'ANA

A. He mau māmala'ōlelo me kekahi mau hua'ōlelo kama'āina a me
kekahi mau hua'ōlelo kama'āina 'ole.

1. hoihoi—pleased/interested/enjoy

   a. 'A'ohe o'u hoihoi i kēlā 'ano mea. He kohu 'ole.

   b. Inā 'a'ohe ou hoihoi i ka hana āu e hana nei, e
   ha'alele no ho'i.

   c. 'A'ohe o'u hoihoi iā ia a 'a'ohe no ho'i ona hoihoi ia'u.

   d. 'A'ohe ona hoihoi iā Keola no ko Keola ho'ohalahala
   mau.

2. minamina—sorry/regret/value

   a. Minamina 'o Kealoha 'a'ohe āna mea e ha'awi ai i
   kona makuakāne no ka lā hānau o ka makuakāne.

   b. Minamina ke kumu i ka ha'alele 'ana o Keahi i ke kula.

   c. 'A'ohe minamina kekahi po'e i ke ola.

   d. Minamina au 'a'ole 'oe i hiki a'e i ka pā'ina lā hānau
   o pēpē.

3. maopopo—know/understand

   a. Inā i maopopo ia'u ka helu o kā Lani kelepona, inā
   ua ha'i aku au iā 'oe.

   b. Inā 'a'ole maopopo iā 'oe ka mana'o, e nīnau aku no
   ho'i i kāu kumu.

   c. Maopopo ia'u ke kumu i kāhea ai 'o Keola iā Leilani.

   d. 'A'ole i maopopo iā Lahapa ua ho'i mai 'o Leina'ala.
   Inā i maopopo iā ia, inā ua kelepona aku 'oia.

4. ho'ohalahala—criticize/complain/correct

   a. 'O wai ka i ho'ohalahala i nā mea ā pau?

   b. Mai ho'ohalahala i ka mea i ha'awi 'ia aku.

    c.   He mea pono ke ho'ohalahala ke kumu i nā ha'awina pono 'ole ā nā haumāna. Pēlā e holomua ai kā lākou hana.

    d.   Ua ho'ohalahala au no ka maika'i 'ole o ka hale.

5. nele—lack/need

    a.   Ke nele i ke kālā, hele i ka hana.

    b.   Ua nele nā keiki i ka lole kupono.

    c.   Ke nele 'oe i kekāhi mau mea, kāhea a'e.

    d.   Mai ho'onele (deprive) i nā keiki i nā mea e pono ai ka nohona.

6. lako—well supplied/well equipped/prosperous

    a.   Ua lako nā keiki i nā mea e pono ai ka nohona.

    b.   'A'ole i lako nā keiki ā pau i nā puke ha'awina.

    c.   Inā i ho'omaopopo pono nā mākua, inā ua lako nā keiki.

    d.   Nui ka haunāele ma kekāhi mau wahi i kekāhi manawa i waena o nā po'e lako 'ole i nā mea e pono ai ka nohona.

7. nolaila—so/therefore

    a.   'A'ole 'oia i lohe ia'u, nolaila 'a'ole 'oia i pane mai.

    b.   Ua lako māua i ke kālā, nolaila ua kū'ai māua i hale.

    c.   'A'ohe ona ho'olohe mai, nolaila ho'opau aho wale nō 'oe.

    d.   Pa'ahana loa au i nehinei, nolaila 'a'ole au i kāhea iā Lono.

8. e like me—like/as

    a.   E kākau 'oe e like me kāna i 'ōlelo mai ai.

    b.   Minamina au 'a'ole 'oe i hana e like me ka'u i kauoha ai.

    c.   Inā 'a'ole 'oe kākau e like me ke kauoha ā ke kumu, e pilikia ana 'oe.

    d.   Ua nīnau 'oia i ke kumu e like me ka'u i 'ōlelo aku ai.

    e.   Kama'ilio 'oia e like me kona makuakāne.

B.   Double subjunctive utterances. 'Ōlelo 'ouliku'ihe pāpālua

1. Inā 'oe i hele mua i ke kauka, inā ua loa'a 'e kēnā pilikia.

2. Inā 'oe i ho'olohe i ke kūkala nūhou inā ua lohe 'oe.

3. Inā 'oia i hele i ka hālāwai kālai'āina (political meeting), ai'ole, inā 'oia i ho'olohe i ke kūkala nūhou, inā ua lohe 'oia.

4. Inā 'oia i hele koke i ke kauka, inā ua pau koke kona pilikia.
5. Inā i kāhea koke 'ia ka māka'i, inā ua loa'a ka lawehala.

C. He mau mana'oha'i

1. *Ka mua*

O kekahi hua'ōlelo kama'āina 'ole ma keia ha'awina 'oia no ka hua'ōlelo pāpālua. I kekahi manawa 'ōlelo 'ia pālua. Ua like no na'e ka mana'o.

'O nā helu he 'ekolu 'ano i hō'ike 'ia ma loko o keia puke, (1) nā helu kumu (cardinal numbers)—'ekahi, 'elua, 'ekolu a pēlā aku—(2) nā helu papa (ordinal numbers)—ka mua, ka lua, ke kolu a pēlā aku—(3) nā helu māhelehele (distributive numbers)—pākahi, pālua, pākolu a pēlā aku (etc.).

Eia kekahi (here's something else). Ke nui nā mea e helu 'ia ai, e like me ka mahelehele 'ana i ka i'a ke nui 'ino, ma ke kāuna a ma ka pā'umi kāuna e helu ai a pēlā aku. Ehā i'a, he kāuna ia. 'Umi kāuna, he kā'au ia. 'Umi kā'au, he 'ehā hanele ia i keia manawa, akā i ke au kahiko, he lau ia. 'Umi lau, he mano ia a 'umi mano he kini ia. 'Umi kini, he lehu ia. Ma'ō aku o ia, he kini a lau e like me ka 'ōlelo ma ka himeni—

Kini a lau me he one o kai la
Numberless as the sands of the seashore

2. *Ka lua*

Hele 'o Leilani lāua 'o Leialoha e inu kope ma ka hale inu kope ma ke kahua ho'olulu mokulele. E kali ana lāua i kekahi o nā mokulele mai Hawai'i mai. Iā lāua e 'inu kope ana, hō'ea aku (hō'eā̧ku) 'o Kalua.

Noho 'o Kalua e inu kope me Leilani mā. Iā lākou e inu kope ana, kama'ilio lākou. Ua kokoke e pau kā Leilani mā inu kope 'ana.

'Ōlelo 'o Kalua iā Leialoha minamina 'oia 'a'ole i kāhea aku 'o Leialoha iā ia i ke ahiahi o ka lā mamua aku. Ua makemake 'oia e hele pū lāua i ke kahua ho'olulu mokulele i ke kakahiaka. 'I aku 'o Leialoha ua aumoe loa 'oia i ho'i mai ai nolaila 'a'ole 'oia i makemake e kāhea aku iā Kalua. Inā 'oia i mana'o ua makemake 'o Kalua e hele pū lāua i ke

kahua hoʻolulu mokulele i ke kakahiaka, inā ua kāhea ʻoia
iā Kalua ʻoiai nō naʻe ua aumoe loa kona hoʻi ʻana i kauhale.

ʻAʻole i pau pono kā Kalua inu kope ʻana, hōʻea ana ka
mokulele mai Hawaiʻi mai. Inu koke ʻo Kalua i ke koena o
kāna kope a hele lākou e aloha i ka hoaloha ā lākou i hele
aku ai e ʻike.

a.　　E pane i keia mau nīnau ma ka ʻōlelo Hawaiʻi.

　　1)　E aha ana ʻo Leilani lāua ʻo Leialoha ma ke
　　　　kahua hoʻolulu mokulele?

　　2)　ʻO wai ka i hōʻea aku a noho me lāua? He aha
　　　　kāna i ʻōlelo ai iā Leialoha?

　　3)　He aha kā Leialoha i ʻōlelo ai iā Kalua?

3.　*Ke kolu*

I keia manawa ma ka mokulele kākou e hele nei mai kekahi
mokupuni a i kekahi mokupuni ʻe aʻe.

I ke au kahiko ma ka waʻa i hele ai ko Hawaiʻi poʻe mai
kekahi mokupuni a i kekahi mokupuni ʻe aʻe. He waʻa
ʻuʻuku kekahi, he waʻa nui iki aʻe kekahi a he waʻa nui loa
no hoʻi kekahi. He waʻa kaulua kekahi ʻano waʻa.

O kekahi mau waʻa ʻuʻuku, he lawa no hoʻokahi wale nō
hoe waʻa. O kekahi mau waʻa, ʻelua nō hoe waʻa, lawa. He
nui ka poʻe hoe waʻa ma ka waʻa kaulua. O ia ke ʻano waʻa i
holo mai ai nā kānaka i Hawaiʻi nei mai Kahiki mai.

Ma hope o ka hiki ʻana mai o ka poʻe ʻe, ua hana ʻia a i
ʻole ua kūʻai ʻia kekahi mau moku e nā ʻliʻi. O ka moku mua
loa no Kamehameha I. He moku lawe ʻiliahi i Kina (China)
a hoʻihoʻi mai i nā kūkaʻa kilika (bolts of silk) a me kekahi
mau mea ʻe aʻe ā nā ʻliʻi i makemake ai. He moku kālepa
ka moku.

Mahope mai, kūkulu ʻia kekahi hui mokuahi i kapa ʻia
Hui Moku Holo Piliʻāina (Inter-Island Steam Navigation
Company) a ma nā mokuahi i holo ai ka poʻe mai kekahi
mokupuni a i kekahi mokupuni ʻe aʻe.

Ma hope o ka hiki ʻana mai o ka mokulele, pau ka holo
ʻana o ka poʻe ma ka mokuahi. Nolaila pau no hoʻi ka holo
ʻana o ka mokuahi a hoʻopau ʻia ka Hui Moku Holo Piliʻāina.

I keia manawa ke hoʻōulu ʻia nei ka hoi no ka moku
halihali (ferry) no ka lawe ʻana i nā ʻōhua me ko lākou kaʻa.
E holomua ana paha keia, ʻaʻole paha.

a. E pane i keia mau nīnau ma ka ʻōlelo Hawaiʻi.

1) Pehea kākou e hele nei mai kekāhi mokupuni a i kekahi mokupuni ʻe aʻe?

2) Pehea i hele ai ka Hawaiʻi i ke au kahiko mai kekahi mokupuni a i kekahi mokupuni ʻe aʻe?

3) E hoʻakāka mai i kekahi mau mea e pili ana i nā waʻa o ka poʻe Hawaiʻi.

4) No ke aha i makemake ai ʻo Kamehameha i moku nona iho?

5) E haʻi mai e pili ana i ka hui moku o keia pae ʻāina.

6) E haʻi mai e pili ana i ka moku halihali.

D. E hana e like me ia i kuhikuhi ʻia ma lalo nei.

1. E kākau i ka paukū ʻehā o ke kolu o nā manaʻohaʻi ma ka ʻōlelo haole.

2. E kākau i mau māmalaʻōlelo me kēlā huaʻōlelo keia huaʻōlelo malalo nei.

a.	minamina	f.	ʻimi
b.	inā . . . inā	g.	kāhea
c.	hoihoi	h.	waiho
d.	hoʻihoʻi	i.	haʻalele
e.	nele	j.	hoʻohalahala

VII. NO KA PILINA ʻŌLELO A ME KA PAPA ʻŌLELO

1. Meanings of some utterances in pattern practice material and in some conversations.

a. *Hoʻi mai au ua aumoe loa.*
   When I came home it was very late.
   An utterance which expresses the same idea is
   Aumoe loa au i hoʻi mai ai . . . . The English equivalent is "I came home very late." It may also mean "I came home so late . . ."

b. *Ua paʻahana loa* can mean "is/was too busy." The tense can be determined largely through context. The same may be said about:
   ʻAʻole hiki iā ia—"He/she cannot or could not."

    c.   *. . . ke 'ike aku iā Keahi . . .* is . . . when I see Keahi. Here
        ke is present tense or future tense "when."

    d.   *He mana'o ko 'olua?* "Do you (two) have something on
        your mind?" or ". . . something to say?"

    e.   *'A'ole māua i mana'o.* "We (two) had no idea . . ." or
        "We (two) did not think . . ."

    f.   *Inā 'a'ole mea 'e a'e . . .* "If there's nothing else . . ."

    g.   *He aha kou mana'o?* "What do you think?" "What do you
        have to say about it?"

    h.   *Ku kakahiaka ka mokulele.* The plane arrived early.

    i.   *. . . lawe i kālā no ka manawa.* . . . accept money for the
        time being (accept a short loan).

    j.   *Kenikeni* is a way of saying "money"; really, "loose
        change."

    k.   *He kohu 'ole.* "It's inappropriate."

2.   Note the use of *nele* to mean "need." Actually what the Hawaiian
    says is "If you lack . . ." when he means "If you need . . ."

3.   *Leka* is the word for "letter." Usually used as a noun, it is used
    in this unit as a verb in place of *kākau.*

        If you (two) had written (to me) first . . .

        Inā 'olua i leka mua mai . . .

4.   *'Oiai no na'e* is an idiomatic expression meaning "even though."
    This expression is used at the beginning of a dependent clause.

        . . . even though it was very late.

        . . . 'oia no na'e ua aumoe loa.

5.   *I ke ahiahi 'oko'a* is an idiomatic expression meaning "early in the
    evening." Like *'oiai no na'e,* the dictionary meaning of the words
    does not give any indication of the meaning of the utterance. It
    can be used in either initial or final position.

6.   *'A'ohe 'oe ho'olohe 'ia mai*—You won't be listened to (by him).
    This is a passive voice expression with the agent—*e ia*—
    unexpressed. *'Ia* is the passive voice marker. The active voice
    form of this utterance is

        'A'ohe ona ho'olohe mai iā 'oe.

        He/she does not listen to you.

7.   *Waiho aku* means to "leave something" or "place something" or
    "lay something" somewhere. We use it also to mean "put." Here
    the expression means "present."

        Present this request to the teacher.

        E waiho aku i keia palapala noi i mua o ke kumu.

8. *I mua o* means "before" or "in front of" or "in the presence of."
   It may also mean "to."

   . . . i mua o ke kumu.

   . . . before/to the teacher.

   Stand before the judge.

   E ku 'oe i mua o ka lunakānāwai.

9. *'Ānō* may be used to mean "recently" or "a time not long past."

   Only recently . . .

   'Ānō wale iho nei nō . . .

Hoʻi Hope ʻEono
Review Six

A. **Complete each of the following with a proper form of the verb given in parentheses.**

1. _____ au i ka hale kūʻai i ka lā ʻapōpō. (hele)
2. _____ au ma Mānoa ma ke alanui Alaula. (noho)
3. Aia i hea ʻoe _____? (noho)
4. _____ ʻoe i ko Manu kaʻa hou? (ʻike)
5. ʻAʻole au _____ i ko Manu kaʻa hou. (ʻike)
6. Nā wai _____ iho nei i ke pākaukau ʻaina? (hāliʻi)
7. E Hauʻoli, e ʻoluʻolu _____ i ke kope. (lawe—to the speaker)
8. _____ au i koʻu maka. (holoi)
9. E ʻIwalani _____ ʻo Hauʻoli? (ala)
10. Aia no ʻoia _____ . (hiamoe)

B. **Cross out the incorrect word in each pair in parentheses.**

1. Ua hele ʻo Kalua (i/ma) ke kahua hoʻolulu mokulele.
2. Ua hele ʻoia (i/e) hoʻohala manawa.
3. Ua hele au e (nānā/ʻike) iā Kanamu mā.
4. (No/mai) Hawaiʻi mai ʻo Kanamu mā. (ʻO/ma) Keauhou ko lāua one hānau.
5. E noho (nei/ana) ʻo Kanamu mā me aʻu.
6. (I/E) hele wale mai nei no wau (i/e) hoʻohala manawa.
7. ʻAʻole au (i/e) ʻike ana iā ia i keia pō.
8. (E/Ua) ʻike ana au iā Lehua i keia ʻauinalā.
9. Iā Manu (i/e) hele ana i ke kula nui i laila koʻu kaikuaʻana.
10. (Mai/E) hele ʻoe i laila o ʻeha ʻoe i kēlā poʻe.

11. Ua kali au ma'ane'i (ma muli o/no) kāu kauoha ia'u.
12. 'Oia mau nō ka pā ('o/o) ka makani hau none.
13. Ke hele nei nō ('o/o) kua'ana i ke kula nui.
14. Aia nō ka hale ('o/o) ke kumu makai iki mai ('o/o) ko'u hale.
15. Ua 'ōlelo mai ('o/o) Keola ke mau ala nō ka ua ('o/o) uka.
16. Pehea la ('o/o) uka, mālie paha, 'a'ole paha.
17. Ke ua mai la nō ('o/o) uka.
18. 'Oia mau nō ka ua ('o/o) uka.
19. 'A'ohe po'e ('o/o) kai ('o/o) kēlā wahi.
20. 'A'ohe pale pākaukau ('o/o) luna o ka pākaukau.

C.   Pāpā'ōlelo kuhikuhi 'ia

1. No ka hele 'ana i ke kahua ho'olulu mokulele
   a. Suggest to someone you two go to the airport.
      Ask why (without using *no*).
   b. Say your friend is arriving from Hawai'i.
      Ask at what time.
   c. Say at 12:30 P.M.
      Say that's lunch time.
   d. Suggest that the two of you eat at the coffee shop (at the airport).
      Agree. Ask how you (two) are to go.
   e. Say in your car.
      Say okay.

2. Ma ke kahua ho'olulu mokulele
   a. Suggest that the two of you go and eat.
      Agree.
   b. Comment about the nice environment.
      Say it is better than the restaurant near your place.
   c. Say you will have ham and eggs, rolls, and coffee.
      Say you will have sausages and eggs, hot cakes, and coffee.
   d. Comment upon the tastiness of the food.
      Say that yours is also tasty.
   e. Say an airplane is arriving.
      Say it's from Maui.

D. Give the conversation in C1 as a narrative.

E. Tell about a trip with a friend from an outer island to O'ahu.

F. Kaleo meets a friend, Manu, who has a friend, Lono, with him.

    M. Introduce your friend to Kaleo.

    K. Greet the friend.

    L. Return the greeting.

    K. Ask Lono how he is.

    L. Give an appropriate reply.

    K. Ask Lono where he will live.

    L. You will live at Manu's place for the time being because he is also from Maui.

    M. Volunteer the information that Lono is vacationing here.

    K. Ask when he expects to go home to his island.

    L. You will go home next month.

    M. Suggest you three go and eat lunch.

    K. Ask where.

    M. Name a restaurant.

    K. Agree and suggest you go.

G. Complete each utterance with *mai, aku, lawe, a'e* or *iho.*

    1. Inā he pōloli kou e 'ai _____ .

    2. Nā wai i ho'omo'a _____ nei i ka hua moa?

    3. E hāli'i _____ 'oe i ka pākaukau 'aina.

    4. E hana _____ au i ke kope.

    5. Ke lawe _____ la 'o Lehua i ka puke. (toward the speaker)

    6. Ua hele _____ nei 'o Kealoha i ka hale kū'ai.

    7. E nānā _____ i loko o kāu puke ha'awina.

    8. E hele _____ au e nānā i ke kope.

    9. Mai nānā _____ i ka puke; e nānā _____ ia'u.

    10. E nānā _____ 'oe iā pēpē o hā'ule _____ 'oia i lalo.

    11. Mai nānā _____ 'oe i kā Leolani ha'awina.

    12. E nānā _____ 'oe i ka'u ha'awina.

    13. E ho'oponopono _____ 'oe i kāu ha'awina.

    14. E kākau _____ 'oe i leka i ke kumu.

    15. Ua loa'a _____ ka leka a ke kumu ia'u.

H. **Rewrite the following in Hawaiian, using the double subjunctive.**

1. If you had told me, I would have asked the teacher.
2. If Leialoha had written her lesson, her mother would have let her go to the movies.
3. If you had seen that man you would have laughed ('aka'aka).
4. If you had eaten breakfast, you would not have felt dizzy.
5. If I had known her telephone number, I would have called her.
6. If I had had money, I would have bought a house.
7. If my sister had had a car, she would have come.
8. If you had listened, you would have heard.
9. If you had worked, you would have earned money.
10. If you had worked, I would have paid you.

I. **Use n-class or zero-class words in the blanks.**

1. 'A'ohe _____ 'ike aku i ke keiki.
2. 'A'ohe _____ 'ike mai ia'u.
3. _____ Kealoha i ho'owali (mix) i ka poi.
4. 'A'ole _____ Leilehua i lawe mai nei i ka puke.
5. _____ kēlā ka'a e ku ala ma waho?
6. 'A'ole maopopo ia'u _____ la.
7. _____ i ha'awi i ke kī o ke ka'a iā 'oe?
8. _____ Lono i ha'awi mai nei.
9. _____ keia puke, _____ Lehua kēlā puke.
10. 'A'ole _____ kēnā kuka, _____ Kalani paha.
11. 'A'ohe _____ kuka, he lakeke (jacket) wale no kona.
12. Kama'ilio aku au 'a'ohe _____ ho'olohe mai.
13. Nīnau mai ke kumu 'a'ohe _____ pane aku.
14. _____ nō ka hewa, 'a'ole _____ .
15. _____ i kākau i keia mo'olelo.

Papa ʻŌlelo

Definitions apply to usage in this volume. For other definitions see Pukui and Elbert, *Hawaiian Dictionary,* The University Press of Hawaii, 1971.

a: and

ā: zero-class possessive

aʻe: oblique movement to and fro; upward motion; else; next

ʻae: yes; to permit; to agree

aha: what, preceded by *he;* why, preceded by *no ke*

ʻaha mele: concert

ahi: fire

ahiahi: evening

a hui hou: till (we) meet again; goodbye

ai: particle used to complete a verb phrase in situations indicating reason, manner, time, instrument, or cause

ʻai: to eat

aia: there (usually not translated)

aia a: when (future tense)

ʻaina: meal

ʻaina ahiahi: dinner

ʻaina kakahiaka: breakfast

ʻāina: land

ʻāina hānau: birthplace

aiʻole: or

akā: but; however

akahele: (adj.) careful; (adv.) carefully

ā kākou: our (a-form possessive)

akamai: smart; clever

ʻākau: north; right

aku: direction away from speaker

ala: to wake up; to get up; to arise; (adv.) there; (n.) path; road

alaila: then

a laila: till there; till that place

alaloa: long road; highway

alanui: road; street

alo: face; front

aloha: word of greeting and farewell; love

ana: tense marker indicating incompleted action or future tense; sufficient; to measure

āna: his/her; hers; its (a-form zero-class possessive)

ʻana: nominalizing particle

ana ʻāina: surveying; surveyor

ana hoʻohālike: pattern; example

ʻaneʻane: nearly; almost

anei: particle used in questions

ʻano: sort of; somewhat; (n.) nature

'ānō: immediately; now; recently
anu: cold
anuanu: (adj.) cold
a'o: to teach; to learn
'ao'ao: page; side
'a'ohe: no; none
'a'ole iki: never
a pō ka lā: all day
'apōpō: tomorrow
'apōpō a iā lā aku: day after
  tomorrow
au: I; (n.) age; era
āu: your (zero-class possessive)
'auhea: where; (v.) listen
'auinalā: afternoon
aumoe: late at night; midnight
awakea: (n.) noon; late morning;
  (adj.) late

e: infinitive marker; oh (sign of
  the vocative)
'eha: sore; ache; (adj. comp.)
  injured
'ehā: four
'ehia: how many
'ehiku: seven
eia: here
e kala loa: long time ago
'ekolu: three
e like me: as; according to; like
'elima: five
'elua: two
'emo: delay; waiting; in no time
  at all
'eono: six
'eu: to bestir oneself
'ewalu: eight

hā: fourth, preceded by *ka*
ha'a: dance
ha'alele: to leave; to go away

ha'awi: to give; to pass something
  to someone
ha'awina: lesson; gift
ha'i: to tell
ha'ina: (n.) telling; answer
haka: shelf; rack
haku: supervisor; boss; overseer;
  (v.) to compose
hala: to pass; to pass away; to
  elapse
hālāwai: meet; meeting
hale: house
hale 'aina: restaurant
hale hō'ike'ike: museum
hale inu kope: coffee shop
hale ki'i'oni'oni: movie theatre
hale kula: schoolhouse
hale leka: post office
hale papa'i: apartment house
hāli'i: to spread a cloth or mat;
  to set a table
hāmama: (adj.) open
hame: ham
hana: (v.) to do; to fix; to work;
  to prepare; (n.) work; project
hana'ku: go ahead and do
hana lei: to make a lei
hanele (haneri): hundred
haole: Caucasian
hapalua: half; half a dollar
hapanui: majority; most
hau: cool; snow
haumāna: student
hā'ule: fall; (adj.) fallen
hā'ule lau: autumn
hau'oli: pleasure; happy; joyful
Hawai'i: The Hawaiian Island
  group; the largest island in the
  group
he: a; an; affirms ownership, and
  existence

hea: where; what; which; [for other forms see *i, ma, mai, no*]

he aha: what

heʻe nalu: to surf; surfing

hele: to go

helu: number; to count

heluhelu: to read

hemahema: awkward; inept; unprepared

hewa: fault; wrong

hiaʻā: to lie awake; to be unable to sleep

hiamoe: to sleep

hiki: to arrive; possible; can

hiki ʻole: impossible; cannot

hikiwawe: quickly

hiku: seventh, preceded by *ka*

hilahila: ashamed; embarrassed

hoa kula: schoolmate

hoʻāla: to awaken someone

hoaloha: friend

hoa noho: neighbor

hōʻea: to arrive

hoʻi: particle, preceded by *no*, used as a rule to emphasize a principal word or sentence; (v.) to go back; return in direction away from speaker

hoʻihoʻi: to return something

hoihoi: to be pleased; to care

hoʻi mai: to come back; to return in direction of speaker

hōkele: hotel

hola: hour

holo: to run; to sail

holoi: to wash; to erase

hoʻohala: (v.) to pass (time); to while away

hoʻohalahala: to criticize; to complain

hoʻohālike: to compare; to make alike

hoʻohemahema: to neglect; to be careless

hoʻohewahewa: to fail to recognize

hoʻoikaika: to make a great effort; to strive

hoʻoilo: winter; cause to mildew

hoʻokaʻawale: to part company; to separate

hoʻokahi: one only; a single one

hoʻokala: to sharpen

hoʻokūkū kinipōpō wāwae: football game

hoʻokuʻu: to release; to dismiss

hōʻole: to deny; to refuse

hoʻolimalima: to hire; to rent; (adj.) rented

hoʻolohe: to listen; to pay attention

hoʻomaʻamaʻa: to practice

hoʻomaha: to rest; vacation

hoʻomaka: to begin

hoʻomākaukau: to prepare; to get ready

hoʻomaopopo: to remember; to pay attention; to notice

hoʻomau: to continue

hoʻomoʻa: to cook

hoʻopaʻa: to study; to learn; to reserve; to fasten

hoʻopau: to stop; to waste

hoʻopihapiha: to complete; to fill

hoʻopili: to imitate

hoʻoponopono: to fix; to set in order; to correct; to edit

hope: last

hou: fresh; new; again; to pierce

hua moa: egg

huaʻōlelo: word

huhū: to scold; angry; anger
huʻi: ache
huli: to turn; to look for
hūnōna: son/daughter-in-law

i: (conj.) then; so; (adv.) when;
    (obj. marker) to
ia: he/she/it (usually written with
    ʻo subject marker)
iā: (adv.) when; while; (obj.
    marker) to
iʻa: fish
ʻia: passive voice marker
iaʻu: me; to me
i hea: where; at; to what place
iho: reflexive pronoun marker
    iā ia iho: at, to, of
        himself/herself
    iaʻu iho: at, to, of myself
    nona/nāna iho: for herself/
himself; downward motion
ikaika: strong; strength
i kana (o kana): incredible; great
    deal
ʻike: to see; to meet; to know
i keia kau aʻe: next season; next
    term; next semester
i keia manawa: now
i kekahi manawa: sometimes
iki: a little; slightly
i laila: to/at that place; there
i lalo: down; downward
ʻilio: dog
iluna: up
ʻimi: to seek; to look for
imua o: before (in the presence of)
inā: if
ināhea: when (past tense or
    completed action)
ʻino: stormy; rough (sea); bad;
    awful; terrible

inoa: name
inu: to drink
Iune: June
iwa: ninth, preceded by *ka*
iwakālua: twenty
iwi: bone

ka: the
kā: k-class possessive, a-form;
    (interjection) so
kaʻa: car
kaʻa hoʻolimalima: rented car; taxi
kaʻa ʻōhua: bus
kāʻau: forty
kāuna: four
kaʻawale: (adj.) free; spare
kaha: mark; grade
kahakai: beach; land by the sea
kāhea: to call
kahi: (n.) comb; (v.) to comb
kāhi: place (contraction of *ka*
    and *wahi*
kāhi ʻe: distant place; far off
kahiko: old
kahua hoʻolulu mokulele: airport
kāhūhū: (interjection) expression
    of surprise, anger, or disbelief
kaina: see *kaikaina*
kaikaina: younger sibling of same
    sex
kaikamahine: girl; daughter
kaikuaʻana: older sibling of same
    sex
kaikunāne: brother (to a female)
kaikuahine: sister (to a male)
kakahiaka: morning
kakahiaka nui: early morning
kākau: to write
kākou: we (plu. inc.)
kala: to forgive; to excuse
kālā: money

kalaiwa: to drive
kālana kākau: writing tablet
kali: to wait
kāmaʻa: shoes; shoe
kamaʻāina: native born;
   acquainted
kamaʻilio: to talk; to speak
kamaliʻi: children
kāna: his/her (k-class possessive)
kanalima: fifty
kāne: mister; male; husband
kani: to strike or sound (as a
   clock)
kaomi: to press down
kāpala: to smear
ka pō nei: last night
kau: to be up; to place something
   on something else; to board a
   vehicle; plural marker
kāua: we (dual inc.)
kauhale: home; houses
kauka: doctor
kauka niho: dentist
kaumaha: heavy; sorrow
kauoha: order; command
kaupoku: roof
ke: if; when; the
ke ahiahi nei: yesterday evening
keʻena: office; room; apartment
keia: this
keia lā: today
keiki: child
keiki kāne: male child
kekahi: a certain; used sometimes
   with plural forms *mau* or *poʻe*
   to mean "some"
kēlā: that (some distance from
   speaker and person addressed)
kēlā lā aku nei: the other day
kēlā pule aku nei: last week

kēlā pule aku nei a iā pule aku:
   week before last; last week and
   the week before
kelepona: telephone; to telephone
kēnā: that (near person addressed)
keʻokeʻo: white
ke ʻoluʻolu ʻoe: if you please
Kepakemapa: September
keu: very; extremely; more
kī: key
kiaʻāina: governor
kiʻekiʻe: high; tall (thing)
kiʻi: picture; to fetch
kiʻi manamana lima: fingerprint
kiʻiʻoniʻoni: movie
kīkala: hip; lower back
kīkala hāneʻeneʻe: sacroiliac strain
kikoʻolā: rude; sarcastic
kino: body
kipa: to visit
ko: o-form possessive marker
koe: left; remaining; remains
koke: quickly; nearly
kokoke i: nearby
kōkoʻolua: companion; partner;
   associate
kōkua: help; assistance
ko lākou: their (plu.)
ko lāua: their (dual)
kolu: third, preceded by *ke*
ko mākou: (plu. exc.) our
ko māua: (dual exc.) our (may
   substitute *kā* for *ko*)
komo: to put on; to enter
kona: his/her/its
kono: to invite
kōpaʻa: sugar
kope: coffee
kou: your (sing., o-form possessive)
koʻu: my (sing., o-form possessive)

ko wai: whose

ku: to stand; to land (as an airplane)

kua: back

kua'ana: see *kaikua'ana*

kuahine: see *kaikuahine*

kuhikuhi: to show; to direct

kuhikuhi 'ia: directed; shown

kuhikuhi pono: show carefully or properly

kui: nail (used in building); (v.) to string a lei

kuka: coat

kūkala: to proclaim; to announce

kūkala nūhou: to broadcast news; newscast

kūkulu: to set up; to build

kula: school; field

kula hānai: boarding school

kūlanakauhale: city

kula nui: university

kumu a'o: teacher

kumu ho'ohālike: example; model

kunāne: see *kaikunāne*

kupulau: spring

kupuna kāne: male ancestor; grandfather

ku'u: my (a more intimate term than *ko'u*, reserved for certain nouns such as members of family); pua, lei (used figuratively to mean "beloved")

la: particle used to express doubt or uncertainty

lā: day; sun

laiki: rice

laila: there; [for other forms see *a, i, ko, ma, mai, no, o*]

laki: fortunate; lucky

lako: well-supplied; well-equipped; well-provided

lākou: they (plu.)

Lāpule: Sunday

lau: leaf; four hundred

lāua: they (dual)

lau hala: pandanus leaves

lauoho: hair

lawa: enough; sufficient

lawai'a: to catch fish; fisherman

lawe: to take

lawe aku: to take in direction away from speaker

lawehala: transgressor; culprit

lawe leka: mailman

lawe mai: bring

leka: letter; to write a letter

lekei: to jump; to leap

leo: voice

li'ili'i: little; small; tiny

like: the same; alike; together

like me: like; the same as

lilo: to become; to be lost; busy; sold; absorbed in

lima: hand; arm; fifth, preceded by *ka*

loa: long; very; too

loa'a: to find; to obtain; to catch

lohe: to hear

lohi: late; slow

lō'ihi: long; tall (person)

lōio: lawyer

loko: inside; [for other forms see *i, ko, ma, o*]

lole: clothes

loli: changed

lomi: to massage

lono: news; message

lumakika; rheumatism

lumi moe: bedroom

lunakānāwai: judge

ma: by; on; at; in
mā: associates; companions
maʻa: accustomed
maʻalili: cold (referring to food once hot)
maʻa mau: customary; usual
maʻaneʻi: over here; in/at this place
mahalo: thanks
ma hea: where; at what place
māhelehele (māhele): to divide
mahiʻai: farmer; to cultivate
mahina: moon; month (lunar)
mahope: afterwards; later
ma hope o: behind; at the back of
mahuahua: increase; plenty; lots
mai: directional indicating toward the speaker; (imperative) come; don't; (adv.) almost; nearly
maikaʻi: good; fine; well
maikaʻi ʻole: bad
mai laila aku: from there on
mai laila mai: from there to here
maka: eye
maka hiamoe: sleepy; drowsy
makahiki: year
makai: on the sea side; toward the sea
mākaʻi: police officer
mākaʻikaʻi: to visit; to see the sights
makai mai: below; toward the sea (speaker is toward the sea from place in question)
makana: gift; present
makani: wind; windy
mākaukau: ready
makemake: to want; desire

mākou: we (plu. exc.)
mākua: parents
makuahine: mother
makuakāne: father
ma laila: there; at that place
malakeke: syrup; molasses
ma lalo o: under; underneath
malama: month
mālama: to take care; to keep
mālie: calm; clear
maloko: inside; space within
māluhiluhi: tired; weary
maluna: on
māmā: mother; speedy; fast
māmalu: umbrella
mamua: before; ahead; formerly
ma mua o: than; (prep.) in front of
ma muli o: because of; on account of
manamana lima: finger
manaʻo: to think; (n.) thought
manawa: time
mano: four thousand
maʻō: over there; there
maʻō koke aku: a little beyond (in a direction away from the speaker and place referred to)
maoli: very; so; real
maopopo: to know; to understand
mau: always; several
māua: we (dual exc.)
mauka: on the mountain side; toward the mountain
mauka aku: above; beyond; toward the mountain
mawaho: outside
me: with
mea: thing; to say
Mei: May

meia: mayor
mēlia: plumeria
me 'oe: with you
me 'oe pū: same to you
mili'apa: to dawdle; to waste time
mili'apa mā: dawdlers; time
   wasters
minamina: to be sorry; to regret
minuke: minute
moe: to sleep; to lie down
moena: mat; sleeping
moku: cut; severed; ship; island
mokulele: airplane
molowā: lazy
mo'olelo: story
mua: first, preceded by *ka*
muli loa: youngest

nā: the (plu.); possessive marker
   before nouns and pronouns;
   for; by
na'au kake: sausage
na'e: but; however
nā mākou: by/for us; ours
namu: to speak
nāna: for him/her; by him/her;
   his/hers
nānā: to look at or over something
nāu: for you; by you; yours
na'u: for me; by me; mine
nā wai: for whom; by whom; whose
ne'e: to move from one place to
   another
nehinei: yesterday
nehinei a iā lā aku: day before
   yesterday
nei: here; now
ne'i: here in this place
nele: lacking; to need; destitute
neneleau: sumac

niho: tooth
nīnau: question; to ask
ninini: to pour
nō: indeed; for; about; of;
   concerning; because
no hea: of where; of what place
no hea mai: from where (place
   of origin); whence
noho: to sit; to live; to stay;
   chair
no ho'i: really; indeed
nohona: way of life; manner of
   living; living
noi: to ask
no ka mea: because
no ke aha mai: why
nolaila: therefore
no laila: of that place
no laila mai: from that place
   (of origin)
nona/nāna: for him/her; his/hers
none: annoying
no'ono'o: mind; to think
Nowemapa: November
nūhou: news
nui: many; large; plenty; very
   (see *hapanui*)
nui 'ino: a great deal; an awful
   lot
nūpepa: newspaper

o: lest; or; of
'o: subject marker
'oe: you
'ohana: family
'ōhua: passenger
'oi: sharp; more; greater
'oia: he/she/it; really
'oia ala: that person (within sight
   of speaker); one's spouse

ʻoiai: while; (with *no naʻe*) even
  though
ʻoiaʻiʻo: truly; truth
ʻoia mau no: continuing; still the
  same
ʻoʻili: to appear; to come into view
ʻOkakopa: October
o kana/i kana: incredible
ola: life; well
o laila: of that place; o-form
  zero-class possessive
ola kino: health
ʻole: not; without; lacking
ʻōlelo: to speak; to say;
  statement
ʻolelo aʻo: advice
o loko: of the inside (o-form
  zero-class possessive); inside
ʻolua: you (dual)
ʻoluʻolu: pleasant; comfortable;
  kind
ʻōmaʻimaʻi: ill
ona: some; his/hers/its
one: sand; land (in poetry)
one hānau: birthplace
ono: sixth, preceded by *ke*
ou: your (zero-class possessive)
oʻu: my (zero-class possessive)
ʻoukou: you (plu.)
o waho: of the outside (zero-class
  possessive)
ʻo wai: who; what (in connection
  with name)

pā: to shine; to blow; to strike;
  dish; fence
paʻa: (adj.) closed; shut; (v.) to
  learn
paʻakai: salt
pāʻani: to play

pae: to land
paha: perhaps; maybe; probably
pahi: knife
pahu: (n.) box; (v.) to thrust
pākāhi: singly; one at a time
pākaukau ʻaina: dining table
pākaukau kākau: desk
pākuʻi: to add on
palaka aloha: aloha shirt
palaki: (n.) brush; (v.) to brush
palaoa liʻiliʻi: rolls
palaoa palai: hot cake
palaoa pāpaʻa: toast
palapala: document; letter
palapala hoʻokuʻu: release
palapala noi: written request;
  application
pale: protection; to protect
pale wāwae: slippers
pālua: by twos
pālule: shirt
pane: answer; reply
pani: to shut; to close
papa: class; board
pāpā: father; to prohibit
papa himeni: chorus; choir
pāpaʻa palaoa: slice of bread
pāpale: hat; to put on a hat
pāpale Kaleponi: felt hat
pāpālua: by twos
papa ʻōlelo: vocabulary
pāpāʻōlelo: conversation; to
  converse
pau: finished; ended
pehea: how; what about
pehea la: how
pēlā paha: perhaps; maybe
pelekikena: president
peni: pen
penikala: pencil

pepa: paper
pēpē: baby
pepeiao: ear
Pepeluali: February
pī'āpā: alphabet
pilikia: trouble; difficulty
pinepine: often; frequently
pipi: cattle; beef
pipi'i: expensive; to rise (as foam)
pīwa: fever
pō: night
Pō'ahā: Thursday
Pō'akahi: Monday
Pō'akolu: Wednesday
Pō'alima: Friday
Po'āono: Saturday
po'e: people
po'e kānaka: people
po'e māka'ika'i: visitors; tourists
poi: food staple made from taro
　　root
poina: to forget
pōkole: short
pololei: correct; right
pōloli: hungry; hunger
pō nei: last night
pono: good; proper; better
pono 'ole: not right; not proper;
　　not good
po'o: head
po'o leka: postage stamp
pōpoki: cat
pouli: dark; darkness
pōwā: robber; burglar; to rob
pū: together; conch shell
puka: door; disembark; hole
pukaaniani: window
puke: book
pule: prayer; week
pūnia: head cold; sniffles
pupuahulu: hurriedly; recklessly

ua: used before verbs to indicate a
　　changed condition; tense marker
　　indicating completed action;
　　rain; to rain
u'i: beautiful; lovely
uka: upland
ukana: baggage; luggage
'ulu'ula: red
'ūlōlohi: dawdle; to be slow
'umi kūmāhā: fourteen
'umi kumāiwa: nineteen
'umi kūmākahi: eleven
'umi kūmākolu: thirteen
'umi kūmālima: fifteen
'umi kūmālua: twelve
'umi kumāono: sixteen
'umi kūmāwalu: eighteen
'umi'umi: beard
'u'uku: small; little
uwāki: time piece; watch

wā: time
wa'a: canoe
waena: between
wahapa'a: argue; to be
　　argumentative
wahi: place; a little
wahī: to bandage
wahī 'eha: (n.) bandage
wahine: woman; lady; Mrs.
wā ho'omaha: vacation
wai: who; water
waiho: to put down; to place;
　　to leave something
waihona puke: library
waiho'olu'u: dye; color
wai hua 'ai: fruit juice
wai liliko'i: passion fruit juice
waiū: milk
waiūpaka: butter
wale: without; bare

wale no: only

walu: eighth, preceded by *ka*

wau: I

wāwae: foot

wehe: to open

wela: hot; burned

weliweli: terrible; incredible; terribly; extremely

wiki: to hurry

wilikī: engineer

Vocabulary

a: he
absorbed: (v. int.) lilo
according to: e like me
ache: ʻeha; huʻi
acquainted: (v. int.) kamaʻāina
add on: pākuʻi
advice: ʻōlelo aʻo
afternoon: ʻauinalā
again: hou
ahead: ma mua
airplane: mokulele
airport: kahua hoʻolulu mokulele
alas: ʻauwē; kāhūhū
all right: hiki
almost: ʻaneʻane; kokoke
aloha shirt: palaka aloha
alphabet: pīʻāpā
always: mau
an: he
ancestor (male): kūpuna kāne
and: a; a me
angry: huhū
announce: kūkala
annoying: none
answer: pane
apartment house: hale papaʻi
appear: oʻili; hōʻea
argue: wahapaʻa
arrive: hiki; hōʻea
as: e like me

ashamed: hilahila
ask: nīnau; noi
associate: (n.) kōkoʻolua
associates: mā
at: ma
   at/to that place: malaila;
   ilaila
automobile: ʻokomopila; kaʻa
autumn: hāʻule lau
away from speaker: aku
awful: ʻino; weliweli
awkward: hemahema

baby: pēpē
back: kua
bad: ʻino; ʻinoʻino; pono ʻole;
   maikaʻi ʻole
baggage: ukana
bandage: (v.) wahī; (n.) wahī ʻeha
beach: kahakai
beard: ʻumiʻumi
beautiful: uʻi; nani
because: nō; no ka mea; ma muli o
become: lilo
bedroom: lumi moe
beef: pipi
before: (adv.) mamua; imua;
   (prep.) ma mua o; (in the
   presence of) i mua o
begin: (v.) hoʻomaka

behind: (adv.) ihope; mahope;
(prep.) ma hope o
below: ilalo
bestir: 'eu
between: (prep.) ma waena o
beyond, a little: ma'ō koke aku
bird: manu
birthplace: 'āina hānau; one hānau
blow (as wind): pā
board (a vehicle): kau
boarding school: kula hānai
body: kino
bone: iwi
book: puke
boss: luna; haku; luna hana
box: pahu
breakfast: 'aina kakahiaka
bring: lawe mai
broadcast: (n.) kūkala nūhou
brother (to a boy): (elder)
kaikua'ana; (younger) kaikaina
brother (to a girl): kaikunāne;
kunāne
brush: (v. & n.) palaki
build: kūkulu
burglar: pōwā
burglarize: pōwā
burned: ua wela
bus: ka'a lawe 'ōhua; ka'a 'ōhua
but: na'e; akā; akā na'e
butter: waiūpaka
buy: kū'ai; kū'ai mai
by: ma; i

call: kāhea
calm: (adj.) mālie; (v.) ho'onā
can: hiki
car: ka'a; ka'a 'okomopila
careful: akahele
carefully: akahele

cat: pōpoki
cattle: pipi
Caucasian: haole
caught: (v. int.) loa'a
certain, a: (indef. art.) kekahi
chair: noho
change: (adj.) loli; (v.) ho'ololi
child: keiki; kama; (female)
kaikamahine; (male) keiki kāne;
(youngest) ka muli loa
chocolate: kokoleka
choir: papa hīmeni
city: kūlanakauhale
class: papa
clear: (adj.) mālie
clever: akamai
close: (v.) pani
closed: (adj.) pa'a
clothes: lole; 'a'ahu
coat: kuka
coffee: kope
coffee shop: hale inu kope
cold: (adj.) anuanu; (n.) anu
cold (as applied to food that was
once hot): ma'alili
colder: 'oi aku ke anuanu
color: waiho'olu'u
comb: (v. & n.) kahi
come in: ma loko mai
come to: mai; hele mai
comfortable: 'olu'olu
companion: kōko'olua; hoa hele
complete: (v.) ho'opihapiha
concert: 'aha mele
conch shell: pū
continue: ho'omau; (with respect
to condition) 'oia mau no
conversation: pāpā'ōlelo;
kama'ilio 'ana
cook: (v.) ho'omo'a; (adj.) kuke

correct: (adj.) pololei; (v.)
  ho'oponopono
count: helu
criminal: (n.) lawehala
cultivate: mahi 'ai
customary: ma'a mau

dark: pouli
daughter: kaikamahine
daughter-in-law: hūnōna wahine
dawdle: mili'apa
dawdlers: mili'apa mā
day: lā; ao
  all day: a pō ka lā
  day after tomorrow: 'apōpō
    a iā lā aku
  day before yesterday: nehinei
    a iā lā aku
  other day: lā aku nei
December: Kekemapa
delay: 'emo
delicious: 'ono
dentist: kauka niho
deny: hō'ole
depart: ha'alele
deplane: puka
desk: pākaukau kākau
destitute: nele loa
difficulty: pilikia
dinner: 'aina ahiahi
dish: pā
dismiss: ho'oku'u
distance: kāhi 'e
divide: māhel'ehele; māhele
do: hana
doctor: kauka
document: palapala
dog: 'īlio
don't (in commands only): mai
door: puka; ipuka hale

down: ilalo
downward: iho; lalo
drink: (v.) inu; (n.) mea inu
drive: (a vehicle) kalaiwa; (away)
  kipaku

ear: pepeiao
eat: 'ai
eating: 'aina
egg: hua moa
eight: 'ewalu
eighteen: 'umi kūmāwalu
eighth: ka walu
eleven: 'umi kūmākahi
embarrassed: hilahila
end: (v.) ho'opau; (n.) palena
ended: ua pau
engineer: wilikī
enough: lawa
enter: komo iloko
erupt: hū
evening: ahiahi
even though: 'oiai no na'e
example: ana ho'ohālike; kumu
  ho'ohālike; mea ho'ohālike
excuse: (v.) kala
exert effort: ho'oikaika
expensive: pipi'i
extremely: keu; weliweli
eye: maka

face: maka; alo
fail to recognize: ho'ohewahewa
fall: (v.) hā'ule
family: 'ohana
farmer: mahi 'ai
father: makuakāne; pāpā
fault: hewa
February: Pepeluali
felt hat: pāpale Kaleponi

fetch: ki'i; ki'i aku
fever: pīwa
few (a): kāka'ikahi
fifteen: 'umi kūmālima
fifth: ka lima
fifty: kanalima
fill: ho'opihapiha; ho'opiha
find: loa'a
fine: maika'i
finger: manamana lima
finish: (v.) ho'opau; (to be
  finished) pau
fire: ahi
first: ka mua
fish: (n.) i'a; (v.) lawai'a
fisherman: lawai'a
five: 'elima
fix: hana; ho'oponopono
food: mea 'ai
foot: wāwae
football (game): ho'okūkū
  kinipōpō wāwae
for: nā; no
  for him/her: nāna; nona
  for me: na'u; no'u
  for us: (plu. exc.) nā mākou;
    (dual exc.) nā māua; (plu. inc.)
    nā kākou; (dual inc.) nā kāua;
    [may substitute no for na]
  for whom: nā wai; no wai
  for you: nāu; nou
forbid: pāpā
foreigner: haole; malihini
forget: poina; ho'opoina
forgive: kala
forty: kanahā
fortunate: laki
four: 'ehā; kāuna
fourteen: 'umi kūmāhā

fourth: ka hā
four thousand: 'ehā kaukani;
  mano
frequently: pinepine
Friday: Pō'alima
friend: hoaloha
from where: no hea mai; mai hea
  mai
fruit juice: wai hua 'ai
furniture: pono hale

garden: waena; māla
get ready: ho'omākaukau
gift: makana
girl: kaikamahine
go: hele
gone: ua hala, ua hele
good: maika'i
governor: kia'āina
gown: mu'umu'u
grade: kaha
grandfather: kupuna kāne
great deal: nui 'ino
greater: 'oi aku

hair: lauoho
half: hapa
ham: hame
hand: lima
hat: pāpale
he: ia (usually written with
  subject marker 'o)
head: po'o
head cold: pūnia
health: ola kino
hear: lohe
heat: wela
heavy: kaumaha
help: kōkua

her: ia
  to her: iā ia
here: eia; ma'ane'i; ne'i; nei
hers: nāna; nona
high: ki'eki'e
highway: alaloa
him: ia
  to him: iā ia
hip: kīkala
his: kāna; kona; āna; ona
hot: wela
hotcake: palaoa palai
hotel: hōkele
hour: hola
house: hale; kauhale
how: pehea
however: akā
how many: 'ehia
hundred: hanele; haneri
hunger: pōloli
hungry: pōloli
hurriedly: pupuahulu
hurry: wiki; wikiwiki

I: au
if: inā; ke
ill: ma'i
immediately: 'ānō
in: ma; ma loko o; i loko o
incorrect: 'a'ole pololei; pololei
  'ole; hewa
incredible: o kana; i kana
indeed: no ho'i; nō
indisposed: 'ōma'ima'i
inept: hemahema
inside: (prep.) ma loko o; i loko o;
  (adv.) maloko; iloko
interested: hoihoi
invite: kono
irresponsible: ho'omaopopo 'ole

its: kāna; kona; nāna; nona;
  āna; ona

joy: 'oli'oli; hau'oli
judge: lunakānāwai
jump: lekei
June: Iune

key: kī
kind: (quality) 'olu'olu; (type,
  sort) 'ano
knife: pahi
know: maopopo; 'ike

lacking: nele
lady: wahine
land: (n.) 'āina; (v., come to
  shore) pae; (applied to airplanes
  landing and ships docking) ku
large: nui; (plu.) nunui
last: hope loa
  last night: pō nei
  last week: kēlā pule aku nei
late: lohi
  late at night: aumoe
lawyer: lōio
lazy: molowā
leaf: lau
learn: a'o; ho'opa'a
learned: ua pa'a
leave: ha'alele
lesson: ha'awina
lest: o
letter: leka
library: waihona puke
lie: ho'opunipuni; (recline) moe
life: ola
listen: ho'olohe; (imp.) 'auhea
little: li'ili'i; wahi; (in comparison)
  iki

live: (v.) ola, noho
living: nohona
long: loa; lō'ihi
long ago: e kala loa
look: nānā
lots of: nui
love: aloha
lucky: laki
luggage: ukana

majority: hapanui; ka nui
make: hana
male: kāne
mama: māmā
man: kanaka; kāne
many: nui
massage: lomi
mat: moena
May: Mei
maybe: paha; pēlā paha
mayor: meia
me: (to me) ia'u; (for me) na'u;
   no'u
measure: ana
meet: hālāwai; 'ike
meeting: hālāwai
message: lono
midnight: aumoe
milk: waiū
mind: no'ono'o
mine: na'u; no'u; ka'u; ko'u
minute: minuke
Monday: Pō'akahi
money: kālā
month: malama; (lunar) mahina
morning: kakahiaka
  early morning: kakahiaka nui
  late morning: awakea
mother: makuahine; māmā
move: ne'e

movie: ki'i'oni'oni
movie theater: hale ki'i'oni'oni
my: ka'u; ko'u; a'u; o'u; ku'u

nail (for building): kui
name: inoa
nature: 'ano
near: kokoke
nearly: 'ane'ane; kokoke; mai
negative: (adj.) hō'ole
neglect: ho'ohemahema
neighbor: hoa noho
never: 'a'ole iki; 'a'ole loa
new: hou
news: nūhou; lono
newspaper: nūpepa
night: pō
  night before last: i ka pō nei a
  iā pō aku; i kēlā pō aku nei
nineteen: 'umi kumāiwa
ninth: ka iwa
no: 'a'ole; 'a'ohe
none: 'a'ohe
noon: awakea
north: 'ākau
not: 'ole; 'a'ole
  not at all: 'a'ole loa
notice: (v.) ho'omaopopo; 'ike
  (n.) ho'olaha
November: Nowemapa
now: 'ānō; i keia manawa
number: helu

oblique motion: a'e
obtained: loa'a
October: 'Okakopa
of: o
  of that place: no laila; ko laila
office: ke'ena
often: pinepine

oh: (vocative sign) e
old: kahiko
on: i; i luna o; ma luna o; ma
one (single): ho'okahi
only: wale nō
open: (adj.) hāmana; (v.) wehe
or: ai'ole; o
order: kauoha
our: (plu. inc.) ā kākou; (dual
   inc.) ā kāua; (plu. exc.) ā
   mākou; (dual exc.) ā māua;
   (plu. inc.) kā kākou; (dual
   inc.) kā kāua; (plu. exc.) kā
   mākou; (dual exc.) kā māua;
   [o and ko may replace ā and kā]
outside: (adv.) mawaho; iwaho;
   (prep.) ma waho o; i waho o
overseer: haku; luna; luna hana

page: 'ao'ao
pandanus: hala
pandanus leaves: lau hala
paper: pepa
pardon: kala
parents: mākua
partner: kōko'olua; hoa hana
pass: (something to someone)
   ha'awi mai/aku; (time) ho'ohala
   manawa
passenger: 'ōhua
passion fruit juice: wai liliko'i
patient: (v.) ho'omanawanui
pattern: ana ho'ohālike; kumu
   ho'ohālike
pay attention: ho'olohe
pen: peni; penikila
pencil: penikala
people: po'e; kānaka; po'e kānaka
perhaps: paha; pēlā paha
picture: ki'i

pierce: ku
place: (n.) wahi; kāhi
   my place: ko'u wahi
play: (v.) pā'ani
playground: kahua pā'ani
pleasant: 'olu'olu
please: e 'olu'olu; ke 'olu'olu
pleased: hoihoi
pleasure: hau'oli; le'ale'a
plumeria: (blossom) mēlia; (tree)
   kumu mēlia
police officer: māka'i
possible: hiki
post office: hale leka
pour: ninini
practice: ho'oma'ama'a
pray: pule
prepare: ho'omākaukau
president: pelekikena
press: (v.) kaomi
probably: paha
protect: pale; ho'opakele
protection: pale
put: waiho
put on: komo
   put on a hat: pāpale

question: nīnau
quick: hikiwawe; koke; 'a'ohe 'emo

rack: haka
rain: ua
read: heluhelu
ready: mākaukau
realize: ho'omaopopo
really: 'i'o; oia'i'o; (inter.) 'oia
reason: kumu
red: 'ula'ula; 'ula
refuse: hō'ole
regret: minamina

release: (v.) ho'oku'u; (n.) palapala ho'oku'u
remainder: koena
remember: ho'omaopopo; ho'omana'o
reply: (v. & n.) pane
reserve: (a room) ho'opa'a lumi; (time) ho'opa'a manawa
rest: ho'omaha
restaurant: hale 'aina
return: (an object) ho'iho'i; (to a place) ho'i
rheumatism: lumakika
rice: laiki
rise (as foam): pipi'i; hū
road: alanui
rob: pōwā
rolls: palaoa li'ili'i
roof: kaupoku
rude: kiko'olā
run: holo

sacroiliac strain: kīkala hāne'ene'e
sail: (v.) holo; (n.) pe'a
salt: pa'akai; (v.) kāpī
same: like; like me
sand: one
Saturday: Po'āono
sausage: na'au kake
say: 'ōlelo; mea
school: kula
schoolhouse: hale kula
schoolmate: hoa kula
scold: huhū; nuku
sea: kai
    open sea: moana
season: (n.) kau; au
seaward: makai; makai mai
see: 'ike
seek: 'imi; huli

sell: kū'ai
separate (apart): ka'awale; (v.) ho'oka'awale
September: Kepakemapa
set: (v.) hāli'i
seven: 'ehiku
seventh: ka hiku
severed: (adj.) moku; (v.) 'oki
sharp: 'oi
sharpen: ho'okala
she: ia (usually written with subject marker 'o)
shelf: haka
shine: (v.) pā; (adj.) hinuhinu
shirt: pālule
shoe: kāma'a
short: pōkole
shorter: pōkole iki; pōkole iki a'e
show: kuhikuhi; hō'oike'ike
shut: (v.) pani; (adj.) pa'a
sibling: (older, same sex) kaikua'ana, kua'ana; (younger, same sex) kaikaina, kaina
sick: 'ōma'ima'i
side: 'ao'ao
singly: pākahi
sister (of a boy): kaikuahine; kuahine
sit: noho
sixteen: 'umi kumāono
sixth: ke ono
sleep: hiamoe
sleepy: maka hiamoe
slice: (v.) 'oki; (of bread) pāpa'a palaoa
slippers: pale wāwae
slow: (adj.) lohi; 'ūlōlohi
small: 'u'uku
smear: kāpili
sniffles: pūnia

so: i; nolaila
sold: lilo; kū'ai 'ia
some: ona; mau; wahi
sometimes: i kekahi manawa
somewhat: 'ano
son: keikikāne
son/daughter-in-law: hūnōna
sore: 'eha
sorry: minamina
spare: (time) ka'awale
speak: kama'ilio; namu
spread: (v.) hāli'i
spring: (season) kupulau
stamp: po'o leka
stand: (v.) ku
still: (adj.) 'oia mau no
stop: ho'opau; ho'ōki
stormy: 'ino; 'ino'ino
story: mo'olelo
street: alanui
strike (as a clock):   kani
strive: ho'oikaika
strong: ikaika
student: haumāna
study: ho'opa'a ha'awina
sufficient: lawa; ana
sugar: kōpa'a
sumac: neneleau
summer: kau; kau wela
sun: lā
Sunday: Lāpule
supervisor: haku; pōki; luna hana
surf: (n.) nalu; (v.) he'e nalu
syrup: malakeke

table (dining):   pākaukau 'aina
take: lawe; lawe aku
take care: mālama
talk: kama'ilio
tall: (people) lō'ihi; (things)
   ki'eki'e

taro paste: poi
tasty: 'ono
taxi: ka'a ho'olimalima
teacher: kumu; kumu a'o
telephone: kelepona
tell: ha'i
   the telling: (n.) ha'ina
terribly: weliweli
than: ma mua o; i
thank: mahalo
thanks: mahalo
that: kēlā; kēnā
   that person: 'oia ala; kēlā mea
the: ke; ka; (plu.) nā
their: (dual) ko lāua; (plu.) ko
   lākou [may substitute kā for ko]
them: iā lākou
then: nolaila
there: aia; ala; laila; i 'ō; ma'ō;
   ilaila; malaila
they: (plu.) lākou; (dual) lāua
thing: mea
think: mana'o; no'ono'o
third: ke kolu
this: keia
thought: (v. & n.) mana'o
three: 'ekolu
till: ā
time: wā; manawa
tired: māluhiluhi
toast: palaoa pāpa'a
today: keia lā
together: pū
tomorrow: 'apōpō
tourists: po'e māka'ika'i
toward the speaker: mai
transgressor: lawehala
trouble: pilikia
truly: 'oia'i'o
turn: (v.) huli; ho'ohuli
twelve: 'umi kūmālua

twenty: iwakālua
two: 'elua

umbrella: māmalu
under: ma lalo o
underneath: ma lalo o; malalo
understand: maopopo
university: kula nui
up: iluna
uplands: mauka
us: (plu. exc.) mākou; (dual exc.)
    māua; (plu. inc.) kākou; (dual
    inc.) kāua
usual: ma'a mau; hana mau 'ia

vacation: (v.) ho'omaha; (n.) wā
    ho'omaha
very: keu; loa
visit: (v.) kipa
visitor: māka'ika'i; malihini
vocabulary: papa 'ōlelo
voice: leo

wait: (v.) kali
    wait a moment: kali iki
wake (oneself): ala
waken (someone): ho'āla
want: (v.) makemake
warm: mahana; mehana
wash: holoi
waste breath: ho'opau aho
waste time: ho'opau manawa
watch: (n.) uwāki; (v.) kīa'i
water: wai
we: (dual inc.) kāua; (plu. inc.)
    kākou; (dual exc.) māua;
    (plu. exc.) mākou
Wednesday: Pō'akolu
week: pule
    week before last: kēlā pule aku
        nei a iā pule aku

well: maika'i
what: (relative) ka mea;
    (interrogative) aha
when: (adv., future) aia a; ke;
    i; (interrogative) hea; (future)
    āhea; (past) ināhea
whence: no hea mai
where: (interrogative) 'auhea; mahea;
    ihea
while: 'oiai; ia; iā
white: ke'oke'o
who: (interrogative pro.) wai
    (usually preceded by subject
    marker 'o)
whose: (interrogative) ko wai;
    kā wai; no wai; nā wai
why: (interrogative) no ke aha
wind: makani
    wind (icy): makani hau
        none
window: pukaaniani
windy: makani
winter: ho'oilo
with: me
without: wale; 'ole
woman: wahine
word: hua'ōlelo; 'ōlelo
work: hana
write: kākau
writing tablet: kālana kākau
wrong: hewa; pono 'ole

year: makahiki
yes: 'ae
yesterday: nehinei
    yesterday evening: i ke ahiahi
        o nehinei
you: (sing.) 'oe; (dual) 'olua;
    (plural) 'oukou
your: āu; kāu; ou; kou
yours: nāu; nou

Bibliography

Alexander, W. D. *Short Synopsis of the Most Essential Points in Hawaiian Grammar.* 7th ed., rev. Honolulu: Hawaiian News and Thrum, Ltd., 1924.

Andrews, Lorrin. *Grammar of the Hawaiian Language.* Honolulu: Mission Press, 1854.

Brooks, Nelson. *Language and Language Learning.* 2nd ed. New York: Harcourt, Brace & World, 1964.

Charlot, Jean. "Nā Lono 'Elua" [The Two Lonos]. Unpublished manuscript, Honolulu: 1966.

Emerson, Nathaniel Bright. "The Bird-Hunters of Ancient Hawaii." In *Hawaiian Almanac and Annual for 1895.* Honolulu: Thos. G. Thrum, 1894.

Emerson, Nathaniel Bright. *Unwritten Literature of Hawaii: The sacred songs of the hula collected and translated with notes and an account of the hula.* U.S. Bureau of Ethnology Bulletin No. 38. Washington, D.C.: Government Printing Office, 1909.

Hyde, Charles McEwen. "Hawaiian Proverbs and Riddles" (additions to material presented by H. L. Sheldon). In *Hawaiian Almanac and Annual.* Honolulu: Hawaiian News and Thrum, Ltd., 1883.

Judd, Henry Pratt. *Hawaiian Proverbs and Riddles.* Bernice Pauahi Bishop Museum Bulletin 77. Honolulu, 1930.

Lado, Robert. *Language Teaching, A Scientific Approach.* New York: McGraw Hill, 1944.

Malo, David. *Hawaiian Antiquities.* Translated by Dr. Nathaniel B. Emerson, 1898. Bernice Pauahi Bishop Museum Special Publication 2. 2nd ed. Honolulu, 1951.

Pukui, Mary Kawena and Samuel Elbert. *Hawaiian Dictionary.* Honolulu: The University Press of Hawaii, 1971.

Sheldon, H. L. "Hawaiian Proverbs and Riddles" (with additions by C. M. Hyde). In *Hawaiian Almanac and Annual.* Honolulu: Hawaiian News and Thrum, Ltd., 1883.

Index